知识产权审判文丛

第一辑

王光贤◎主编　　刘军华◎副主编

知识产权出版社

全国百佳图书出版单位

——北京——

图书在版编目（CIP）数据

知识产权审判文丛. 第一辑／王光贤主编；刘军华副主编. —北京：知识产权出版社，2023.9

ISBN 978 - 7 - 5130 - 8884 - 8

Ⅰ. ①知… Ⅱ. ①王… ②刘… Ⅲ. ①知识产权—审判—中国—文集 Ⅳ. ①D925. 118. 4 - 53

中国国家版本馆 CIP 数据核字（2023）第 163565 号

责任编辑：彭小华　　　　　　　　　　责任校对：潘凤越
封面设计：杰意飞扬·张悦　　　　　　责任印制：刘译文

知识产权审判文丛（第一辑）

王光贤　主编

刘军华　副主编

出版发行：知识产权出版社有限责任公司	网　　址：http：//www. ipph. cn
社　　址：北京市海淀区气象路50号院	邮　　编：100081
责编电话：010 - 82000860 转 8115	责编邮箱：huapxh@ sina. com
发行电话：010 - 82000860 转 8101/8102	发行传真：010 - 82000893/82005070/82000270
印　　刷：天津嘉恒印务有限公司	经　　销：各大网上书店、新华书店及相关专业书店
开　　本：720mm×1000mm　1/16	印　　张：18
版　　次：2023 年 9 月第 1 版	印　　次：2023 年 9 月第 1 次印刷
字　　数：340 千字	定　　价：98. 00 元
ISBN 978 - 7 - 5130 - 8884 - 8	

序

　　2020年11月，习近平总书记在十九届中央政治局第二十五次集体学习时的讲话中指出，"全面建设社会主义现代化国家，必须更好推进知识产权保护工作"。2021年9月，中共中央、国务院印发了《知识产权强国建设纲要（2021—2035年）》，面向我国知识产权事业未来十五年发展作出重大顶层设计。党中央高瞻远瞩，从国家战略高度和进入新发展阶段出发，提出全面加强知识产权保护工作，为新时代全面加强我国知识产权保护工作指明了前进方向、提供了根本遵循，为高质量发展注入源源不断的动力。

　　全面加强知识产权审判工作，事关国家治理体系和治理能力现代化，事关推动高质量发展和创造高品质生活，事关国内国际两个大局。近年来，上海法院坚持立足审判职能，抓好执法办案第一要务，审理了一批影响重大和新类型案件。同时，上海法院深入推进各项改革措施，不断优化知识产权审判体制机制，强化知识产权司法治理体系和治理能力建设，为经济社会发展提供有力的司法服务和保障。近三年来，上海法院审理的1起案件入选最高人民法院指导性案例，4起案件入选最高人民法院公报案例，3起案件入选中国法院知识产权司法保护十大案件，9起案件入选中国法院知识产权司法保护50件典型案例，5篇裁判文书被评为全国法院优秀裁判文书，5篇理论调研成果被评为全国知识产权优秀调研成果，1篇论文获评全国法院学术讨论会优秀奖。由此可见，知识产权案件审判质效和影响力在不断提升。

　　为充分发挥司法保护知识产权的作用，总结审判工作经验，推进司法公开交流，上海市高级人民法院决定自2023年起开始编撰《知识产权审判文丛》年度出版物，以集中展示上海法院对知识产权司法保护领域疑难复杂问题的研究思考和一系列富有成效的改革和探索成果，展示知识产权审判在服务创新驱动发展、推进品牌强国建设、维护市场秩序、促进扩大对外开放方面的积极作用，彰显上海法院知识产权审判的专业化水平和上海法院提升知识产权司法保护能力的坚定决心。作为上海法院知识产权司法保护工作之概览以及对外展示上海知识产权司法保护状况的一扇窗口，我们希望丛书的出版能够有助于完善专业化审判体系，提升专业化审判能力，促进落实智慧化审判模式，为知识产权司法保护贡献一份力量，为推动知识产权事业取得长足进展贡献司法智慧。

正其末者端其本，善其后者慎其先。上海法院将紧紧围绕"努力让人民群众在每一个司法案件中感受到公平正义"的目标，坚持高质量引领，坚持高水平保护，坚持数字化赋能，坚持国际化视野，忠实履行宪法和法律赋予的职责，以前瞻性思维、开阔性视野，切实提升对知识产权保护工作的责任感和使命感，将知识产权审判打造成法院工作的一张名片，为上海知识产权保护高地建设、打造法治化营商环境、确保经济持续健康发展提供优质高效的知识产权司法服务和保障，努力为我国建设知识产权强国和科技强国做出新的贡献。

是为序。

王光贤

2023 年 5 月 6 日

目 录 Contents ━━━━

·第三部分　案件裁判方法·

·第四部分　会议综述·

·第五部分　工作总览·

第一部分

———————

专　　论

涉深层链接的信息网络传播权纠纷之司法处理[*]

随着互联网经济的不断发展，深层链接技术在互联网传播领域得到了广泛运用。尤其是聚合平台这一新型传播模式采用深层链接技术，使网络用户无须辗转于各个网站获取相应信息，只需要通过一个聚合平台即可获取该平台所聚合的其他网站资源，这一方面极大地提升了网络浏览的便捷度和舒适度，另一方面也极大地冲击了原有的互联网行业利益格局。近年来，与深层链接相关的信息网络传播权纠纷不断诉诸全国各地法院，并在法学理论界和法律实务界引发很大争议。本文以涉深层链接的信息网络传播权纠纷的本质和争议根源为切入点，对规制深层链接行为的不同法律观点进行权衡，就我国司法应如何应对处理深层链接的侵权判断问题提出建议。

一、深层链接的含义、表现形式及争议根源

（一）深层链接的概念界定

深层链接也称深度链接，其概念始终较为模糊，并无确切的定义。由于不同法律观点探讨的往往不是同一概念的"深层链接"，有的广义，有的狭义，有的甚至互相排斥，因而对深层链接行为的侵权判断得出完全不同的结论在所难免。故在探讨与深层链接相关的信息网络传播权纠纷之前，有必要对"深层链接"的概念进行界定。目前关于深层链接（深度链接）的概念至少有以下几种观点：

观点一认为，深度链接是通过直接链接某页面的网址，跳过被链接网站主页进入某特定页面。^① 深度链接的本义是指从设链网站页面绕过被链网站主页，直接链接到目标网页的链接方式，包括目标页面跳转式链接。^②

---

* 作者：刘军华、朱佳平。

① 陈惠珍：《网络服务提供者著作权侵权责任辨析》，载《东方法学》2009 年第 1 期。

② 王艳芳：《论侵害信息网络传播权行为的认定标准》，载《中外法学》2017 年第 2 期。

观点二认为，深层链接是用户在不脱离设链网站的网页页面即可获得被链网站中的相关内容的一种链接方式，因该链接的提供并未脱离设链网站的页面，因此用户无法认知到该网站提供的是链接服务。① 用户点击链接之后，可以在不脱离设链网站的情况下，从第三方网站下载文件，或在线打开来自第三方网站的文件；加框链接是深层链接的一种。②

观点三将深度链接与加框链接并列，认为加框链接，也称"嵌套链接"，是指直接在网站上嵌入他人的播放器播放被链网站上的视频内容；深度链接是不链接到网页，直接链接到视频内容的链接方式，用户可在不离开视频聚合平台的情况下，直接获取视频内容；深度链接可以分为一般深度链接和破解技术措施的深度链接，破解技术措施的深度链接即业内所称的"盗链"。③

上述观点中，观点一着眼于跳过被链网站首页直接链接到目标网页的链接方式，观点二着眼于用户不脱离设链网站页面即可获取被链网站内容的链接方式，观点三则将观点二中的链接方式进一步细分为对网页的链接和对存储在服务器中的文件的链接，并将后者定义为深度链接④。比较可知，观点一所指的"深度链接"与观点二所指的"深层链接"部分重合，而与观点三所指的"深度链接"则完全不同。以上各观点所指深层链接（深度链接）的含义可以用图1来表示其各自的外延。

由于跳转式链接的侵权判断在司法实践中并无争议⑤，目前理论界和实务界争议较大的是用户不脱离设链网站页面即可获取被链网站内容的链接方式，故本文采用观点二的"深层链接"含义，将深层链接定义为使用户不脱离设链网站的网页页面即可获得被链网站内容的链接方式。

---

① 芮松艳：《深层链接行为直接侵权的认定》，载《中国专利与商标》2009年第4期。

② 王迁：《网络环境中的著作权保护研究》，法律出版社2011年版，第338页；王迁：《"今日头条"著作权侵权问题研究》，载《中国版权》2014年第4期。

③ 北京市朝阳区人民法院课题组：《视频聚合平台运行模式在著作权法规制下的司法认定》，载陶凯元主编：《知识产权审判指导》2016年第1辑，人民法院出版社2017年版，第151页。

④ 视频网站可以分为用户直接访问的网页服务器和存储影视作品文件的作品服务器，视频网络通过"公众访问页面服务器，页面服务器访问作品服务器"的方式向用户提供视频，普通用户无法越过页面服务器直接访问作品服务器。目前，在信息网络传播中，涉及深度链接的主要争议点是不跳转域名直接调用他人服务器内存储作品的深度链接。参见杨勇：《从控制角度看信息网络传播权定义的是与非》，载《知识产权》2017年第2期。

⑤ 一般认为，如果只是提供跳转和信息定位的链接服务，属于网络服务提供行为，根据《最高人民法院关于审理侵害信息网络传播权民事纠纷案件适用法律若干问题的规定》（以下简称《信息网络传播权司法解释》）第六条，网络服务提供者能够证明其仅提供网络服务，且无过错的，人民法院不应认定为构成侵权。

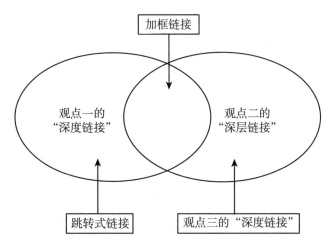

图1 三种观点所指深层链接（深度链接）含义

（二）深层链接的表现形式

如前所述，深层链接可以细分为两种不同的链接行为：一是对被链网站网页内容的深层链接；二是对存储在被链网站服务器中的文件的深层链接。

第一种深层链接往往采用加框链接、嵌入式链接（内链接）① 的方式，其区别在于对目标页面的呈现方式不尽相同，前者只嵌套目标页面中的一部分内容，后者是将目标页面整体嵌入设链网站自己的页面。上述链接方式在本质上都是对其所链接的目标页面进行技术干预，以实现在设链网站自己的页面上使用户接触目标页面内容的目的，故也有观点将上述链接方式统称为"加框链接"。②

第二种深层链接，根据其所链接的文件地址是否系开放地址，可以分为：（1）不避开或破解技术措施的链接，即所链接的目标文件在被链网站服务器中的存储地址本身是可以直接访问的；（2）避开或破解技术措施的链接，即所链接的目标文件地址在正常情况下不直接向公众开放，而是由被链网站的网页服务器发出一段包含密码参数的链接请求，经后台服务器验证后才能访问，而设链网站通过避开或破解技术措施使公众可以绕过被链网站的网页直接获取后台服务器中的数据，该种深层链接行为亦被称为"盗链"。

---

① 对被链网站服务器中文件的链接也可以采用加框链接、嵌入式链接（内链接）等方式，故加框链接、嵌入式链接（内链接）并不等同于对被链网站网页内容的深层链接。

② 见王艳芳：《论侵害信息网络传播权行为的认定标准》，载《中外法学》2017年第2期；崔国斌：《加框链接的著作权法规制》，载《政治与法律》2014年第5期。

上述不同形式的深层链接在外观上通常不容易区分，均具有以下外观特征：在点击链接后，用户界面不发生网址跳转，显示的依然是设链网站的网址和网络界面，用户点击链接后无法感知到其访问了被链网站，而误以为自己仍停留在设链网站。但是对被链网站网页内容的链接往往会在用户界面留下一些被链网站网页的痕迹，比如被链网站网页上特有的水印、标识、视频播放器、插片广告等；而对被链网站服务器中文件的链接已经完全抹去了被链网站的痕迹，只有通过解析访问地址才能知悉其链接的是被链网站的服务器。

（三）深层链接行为引发的利益之争

深层链接行为之所以引发业界层出不穷的法律纠纷，根源在于其触动了著作权人和传统网络内容提供商的经济利益。互联网经济被称为"眼球经济"，网站的用户量和访问量决定着网络运营商可以获得的广告收入和风险投资。设链网站实施的深层链接行为，一方面使网络用户在浏览作品的过程中将注意力停留在设链者所控制的网页和客户端上，这与作品的授权传播网站直接传播作品所产生的传播效果相同，另一方面深层链接方式更能满足网络用户便捷、高效获取信息的需求，加深了用户对设链网站的黏性，上述两个原因使得设链网站极易分流被链网站的网络用户和广告商，切走了原本属于著作权人及其授权网站的一部分"蛋糕"。设链网站无须支付版权许可费用、服务器及带宽费用等网站运营的大部分成本，却享受了作品传播所带来的利益，这使深层链接饱受业界诟病。因此，信息网络传播技术的不断创新、互联网行业商业模式的日新月异所导致的互联网产业利益格局变动，是引发近年来理论界和实务界热烈讨论深层链接侵权争议的根本原因。"这一现象再次说明，追求商业利润的商业企业是推动著作权制度发展的强劲力量。"[1] 在新的经济技术背景下，"侵害信息网络传播权的认定标准遇到了需要再思考和应对的新情况"。[2]

二、规制深层链接行为的路径分歧

（一）深层链接侵害信息网络传播权的判断标准

由于深层链接发生在作品的网络传播领域，损害的利益主要是著作权人及其授权网站的版权收益，因此绝大部分权利人系以侵害作品信息网络传播权为由起诉深层链接实施者。在涉深层链接的信息网络传播权纠纷案件审理中，不同法院基于对深层链接行为性质的不同认识，形成了两种不同的裁判思路：一种思路是认定设链者系未经许可，通过信息网络提供作品，侵害了著作权人的

---

[1] 王艳芳：《论侵害信息网络传播权行为的认定标准》，载《中外法学》2017 年第 2 期。
[2] 王艳芳：《论侵害信息网络传播权行为的认定标准》，载《中外法学》2017 年第 2 期。

信息网络传播权①；另一种思路是认为设链者未实施作品提供行为，但设链者明知或应知所链接的作品系侵权的，则构成帮助侵权，应承担侵权责任②。

上述两种裁判思路的主要分歧在于深层链接行为是否构成作品提供行为③。关于作品提供行为的构成，主要有以下几种认定标准。

1. 服务器标准，认为将作品以数字化格式上传或以其他方式置于向公众开放的服务器的行为，是作品提供行为。④ 设链网站在实施深层链接行为时，被传播的作品已经由被链网站上传到其服务器中，设链行为仅仅是一种信息定位服务，使网络用户能够更便捷地寻找和发现作品。故深层链接行为本身不构成侵权，只有当其明知或应知其链接指向的内容侵权时才构成帮助侵权。我国大部分司法案例采用了这一标准。⑤

2. 用户感知标准，认为如果网站在提供信息资源时的外在表现形式让用户感觉到该网站向用户提供了作品，而非指向第三方网站的作品，则无须考虑该网站是否将作品置于其服务器中，即可认定该网站实施了信息网络传播行为。⑥ 在采用"用户感知标准"的司法案例中，法院实际上是运用举证责任分配，以"用户感知标准"来推定被告网站系直接向公众提供作品，从而追究其直接侵权责任；如果被告能够证明其提供的仅仅是链接服务，则法院不再以"用户感知"为由认定侵权。⑦ 因此，虽然"用户感知标准"与"服务器标准"有所不同，但司法实践中两者共存并未产生实质矛盾。

3. 实质替代标准（又称实质呈现标准），认为设链网站在自己控制的用户界面向用户呈现作品时，实质上替代了被链网站向公众提供作品，从而构成信

---

① 其法律依据为《信息网络传播权司法解释》第三条。

② 其法律依据为《信息网络传播权司法解释》第七条。

③ 作品提供行为指《中华人民共和国著作权法》第十条第一款第（十二）项规定的"以有线或者无线方式向公众提供，使公众可以在其选定的时间和地点获得作品"。

④ 王迁：《网络环境中的著作权保护研究》，法律出版社 2011 年版，第 338－339 页。

⑤ 典型案例：北京知产法院（2015）京知民终字第 559 号湖南快乐阳光互动娱乐传媒有限公司诉同方股份有限公司侵害信息网络传播权纠纷案；武汉市中院（2012）鄂武汉中知初字第 3 号上海激动网络股份有限公司诉武汉市广播影视局等侵害信息网络传播权纠纷案等。

⑥ 典型案例：北京市海淀区法院（2008）海民初字第 22561 号中国三环音像社诉北京衡准科技有限公司侵害信息网络传播权纠纷案；北京市一中院（2013）一中民终字第 3142 号央视国际网络有限公司诉百度公司侵害信息网络传播权纠纷案；最高法院（2009）民提字第 17 号北京慈文影视制作有限公司诉中国网络通信集团公司海南省分公司侵害信息网络传播权纠纷案等。部分学者指出，用户点击后不经跳转程序即可以直接打开第三方网站的视频作品，因而从网络用户角度，这种行为实质就是直接向公众提供作品的行为。参见徐松林：《视频搜索网站深度链接行为的刑法规制》，载《知识产权》2014 年第 11 期。

⑦ 《信息网络传播权司法解释》第六条为这一裁判思路提供了依据。

息网络传播行为;[①] 至于设链网站上的作品是临时从第三方网站调用,还是从其自己的服务器中直接读取,并不重要。[②] 如果说"用户感知标准"尚能从举证责任的角度对"服务器标准"作出变通,那么"实质替代标准"则与"服务器标准"直接产生法律适用上的冲突。[③]

此外,欧盟法院在2014年"Svensson *v.* Retriever Sverige AB"一案中提出"新公众标准",即对于社会公众均可自由链接的作品来说,对其建立链接不属于"向公众提供行为",即使用户点击链接后没有意识到已经转移到其他网站;对于权利人采取技术措施仅供特定人接触的作品,如果对其建立的链接绕过了技术措施,使原来不能接触该作品的人也可以接触到作品,则该链接行为属于"向公众提供行为"。但该判断标准并未被我国司法实践所采用。

（二）对作品提供行为各判断标准的初步分析

首先,"用户感知标准"从网络用户主观感受角度而非从行为本身对深层链接行为作出法律评价,具有过强的主观性且容易导致对相同行为作出不同认定。该标准最大的问题在于,被告只要在网站上通过声明等方式,澄清其网站上所有作品均来自其他网站,就可以消除混淆,摆脱用户感知标准的限制。[④] 采用"用户感知标准"的司法案例通常在形式上尊重或坚持"服务器标准",但运用举证规则先根据用户感知推定被告系作品内容提供者,然后要求被告举证反驳。虽然上述举证规则具有法律依据,但如果法官采用"用户感知标准"

---

① 典型案例:上海市浦东新区法院（2015）浦民三（知）初字第507号飞狐信息技术（天津）有限公司诉上海幻电信息科技有限公司侵害信息网络传播权纠纷案;北京市朝阳区法院（2015）朝民（知）初字第44290号乐视网信息技术（北京）股份有限公司诉上海千杉网络技术发展有限公司侵害信息网络传播权纠纷案;北京市海淀区法院（2015）海民（知）初字第40920号深圳市腾讯计算机系统有限公司诉北京易联伟达科技有限公司侵犯作品信息网络传播权纠纷案。

② 部分学者持这一观点,见崔国斌:《加框链接的著作权法规制》,载《政治与法律》2014年第5期,第74-93页。

③ 司法实践中,"实质替代标准"与"服务器标准"对《信息网络传播权司法解释》第三条中"通过上传到网络服务器、设置共享文件或者利用文件分享软件等方式"作出了不同解释:前者认为"上传到服务器"不是唯一的提供行为,《信息网络传播权司法解释》对提供行为并未列举穷尽,还应当包括以深层链接为手段实质呈现作品的行为;后者则认为《信息网络传播权司法解释》所规定的提供行为应当是最初将作品置于网络中的行为,而链接不符合这一标准。在飞狐信息技术（天津）有限公司诉上海幻电信息科技有限公司侵害信息网络传播权纠纷案、深圳市腾讯计算机系统有限公司诉北京易联伟达科技有限公司侵犯作品信息网络传播权纠纷案中,二审法院均采用"服务器标准"改判了一审判决,见上海知识产权法院（2015）沪知民终字第276号民事判决书、北京知识产权法院（2016）京73民终143号民事判决书。

④ 刘家瑞:《为何历史选择了服务器标准——兼论聚合链接的归责原则》,载《知识产权》2017年第2期。

先入为主地对被告行为性质作出了预判，从而对被告的反驳证据要求较高，导致很多设链网站无法提供"充分的证据"让法院确信涉案作品不在其服务器上。这给裁判的稳定性带来了隐患，即设链网站提供反驳证据证明其系网络服务提供者的证明标准在不同案件中会发生变化：在采用"服务器标准"的法官，证明标准相对较低；在采用"用户感知标准"的法官，证明标准相对较高，而且变幻不定，裁判取决于法官对"用户感知标准"的坚持程度。因此，在司法裁判中，"用户感知标准"应当被摒弃，以免影响法官对证据和事实的判断。

其次，"服务器标准"作为一种纯粹的技术标准，对于侵犯信息网络传播权的行为判断过于绝对化。主张"服务器标准"的观点认为"服务器标准"符合"信息网络传播权"的立法原意，我国《著作权法》规定的"信息网络传播权"来源于《世界知识产权组织版权条约》（WCT）第 8 条后半句规定的"向公众提供权"（right of making available），根据 WCT 的定义，"提供作品"是指将作品置于可为公众所获得的状态；将作品上传至向公众开放的服务器，能够导致作品处于可为公众所获得的状态，而对该服务器中的作品设置深层链接，不可能导致作品"第二次"处于能够为公众所获得的状态，因此作品"为公众所获得的状态"并非由设链行为形成，而仅由上传行为导致。① 笔者认为，深层链接行为是否构成作品提供行为，是一个法律判断问题而非技术事实认定。根据 WCT 的规定，将作品置于向公众开放的服务器是作品提供行为的一种，但其并没有将其他行为（包括链接）排除在作品提供行为之外。而"实质替代标准"将通过深层链接方式向公众传播作品的行为拟制为与上传作品至服务器具有相同法律效果的"提供行为"，此类法律拟制行为亦能够被法律逻辑所包容，可以通过法律解释纳入信息网络传播权控制的行为范围。因此，仅分析法律条文并不能得出"服务器标准"是判断作品提供行为的唯一标准。

最后，"实质替代标准"将深层链接行为认定为作品提供行为，对于制止某些不当行为更加彻底和快捷，但其不合理地扩大了作品提供行为的范围，并且会产生一些不良后果。因为一旦深层链接行为直接受著作权控制，则设链网站的设链行为需要获得著作权人的授权许可，同时还需要获得被链网站的同意，这样就在法律之外赋予了一种"设链权"或者说是"链接权"。在这种情况下，运营成本将远远超出设链网站所获得的收益，必将导致设链网站放弃这种商业

---

① 王迁：《网络环境中的著作权保护研究》，法律出版社 2011 年版，第 339 – 340 页。

模式。有学者认为此举实际上系在法律上宣告深层链接技术的死刑。① 虽然我们并不能很肯定地得出深层链接技术会因此遭受毁灭性打击的结论，但商业资本的转移一定会抑制深层链接技术的发展。"实质替代标准"将深层链接行为认定为作品提供行为，即是以抑制新技术和新商业模式发展为代价，维护旧有的互联网产业格局。如果我们在一定程度上容纳深层链接行为，则将重构互联网传播方式，在著作权人、网络内容提供商、提供链接服务的网站之间形成新的利益格局，实现保护著作权与鼓励作品传播之间新的平衡。因此，从更能包容互联网技术和商业模式的发展、更有利于维系网络传播领域利益平衡的角度来看，"实质替代标准"并不值得推崇。

三、深层链接行为司法规制的思考

（一）裁判理念

虽然深层链接与普通链接在技术原理上并无二致，本质上是为用户提供访问被链网站服务器的通道，而非将被链网站服务器上的文件复制到设链网站的服务器上，如果被链网站服务器关闭或者相关文件被删除，则即使设链网站与被链网站的链接仍然存在，用户也无法获得上述文件。但法律所规制的是行为而非技术，讨论深层链接行为的法律规制问题，并非对深层链接技术本身作出法律评价，而是对使用深层链接技术的某种具体行为进行分析评判。因此，司法裁判不可能对所有的深层链接行为作出一概而论的评价，而应当对审判实践中出现的深层链接行为进行具体分析，研究哪一类行为可以构成侵权及其法律规制途径。

在涉深层链接案件的审理中，应当把握以下三个裁判原则：一是要维护法律的权威性和稳定性。法律的权威性要求司法部门应当基于立法目的、法律原则和法律基本规则对法律进行解释和适用并作出裁判。法律的稳定性要求司法裁判应当有相对统一的标准，不能根据个案情况随意变动，以给行为主体稳定的行为预期，即同样的行为应当导致同样的法律后果。二是要认识到法律的历史性。法律是历史的产物，其应当促进而非阻碍历史的发展，同时法律相对于历史发展又具有滞后性。因此，司法部门在适用法律时必须要用发展的眼光对新事物新问题作出应对，以适应时代发展的需求，焕发法律的生命力。三是要协调和平衡各方主体的利益。法律的作用是调整社会关系以维持相对稳定的社会环境。具体到作品信息网络传播权纠纷案件审理，要兼顾著

---

① 王迁：《网络环境中的著作权保护研究》，法律出版社 2011 年版，第 346 页。

作权人、网络传播主体和网络用户各方的利益，在激励作品创作和鼓励信息传播之间寻求平衡。

（二）"服务器标准"仍是主要判断标准

在深层链接技术出现之前，采取普通链接的搜索引擎与网络内容提供商之间界限相对清晰，被链网站提供内容服务，搜索引擎提供链接服务，双方无利益冲突。彼时，"服务器标准"作为判断网络传播行为和网络服务提供行为的通行标准，使网络传播领域的各方利益达到相对平衡的状态。深层链接技术出现后，利益平衡被打破，"服务器标准"受到挑战，但其仍然是判断作品提供行为的一项重要的操作性标准。一方面是由于如前所述，尚没有其他标准能够更好地替代"服务器标准"，另一方面是因为"服务器标准"在一定程度上仍能有效地维持互联网传播秩序。

相较于采取普通链接的网络搜索服务，深层链接行为更能吸引用户注意力，因而分流了网络内容提供商的用户和广告商，直接影响了被链网站的利益。对著作权人而言，设链网站采取深层链接还是普通链接，对作品传播状态的影响并无实质区别。深层链接对著作权人利益的影响主要是间接的，即如果网络内容提供商的利益受到设链网站的过分蚕食，其不再采取获得著作权人授权许可的商业模式，将影响著作权人的授权许可利益。在采用"服务器标准"的情况下，被链网站可以以不正当竞争、规避或破解技术措施为由起诉设链网站，从而维护其自身利益①；对著作权人而言，其对普通链接和深层链接的控制力相同，均可以通过追究设链者间接侵权责任的方式禁止设链网站传播侵权作品；同时，通过反不正当竞争、反规避技术措施等途径，被链网站的利益得以维护，著作权人的授权许可利益也不致受到实质影响。因此，"服务器标准"仍然能基本解决深层链接对相关主体利益的不当侵害。

（三）对"服务器标准"的适当突破

如前所述，目前实践中所出现的深层链接行为大致可以分为对被链网站网页内容的深层链接和对被链网站服务器中文件的深层链接。对被链网站网页内容的深层链接仅仅是在普通的跳转式链接的基础上对目标页面进行"加框"等技术处理，使之看上去像设链网站的用户界面，此时用户访问的仍然是被链网

---

① 部分法院对此认为，由于设链网站提供链接的行为与被链网站提供内容服务于受众感官体验效果上无差别，双方各自提供的服务具有明显的可替代性，形成了分流用户、争夺交易机会的市场竞争关系；设链网站的行为利用了被链网站的市场资源，打破原有的交易秩序，挤占被链网站的交易机会，并损害其竞争权益，构成不正当竞争。见上海市杨浦区法院（2015）杨民三（知）初字第 1 号民事判决书、上海市徐汇区法院（2014）徐民三（知）初字第 1383 号民事判决书。

站的网页，只是用户体验不同①。因此，对被链网站网页内容的深层链接与普通的跳转式链接在传播作品的方式上并无实质区别，应当得到相同的法律评价。对被链网站服务器中文件的深层链接又可细分为不避开或破解技术措施的深层链接和"盗链"。不避开或破解技术措施的深层链接所链接的对象本身就是公众可以直接访问的 URL 地址；而且有相当一部分文件在互联网中独立存在，并不对应任何网站的网页，因此也不可能存在网页跳转。为了促进作品的传播，对于权利人置于向公众开放的服务器中的作品，应当推定权利人允许第三方提供链接，此时设链网站的深层链接行为不需要再获得权利人的授权，除非权利人采取技术措施阻止链接。对于上述两种链接方式，采用"服务器标准"能够有效地实现保护著作权和促进作品传播的目的。

实践中，危害最大、最遭诟病的是"盗链"行为。"盗链"行为实质是违背被链网站的意志，以盗链者的用户界面取代被链网站的用户界面对被链网站服务器中的作品进行传播，因而很多观点认为盗链者将被链网站的服务器作为其实现提供作品的外置存储器，窃取了被链网站的作品传播者的地位，实施了作品提供行为。② 持"服务器标准"的观点也承认"盗链"行为属于侵权行为，但认为不属于侵害信息网络传播权的行为，可以通过其他法律规定予以规制。其中大多数观点认为"盗链"侵害了《著作权法》第十条第一款第（十七）项规定的"其他权利"；也有观点认为"规避技术措施"的侵权行为既可能侵害著作权的专有权利，也可能不侵害专有权利，"盗链"即属于不侵害著作权专有权利的侵权行为。③

笔者认为，在对"盗链"行为的侵权判断上，"服务器标准"显露出其局限性。虽然持"服务器标准"的观点试图采用其他法律规定来弥补其对规制"盗链"行为的力不从心，但却产生了两种意见分歧，且两种意见互相无法说服对方，这也表明了"服务器标准"的局限性。在被链网站虽然将作品上传至向公众开放的服务器，但又设置技术措施使得公众只有通过被链网站网页上的链接才能获取后台服务器中的作品的情形下，被链网站的提供行为是"上传作品 + 网页链接"。盗链者虽未实施上传作品至服务器的行为，但是其在被链网站已经上传作品（但尚未被公众所获取）的基础上，实施了提供行为的

---

① 如使用腾讯微信的用户在点击微信中的链接后，进入第三方网站的网页，但在该目标页面的界面上保留了微信的功能键，界面风格与微信公众号的网络页面保持一致，也属于深层链接。

② 参见王艳芳：《论侵害信息网络传播权行为的认定标准》，载《中外法学》2017 年第 2 期；北京市朝阳区人民法院课题组：《视频聚合平台运行模式在著作权法规制下的司法认定》，载陶凯元主编：《知识产权审判指导》2016 年第 1 辑，人民法院出版社 2017 年版，第 162 - 164 页；杨勇：《从控制角度看信息网络传播权定义的是与非》，载《知识产权》2017 年第 2 期。

③ 如王迁教授认为，"盗链"本质上还是链接，不是著作权所控制的行为。

第二步——链接行为，使作品处于可为公众所获得的状态，这正是"服务器标准"所强调的"提供作品的初始行为"。

四、涉深层链接案件的裁判规则

（一）设链传播构成帮助侵权的裁判规则

首先，应从事实上判断被控侵权行为是否系对第三方网站中的内容设置深层链接。《信息网络传播权司法解释》第六条规定："原告有初步证据证明网络服务提供者提供了相关作品、表演、录音录像制品，但网络服务提供者能够证明其仅提供网络服务，且无过错的，人民法院不应认定为构成侵权。"由于深层链接的表现形式往往使设链网站看上去像网络内容提供商，因此原告提供的被告网站网页截屏公证书等可以作为初步证据证明被告实施了提供行为。接下来，被告应当就其仅提供网络链接服务的抗辩进行举证。此时，法官应采用很大可能性的证明标准对事实作出判断，即在案证据基本倾向于被控侵权行为系对第三方网站中的内容设置深层链接，还是基本倾向于被控侵权行为系直接提供内容。如果在对被告的证据综合审查判断之后，不能推翻初步证据的认证，则应当认定被告实施了作品提供行为。

其次，深层链接行为构成"帮助侵权"的前提是被链网站中的内容系侵权内容。如果原告主张被控侵权行为构成"帮助侵权"的，原告应对被告所链接的作品系侵权的事实承担举证责任。为了便于查明上述事实，原告申请追加被链网站的经营者作为共同被告的，法院应予准许；法院也可以通知被链网站的经营者作为第三人参加诉讼。

最后，《信息网络传播权司法解释》第八条规定："人民法院应当根据网络服务提供者的过错，确定其是否承担教唆、帮助侵权责任。网络服务提供者的过错包括对于网络用户侵害信息网络传播权行为的明知或者应知。"因此，深层链接行为构成"帮助侵权"的主观要件是，设链网站对第三方网站内容侵权性质的主观认识应当为明知或者应知状态。具体可依据《信息网络传播权司法解释》第八条、第九条、第十条、第十一条、第十三条、第十四条的规定，结合案件事实作出认定。

（二）涉规避或破解技术措施的案件裁判规则

技术措施可以分为"保护著作权专有权利的技术措施"和"防止未经许可接触作品的技术措施"。① 《信息网络传播权保护条例》第二十六条规定："本

---

① 对技术措施的类型加以区分，主要是以美国《千禧年数字版权法》为代表的立法模式。参见王迁：《知识产权法教程》（第5版），中国人民大学出版社2016年版，第254页。

条例下列用语的含义：……技术措施，是指用于防止、限制未经权利人许可浏览、欣赏作品、表演、录音录像制品的或者通过信息网络向公众提供作品、表演、录音录像制品的有效技术、装置或者部件。……"该条款所指的"技术措施"包括防止未经许可接触作品的技术措施和保护信息网络传播权的技术措施。

　　案件审理中，如果原告既指控被告有《信息网络传播权保护条例》第十八条第（二）项规定的故意避开或者破坏技术措施的侵权行为，又依照《著作权法》指控被告侵害其信息网络传播权，应当分情况处理：如果被告仅实施了故意避开或者破坏技术措施的行为，可以依照《信息网络传播权保护条例》第十八条第（二）项处理，并参照侵害著作权的相关规定确定其损害赔偿标准；如果被告的行为属于避开或破坏被链网站技术措施实施深层链接的"盗链"行为，则应根据侵害信息网络传播权的法律规定对著作权人予以救济。

　　此类案件中，原告应当证明其采用了防止设置链接的技术措施。原告采用了防止设置链接的技术措施，可以推定被告故意避开或者破坏了技术措施，但被告提供反证的除外。

（三）深层链接行为能否构成不正当竞争

　　有的被链网站本身即是被链作品的著作权人或者经授权获得了被链作品的信息网络传播权，为了更全面地维护自身权益，其往往同时提起不正当竞争之诉和著作权侵权之诉；部分被链网站仅取得作品的非独家信息网络传播权，或者虽然系独家授权但未获得以自己名义提起著作权侵权诉讼的授权，其往往以不正当竞争为由起诉深层链接网站。[①]

　　对此，笔者认为，如果被告的深层链接行为不构成侵害信息网络传播权，一般不能认定其构成不正当竞争，以免使原告获得的保护超出著作权法所规定的专有权范围，违背著作权法的立法目的。但是，如果被告的行为破坏了公平竞争的秩序，妨害了原告的正常经营，对原告造成了著作权以外的其他损害，可以依照《反不正当竞争法》的规定进行审查认定。

五、结语

　　波斯纳法官曾写过一段精彩判词："当新技术或新商业模式诞生时，通常的结果是老一代技术或商业模式的式微甚至消失。如果老一代技术或商业模式获得宪法赋予的权利，将新生事物排除在自己的市场之外，那么经济发展将可

---

　　① 如北京市海淀区法院（2004）海民初字第 19192 号北京鸿宇昊天公司诉沈丽不正当竞争纠纷案。

能停滞。我们可能就不会有出租车，而只有马车；不会有电话，而只有电报；不会有计算机，而只有计算尺。"① 在互联网时代，由于网络信息技术快速发展以及互联网商业模式不断更新等原因，版权立法的滞后性尤其凸显。在处理涉深层链接纠纷时，司法裁判者不能局限于通过简单的法律逻辑推理解决纠纷，而应当在个案裁判中全面衡量不同裁判路径所产生的裁判效果，寻找平衡有关利益方的尺度和空间，始终对新技术、新商业模式的生存与发展抱有一颗宽容的心，对互联网世界中亦正亦邪的深层链接行为作出恰如其分的判断。

---

① 2016 年 10 月 7 日，美国联邦第七巡回法院就两起涉及传统出租车与网约车公司之争的案件作出判决，两起案件分别是 Joe Sanfelipo Cabs *v.* City of Milwaukee 和 Illinois Transportation Trade Association *v.* City of Chicago。判词译文转引自李慧编译：《网约车与出租车是否应一视同仁，波斯纳法官妙"比"下判》，微信公众号"法影斑斓"，2016 年 10 月 12 日。

著作权法视角下共有著作权行使的"协商"规则研究——以法教义学为路径[*]

一、导论

2020 年 11 月 11 日，全国人大常委会通过了《全国人民代表大会常务委员会关于修改〈中华人民共和国著作权法〉的决定》，广受业界内外和社会关注的著作权法修法终获通过。新修改的《著作权法》中，第十四条①是关于共有著作权的规定，该条款将《中华人民共和国著作权法实施条例》（以下简称《实施条例》）第九条②及相关规范③中关于不可分割合作作品的权利行使规则

---

* 作者：刘军华、马剑峰、陶冶。

① 《全国人民代表大会常务委员会关于修改〈中华人民共和国著作权法〉的决定》第九项规定，将《著作权法》第十三条改为第十四条，增加一款，作为第二款："合作作品的著作权由合作者通过协商一致行使；不能协商一致，又无正当理由的，任何一方不得阻止他方行使除转让、许可他人专有使用、出质以外的其他权利，但是所得收益应当合理分配给所有合作作者。"

据此，新修改的《著作权法》第十四条为：两人以上合作创作的作品，著作权由合作作者共同享有。没有参加创作的人，不能成为合作作者。合作作品的著作权由合作作者通过协商一致行使；不能协商一致，又无正当理由的，任何一方不得阻止他方行使除转让、许可他人专有使用、出质以外的其他权利，但是所得收益应当合理分配给所有合作作者。合作作品可以分割使用的，作者对各自创作的部分可以单独享有著作权，但行使著作权时不得侵犯合作作品整体的著作权。

而现行《著作权法》（2010 修正）第十三条的规定为：两人以上合作创作的作品，著作权由合作作者共同享有。没有参加创作的人，不能成为合作作者。合作作品可以分割使用的，作者对各自创作的部分可以单独享有著作权，但行使著作权时不得侵犯合作作品整体的著作权。

② 该条款规定，合作作品不可以分割使用的，其著作权由各合作作者共同享有，通过协商一致行使；不能协商一致，又无正当理由的，任何一方不得阻止他方行使除转让以外的其他权利，但是所得收益应当合理分配给所有合作作者。

③ 《计算机软件保护条例》第十条规定，由两个以上的自然人、法人或者其他组织合作开发的软件……不能分割使用的，其著作权由各合作开发者共同享有，通过协商一致行使；不能协商一致，又无正当理由的，任何一方不得阻止他方行使除转让权以外的其他权利，但是所得收益应当合理分配给所有合作开发者。鉴于该规定的文义内容和立法模式与《实施条例》第九条完全一致，且仅涉及计算机软件著作权领域，故为免繁赘，本文仅以《实施条例》第九条代指此类现行规则。

纳入了新著作权法的框架，解决了长期以来备受诟病的不可分割合作作品权利行使法律规范位阶较低的问题①；并将该规范的适用外延予以扩大，从而覆盖了整个合作作品②；同时，其还明确了在合作作者就合作作品著作权行使不能达成一致的情形下，部分合作作者不得擅自行使的权利除原有的转让外，还包括专有使用许可和出质。应该说，这些都是以往共有著作权权利行使制度中存在较大争议的问题③，此次修法对该些问题作出了积极回应，起到了弥补法律漏洞的效果。

然而我们发现，对于此前实践中和学术界一直存有争议的合作作者就行使合作作品著作权所涉及的"协商"规则，新修改的《著作权法》第十四条的规定较《实施条例》第九条而言并无任何变化。因此，该争议在今后或将延续。鉴于立法者对该争议并未在修法中作出任何回应，则应当理解为其症结主要还是在于对该规则的认识和解释问题。卡尔·拉伦茨指出，法学以处理规范性角度下的法规范为主要任务，其关切的是实证法的规范效力、规范的意义和内容，以及法院判决中包含的裁判准则④。据此，本文尝试从法教义学（法解释学为主）的角度，从上海知识产权法院审理的系列案件入手，对实践中和学术界均存分歧的"协商"规则的规范性问题进行探讨和解释，以期为新修改的《著作权法》施行后的相关司法实践提供消弭分歧的思路和路径。

二、问题的提出

上海知识产权法院在 2019 年 12 月 20 日审结了一组关联案，分别系娱美德公司（Wemade）、株式会社传奇 IP 诉亚拓士公司（Actoz）、蓝沙公司侵害计算机软件著作权纠纷案（以下简称 617 号案）⑤和亚拓士公司诉娱美德公司、恺英公司侵害计算机软件著作权、确认合同无效纠纷案（以下简称 739 号案）⑥。

---

① 参见王瑞龙、鲁虎：《〈著作权法实施条例〉第九条评析》，载《中国版权》2012 年第 2 期。
② 即包括可分割合作作品与不可分割合作作品。
③ 参见曹新明：《合作作品法律规定的完善》，载《中国法学》2012 年第 3 期；殷志刚：《合作作品共有著作权行使规范解释适用与完善》，载《法学杂志》2017 年第 11 期；陈之荣、王智源、王辉：《知识产权共有问题研究》，载《知识产权》2013 年第 12 期；卢海君：《论合作作品的立法模式——兼论我国〈著作权法〉第 13 条的修订》，载《电子知识产权》2012 年第 9 期；卢海君：《我国合作作品立法模式的缺陷与改革——以我国〈著作权法〉第 13 条的修订为背景》，载《中国出版》2012 年第 3 期；阮开欣：《共有作品在权利移转中的法律问题——评 Corbello v. Valli 案》，载《中国版权》2015 年第 2 期；左梓钰：《论合作作品的著作权法规范》，载《知识产权》2020 年第 7 期；曾梦倩：《合作作品著作权及其归属制度完善研究》，载《黑龙江社会科学》2014 年第 2 期等。
④ ［德］卡尔·拉伦茨：《法学方法论》，陈爱娥译，商务印书馆 2003 年版，第 77 页。
⑤ 详见上海知识产权法院（2017）沪 73 民初 617 号民事判决书。
⑥ 详见上海知识产权法院（2017）沪 73 民初 739 号民事判决书。

该两案的当事人娱美德公司和亚拓士公司均为韩国公司，是知名网络游戏《传奇2》的共有著作权人①。双方均指控对方未经协商而擅自授权许可第三人行使该游戏软件的相关权利，并均要求法院据此确认各自案件所涉的授权许可行为无效。在617号案中，被告亚拓士公司辩称，其在签订系争协议前多次向原告娱美德公司表示了愿意协商的意愿，但娱美德公司拒绝协商，导致不能协商一致。而在亚拓士公司诉娱美德公司的739号案中，娱美德公司辩称，其根据双方前期往来的实际情况，确认双方不可能协商一致，因此采用了通知方式将许可情况及时通知了亚拓士公司并承诺分配相应份额。娱美德公司还认为，《实施条例》第九条规定的协商仅是形式要件，《著作权法》的立法宗旨是鼓励作品传播，而非给予权利人以绝对垄断的权利。

实际上，上述当事人的争议正是反映了实践中"协商"规则的主要争议所在，本文拟对此予以深入探讨。

三、不同的立场

对于"协商"规则的争议，主要聚焦在《实施条例》第九条所指之协商是否为部分合作作者行使著作权的必经程序，这也是该条款最重要的逻辑基点和起点。对此，大致分为三种立场，即肯定立场、否定立场和偏向肯定的折中立场。

（一）肯定立场

持该立场的学者认为，根据《实施条例》第九条的规定，其基本规则是以协商一致为原则，以无正当理由不得拒绝行使为补充，兼采利益合理分配原则②。

值得一提的是，本文开头援引的617号案和739号案也鲜明地宣示了该立场。617号案中，法院认为"协商"是不可分割使用的合作作品的共有著作权人行使共有著作权的前提，且该"协商"应为实质意义上的协商，需要双方共同商量以取得一致意见③。该院进一步在739号案④及该案的诉前行为

---

① 从严格的文义解释角度而言，共有著作权人概念的外延显然应当大于新《著作权法》及《实施条例》中规定的合作作者，但本文对此不作特别区分。其理由是一方面我国《著作权法》中对于合作作品、合作作者的定义性规范一直有所争论，而此次修法未有相关改动，且本文并不涉及对该问题的探讨。另一方面，最高人民法院通过齐良芷、齐良末等诉江苏文艺出版社侵犯著作权纠纷案（详见《最高人民法院公报》2012年第9期），确立了通常的著作权共有（包括继承等继受方式取得的共有著作权）中的作品利用纠纷，类推适用本文所聚焦的《实施条例》第九条的规范。

② 曹新明：《合作作品法律规定的完善》，载《中国法学》2012年第3期。

③ 详见上海知识产权法院（2017）沪73民初617号民事判决书。

④ 详见上海知识产权法院（2017）沪73民初739号民事判决书。

保全案评析①中作出类似阐释。此外，司法实践中也有不少案例支持了这一立场。如在（2011）浙杭知终字第 57 号案②中，法院认为在合作作品中，单个的合作作者独自行使合作作品著作权的前提就是全体合作者进行协商，或者虽然各方进行协商，但是没有达成共识。在（2014）东民初字第 00146 号案③中，法院也认为，合作作者在使用合作作品前，应与其他合作作者就合作作品的使用有一个协商的过程，需要征询、了解其他合作作者的意见。此外，在（2010）粤高法民三终字第 146 号案④中，法院指出，涉案计算机软件的合作作者之一未与其他合作作者协商，就单独签订软件使用合同，既违反涉案开发协议的约定，又侵犯了其他合作开发者的合法权益，属于违约与侵权竞合的情形。

（二）否定立场

持该立场的学者认为，《实施条例》第九条将"协商"作为不可分割合作作品著作权行使的前置程序，要求合作作者在意欲行使著作权时必须进行协商，可能会延误作品利用的最佳时机，导致著作权行使成本不必要的增加。其也忽视了客观上不能协商的情形，不利于作品的传播和利用⑤。

通过梳理案例发现，支持该观点的我国司法案例是有相当数量的。如前述（2011）浙杭知终字第 57 号案的一审法院认为⑥，由于合作创作的计算机软件不可以分割使用，因此合作作者无合法、正当的理由，不能阻止其他合作作者许可他人使用计算机软件。在（2011）常知民终字第 5 号案⑦中，法院最终认定，无论合作作者是否就著作权的行使达成一致意见，均不影响部分合作作者行使除转让权之外的其他权利。在（2009）渝高法民终字第 142 号案⑧中，法院认为，即使没有全部合作作者的参与，部分合作作者仍然可以行使合作作者的权利进行合法授权。而在北京市海淀区人民法院（2005）海民初字第 8273 号案⑨中，法院认为，共同作者之一无正当理由不得阻碍他人行使著作权。从以上法院判例的观点可以窥见，其均淡化甚至忽视了"协商"的程序要求。

---

① 该案评析中指出，共有权利人对不可分割使用的计算机软件著作权的行使应协商一致，这既是相关法律规定的前置程序，也是民事主体应当遵循的平等、诚实信用原则的基本要求。参见上海知识产权法院（2016）沪 73 行保 1 号民事裁定书。

② 详见浙江省杭州市中级人民法院（2011）浙杭知终字第 57 号民事判决书。

③ 详见北京东城区人民法院（2014）东民初字第 00146 号民事判决书。

④ 详见广东省高级人民法院（2010）粤高法民三终字第 146 号民事判决书。

⑤ 王瑞龙、鲁虎：《〈著作权法实施条例〉第九条评析》，载《中国版权》2012 年第 2 期。

⑥ 详见浙江省杭州市中级人民法院（2011）浙杭知终字第 57 号民事判决书。

⑦ 详见江苏省常州市中级人民法院（2011）常知民终字第 5 号民事判决书。

⑧ 详见重庆市高级人民法院（2009）渝高法民终字第 142 号民事判决书。

⑨ 详见北京市海淀区人民法院（2005）海民初字第 8273 号民事判决书。

（三）偏向肯定的折中立场

之所以有此称谓，在于其本质上属于排除了特殊情况的肯定立场。而特殊情况主要是前述提及的"客观上不能协商"的情形，实践中具体主要包括两种情形：一是权利人众多，客观上难以完成协商程序的情形；二是权利人间交恶或其他原因，无正当理由拒绝或阻挠协商程序的情形。该立场的确立主要源自公报案例——齐良芷、齐良末等诉江苏文艺出版社侵犯著作权纠纷案（以下简称齐白石后人案）①。该案中，绘画大师齐白石去世后，其众多后人中的两位授权某出版社将齐白石相关作品予以出版，其他部分齐白石后人为此以侵犯著作权为由起诉出版社。法院认定，因齐白石继承人人数众多难以确定，且分散各地，取得全部继承人同意几无可能，故该侵权指控不成立。故持该立场论者认为，最高法院以公报案例形式确认了"协商"规则作为必经程序的例外情形，即"客观协商不能"。

四、解释论的分析

法律解释的最终目的是探求法律在今日法秩序的标准意义，同时，解释的结果必须能适用于其他同类事件②。基于前述，本文尝试以法律解释的分析方法，来探究协商要件的具体内涵和外延。

（一）文义解释——并无歧义的表述

无论是萨维尼法律解释论的四要素③，还是拉伦茨法律解释的诸标准④，均将文义解释的方法置于其中，且均明确了其与其他法律解释方法的先后顺序，即文义解释方法优先。陈金钊教授也鲜明指出，法治奉行法律至上，解释方法上秉持文义解释优先的原则。这是维护法律权威性、安全性之必须⑤。可见，文义解释是一切法律解释的起点，单纯的以目的解释、体系解释之名而淡化甚至否定文义解释的做法都是不足取的，不符合法治精神的内涵，尤其应为司法

---

① 详见齐良芷、齐良末等诉江苏文艺出版社侵犯著作权纠纷案，载《最高人民法院公报》2012年第 9 期。

② 参见［德］卡尔·拉伦茨：《法学方法论》，陈爱娥译，商务印书馆 2003 年版，第 195 - 199 页。

③ 萨维尼法律解释论的四要素具体包括法律解释的语法要素、逻辑要素、历史要素和体系要素。参见何勤华：《西方法学史》，中国政法大学出版社 1996 年版，第 246 页。

④ 拉伦茨的法律解释标准包括：字义；法律的意义脉络；历史上的立法者之规定意向、目标及规范想法；客观的目的论标准；合宪性解释的要求等。参见［德］卡尔·拉伦茨：《法学方法论》，陈爱娥译，商务印书馆 2003 年版，第 200 - 223 页。

⑤ 陈金钊：《体系思维及体系解释的四重境界》，载《国家检察官学院学报》2020 年第 4 期。

实践所摒弃。

具体到合作作品权利行使的"协商"规则，从实然法律规范的角度，应当说，该法律规定的文义表达是明确而无歧义的。即合作作品的权利行使应当首先满足协商要件，即经过协商一致；未能满足该要件时，才考虑理由正当与否及相关法律后果的问题。正如 739 号案件判决所述，《实施条例》第九条的规定，首先即明确了共同共有不可分割使用的作品或软件，其著作权由各合作作者或各合作开发者"共同共有，通过协商一致行使"，其主旨在于保护共同共有著作权人的利益。因此，协商是行使共同共有著作权的前提①。

由此可见，前述否定立场中淡化甚至完全忽视协商程序的学术观点和实践做法，实际上是与《实施条例》第九条的规范内涵相悖，亦即是缺乏文义解释基础的。

（二）历史解释——大陆法系的渊源

无论是理解法律还是用法律解决历史问题，历史因素都是非常重要的②。众所周知，我国著作权法体系的构建受到国际条约、外国法等域外著作权法律体系的深远影响，因此在涉及著作权法律规范的解释分析中，比较法的研究方式往往是不可或缺的。从比较法的视野看，《保护文学和艺术作品伯尔尼公约》等涉及版权的国际条约对合作作品权利行使的规范并不明确，而各国著作权法关于共有著作权的行使规则大致有两种模式③。一种是自由行使模式，即无须经过合作作者协商，任何合作作者都可以单独行使合作作品共有著作权。美国即是如此。根据其判例法，任何版权共有人都可不经其他共有人同意自行使用合作作品，或授权他人非专有许可使用，仅需负担所得收益在版权共有人间合理分配的义务④。另一种是协商行使模式，即强调了协商要件的重要性，只是在协商要件未得满足后的处理有所区别。其较为典型的国家系德国。根据《德国著作权法》第 8 条及《德国民法典》的相关规定，发表和使用合作作品的权利归全体合作作者共有；只有经合作作者一致同意才可发表、修改和使用合作作品。但合作作者不可违背诚实信用原则拒绝发表、修改和使用合作作品⑤。

---

① 详见上海知识产权法院（2017）沪 73 民初 739 号民事判决书。

② 孔祥俊：《知识产权法律适用的基本问题——司法哲学、司法政策与裁判方法》，中国法制出版社 2013 年版，第 560 页。

③ 参见殷志刚：《合作作品共有著作权行使规范解释适用与完善》，载《法学杂志》2017 年第 11 期。

④ 阮开欣：《共有作品在权利移转中的法律问题——评 Corbello v. Valli 案》，载《中国版权》2015 年第 2 期。

⑤ ［德］M. 雷炳德：《著作权法》，张恩民译，法律出版社 2005 年版，第 189 - 190 页。

从比较法的角度，持否定立场论者似乎可以从美国版权制度的自由行使模式中找到我国《实施条例》第九条的解释论依据。但本文对此难以赞同，理由是，一方面，相较于美国版权制度，我国著作权法制度体系与之有较为明显的区别，而更接近于德国等大陆法系国家的著作权法制度体系，因此与后者在制度设计和规则表述方面实际也颇为相近；另一方面，著作权法与民法的关系是特别法与一般法的关系，而我国民法制度亦深受以德国、日本等为代表的大陆法系国家的影响，易言之，我国著作权法律体系在这一点上与民法体系也是一体相承的。因此，若在缺乏充分正当性或合理性依据的前提下，将忽视协商要件的自由行使模式移植或纳入本文所探讨的现行规则作为解释，亦是不符合解释论要求的。

（三）体系解释——一体两面的平衡

从相关文献及判例中可以窥见，否定立场论者的主要论点有二：一是协商作为要件忽视了合作作者协商的可行性。本文认为，这实际涉及协商规则所在法律条款的目的解释问题，将在后一部分中予以探讨。二是在实际生活中，合作作品只有在合适的时机利用著作权，才可以求得最大回报，才能使作品发挥最大的社会价值和经济价值，才可能对合作作品的作者形成最大的激励，激发社会主体创作作品的热情，进而达到《著作权法》立法目的[①]。而协商的硬性要求会对该目的的实现造成阻碍。

诚然，我国《著作权法》第一条即开宗明义地指出了其立法目的，包括鼓励有益于社会主义精神文明、物质文明建设的作品的创作和传播，促进社会主义文化和科学事业的发展与繁荣。同时，与许多其他法域类似，我国《著作权法》在基本理论层面，亦普遍以激励理论来解释其正当性。所谓激励是指主体追求行为目标的愿意程度。个体受到正确、充分的激励，就会大大提高能力的发挥程度[②]。运用到著作权法领域，即通过赋予作者著作权，满足其实现在作品上的人格利益和财产利益的需要，激发其创作积极性，进而满足公众接触作品的社会需要。因此，赋予著作权系手段并非目的，其根本目的是促进作品创作与传播[③]。据此，否定立场论者似乎找到了"协商"规则的体系解释或逻辑解释的依据。

然而，应当指出的是，这样的认识是失之偏颇的。即便从激励理论的角度来看，知识产权制度的本旨在于，赋予技术创新者以一种独占性权利，从

---

① 王瑞龙、鲁虎：《〈著作权法实施条例〉第九条评析》，载《中国版权》2012 年第 2 期。

② 赵震江主编：《法律社会学》，北京大学出版社 1998 年版，232 页。

③ 冯晓青：《知识产权法哲学》，中国人民公安大学出版社 2003 年版，第 291 页。

而保证实现其所追求的经济价值，防止他人随意使用权利人的智力成果①。即知识产权制度的确立首先要实现独占性权利的确认和保障。这就意味着在讨论知识产权制度的规范问题时，首先应当明确知识产权的私权属性。知识产权历经从特权到私权的变迁②，使其这一特性被牢固确立下来。正如我国加入并对我国知识产权制度产生深远影响的《与贸易有关的知识产权协定》（TRIPS 协议），在其序言中即开宗明义地指出，缔约方应认识到知识产权是私有权③。著作权作为知识产权最重要的下位概念和部门法之一，其私权属性亦是毋庸置疑的。

私权属性的确立，意味着将推论出至少两个重要的观点：一是包括著作权在内的知识产权应当受到依法严格保护，相关法定权利不得被擅自剥夺。虽然"私有财产神圣不可侵犯"是根植于西方国家的价值观，但其对私权保护的精神理应具有普世性，这实际就要求国家有义务对知识产权提供有效的法律保护④。如我国《著作权法》在其第一条的立法目的中，即先指出了保护文学、艺术和科学作品作者的著作权，以及与著作权有关的权益的意旨，也正是体现了这一点。二是权利人的意思自治和权利行使自由既应得到充分尊重，亦应得到合理限制，这是权利得以实现的一体两面。一方面，意思自治与权利行使自由是私权的基本内核，也是其存在的价值。另一方面，任何私权的行使都会受到限制，作为与公有领域划界而分但又与公共利益和公众秩序密切相关的知识产权更是概莫能外。现代著作权制度在产生之时，就对著作权进行了限制，比如保护期限与合理使用制度等⑤。而著作权规范就是在权利的保护与限制、限制与反限制间不断寻找动态的平衡，最终"促成了两者的利益大致均衡"⑥，也由此形成了著作权法保护作者利益和维护社会利益的双向本位原则⑦。因此，片面强调著作权保护或是片面强调促进作品的创作与传播、提升社会和人类福祉都是不足取的。

---

① Johu Holyoak & Paul Torremans, *Intellectual Property Law*, Butterworths, 1995, p. 13 – 14.

② 参见郑成思：《知识产权论》，法律出版社 2003 年版，第 2 – 3 页。

③ Wenwei Guan, *Intellectual Property Theory and Practice: A Critical Examination of China's TRIPS Compliance and Beyond*, Springer, 2014, p. 13.

④ 参见孔祥俊：《知识产权法律适用的基本问题——司法哲学、司法政策与裁判方法》，中国法制出版社 2013 年版，第 291 – 292 页。

⑤ 参见孔祥俊：《知识产权法律适用的基本问题——司法哲学、司法政策与裁判方法》，中国法制出版社 2013 年版，第 293 页。

⑥ 胡开忠：《著作权限制与反限制的法哲学基础研究》，载《法商研究》1996 年第 1 期。

⑦ 参见冯晓青：《知识产权法哲学》，中国人民公安大学出版社 2003 年版，第 291 页。

据此，本文认为，《实施条例》第九条以设置合作作品著作权行使的"协商"规则，并辅以正当理由要件、权利禁止要件①和利益分配规范②，实际上是"一体两面"双向本位原则和"利益大致均衡"的较好体现。首先，实质性地开展协商是对其他合作作者意思自治的充分尊重，是私权保护的意旨所在，也同时是对行为人③权利行使的适度限制，其意义就在于保护和尊重其他合作作者的意思自治和权利行使自由。其次，在协商不能达成一致的情形下，设置正当理由要件系对其他合作作者科以一定的限制，即其他合作作者如无正当理由就不得限制行为人对于合作作品权利的行使。由此，对行为人行使权利予以保护，并对作品的传播和利用予以维护和促进，体现了对协商要件限制功能的反限制。再次，设置权利禁止要件，明确了对合作作品所涉根本性权利的保障，即在协商不能达成一致的情形下，合作作者单方不可行使该些权利。因为这些权利涉及今后其他合作作者权利的行使，所以该要件集中体现了通过对权利行使的限制实现对权利行使自由的保障。最后，利益分配规范的设置既是私权得以保障、著作权得以实现的重要意旨，也是对前述反限制的再限制。易言之，即便是提出无理理由阻碍作品传播、利用的合作作者的权益也不应受到侵害。可见，该规则通过上述逻辑路径，以力求实现"利益大致均衡"的局面。

分析至此，可以得出的结论是，"协商"规则理应是合作作者行使合作作品著作权的前提和必经程序，而实践中的否定立场观点和案例说理是不符合现行《实施条例》第九条和新《著作权法》第十四条的立法逻辑的。

（四）目的解释——违背诚信的规制

关于折中立场论者提出的如齐白石后人案那样客观上协商不能的情形应当如何认识的问题，这实际涉及对法条规定中"不能协商一致"的解释问题。有学者认为，这是目的性扩张解释的结论，即从法条文字脉络看，其所谓"不能协商一致"应意指主观不能，不包括客观不能。而齐白石后人案对该法条予以类推适用，是对"不能协商一致"作目的性扩张补充，以弥补立法漏洞④。

---

① 所谓权利禁止要件，即《实施条例》第九条所规定的在合作作者就合作作品著作权行使不能达成一致的情形下，即便其他合作作者无正当理由，行为人也不得擅自转让作品。新著作权法中将该禁止行使的范围扩大到了专有使用许可和出质的权利。

② 所谓利益分配规范，即《实施条例》第九条所规定的所得收益应当合理分配给所有合作作者。

③ 所谓行为人，即意欲行使共有著作权的共有著作权人。

④ 参见殷志刚：《合作作品共有著作权行使规范解释适用与完善》，载《法学杂志》2017年第11期。

仅从一般的文义理解上看，"不能协商一致"确实包括主观不愿和客观不能两种情形，而从法条规定的上下文义理解来看，"不能协商一致"确实仅涵盖了"主观不愿"这一种情形。而在涉及"客观不能"情形的案件中对该法条予以类推适用，是否可理解为法官对法律漏洞的修补和续造？本文认为，对于"不能协商一致"如何解释的问题之关键似不在此，也不在于齐白石后人案等相关案件类推适用了《实施条例》第九条是否导致法律解释的困惑。而是在于该种类推适用究竟传递了怎样的信号？进而言之是该条款的适用价值和立法目的究竟何在？

结合前述的分析看，该条款实际是给行为人和其他合作作者就合作作品著作权的行使提供了指引规范，并对行为人和其他合作作者相应行为的正当性与合法性作出评价提供了法律准据。此为该条款最重要的立法价值和目的所在。而该正当性与合法性的判断基础，从该规则文义和背景并结合比较法视野的德国①、日本②等著作权法规定的考察来看，即是诚实信用原则。诚然，这也是大陆法系民法的基本准则和帝王原则。具体而言，该规则的适用价值和立法目的在于通过对行为人或其他合作作者各自的权利行使行为提供规范的指引，并对违背诚信的权利行使行为作侵害了其他合作作者著作权的负面评价来对该行为予以相应规制，从而实现该规则立足权利保护与限制兼顾的效果。

遵循这一立法目的，不难得出以下至少三个推论：一是对于"协商"规则而言，行为人应实质性开展协商，而非仅是通过象征性的接触、形式性的通知等方式。如在739号案中，被告娱美德公司在公布成功签约消息的前一日下午5时许方才通知原告亚拓士公司有关签约事项。而在617号案中，被告亚拓士公司虽先后作出"必要时当然会与娱美德公司进行诚实的协商程序""计划在必要的范围内和娱美德公司也进行事前的协商"等意思表示，但在原告娱美德公司多次发函要求与其协商的情况下，其一直未实质与原告进行协商。上述前者这种"先斩后奏"的行为和后者这种"只协不商"的行为，显然都不符合实质性开展协商的意旨，亦均难言"诚信"。

二是对于因合作作者间交恶等导致彼此此前协商不成甚至一直协商不成，或是对方存在不配合甚至有意阻挠协商等失信行为，但实际并非联系不到的情形，行为人一般会主张因属于客观协商不能而不予协商。比如739号案中，被

---

① 参见［德］M. 雷炳德：《著作权法》，张恩民译，法律出版社2005年版，第189－190页。

② 日本以信义义务替代之。《日本著作权法》第64条规定，合作作品著作人格权，未经合作作者全体同意不得行使。但各合作作者不得违反信义妨碍达成上述合意。见《十二国著作权法》，《十二国著作权法》翻译组译，清华大学出版社2011年版，第392页。

告娱美德公司曾主张，所谓"不能协商一致"可以是经协商而未能协商一致，也可以是根据客观情况判断不能协商一致。如被告之前在涉及与相关案外人签订协议的协商时，原告亚拓士公司均不作正面回应，还发函给该案外人致使交易未达成，故可认为此次即使协商也不能协商一致。应该说，此类情形在实践中较为常见，且在对其作认定时比较具有迷惑性。对此，本文认为，可将之称为"伪客观协商不能"，即并不属于实质上客观协商不能的情形，故仍应当恪守"协商"规则的要求。理由是，一方面，由于每一次的权利行使都是有其独立性的，因此以过去协商不成的经历来验证将来权利行使的协商结果，难言正当。另一方面，诚实信用原则要求行为人系以对待自己事务之注意对待他人事务，从而保证法律关系的当事人都能得到自己应得的利益①。因此，即便对方存在失信，行为人不予协商的这种类似"以恶对恶""以不诚信应对失信"的行为，实际是剥夺了对方应得之利益，也就是前文所述的意思自治和权利行使自由，因此显然也不符合诚信原则的要求。

三是对于真正的客观协商不能的情形而言，其实际并不在《实施条例》第九条的规制范围内，而仅是适用该条款来对该行为的非不正当性和非不合法性作出正向评价而已。理由是，类似齐白石后人案这类客观不能协商的情形，其行为显然并不违背诚实信用原则和信义义务的要求，否则即属于对行为人课以过高的不合理义务，反而有违公平原则。

因此，该规则所述协商所规制的对象是客观上存在协商可能的情形下，不实质性开展协商的行为，因为该行为显然侵犯了其他共有著作权人的意思自治和权利行使自由。此为该规则的重要立法目的和价值所在。

五、结论

综合以上分析论证，我们对于现行《实施条例》第九条及新修改的《著作权法》第十四条规定的合作作者行使合作作品著作权的"协商"规则的解释问题，可以形成以下结论，并以期以此回应实践中的一些分歧和困惑，从而为新著作权法施行后的相关审判实践提供裁判思维的路径和助益。

一是"协商"应系合作作者行使合作作品著作权的必经程序，且应开展实质性的沟通、协商，而非仅是形式化的接触、通知。在可以联系到其他合作作者的情形下，以根据此前经验或当前实际情况等为由不予协商的，应认定为不符合该规则的要求。

---

① 梁慧星：《诚实信用原则与漏洞补充》，载《法学研究》1994 年第 2 期。

二是该规则的重要意旨在于对违背诚信、擅自行使合作作品著作权而侵害其他合作作者权利的行为予以规制。而适用该规则对并不违背诚实信用原则的行为进行评价，不会导致规则解释的困惑，也不属于规则适用的例外。

三是该规则既是对著作权的有效保护，也是对权利行使的适度限制，充分体现了著作权法的立法宗旨和目的，亦为新修订的著作权法予以进一步确认，理当予以严格适用。实践中，淡化或忽视协商必要性的观点都是不足取的。

标准必要专利相关问题研究*

近年来，高新技术企业纷纷争取把专利技术纳入标准，进而利用标准控制相关领域，以促进专利实施，实现企业的发展战略，从而获取巨额经济利益，正所谓"得标准者得天下"。随着中国科技创新发展，国内企业已经在很多行业的标准必要专利（Standard – Essential Patents，简称 SEP）方面，与发达国家企业展开激烈竞争，例如通信行业。我国司法实践中 SEP 案件也逐年增多，如广东省高级人民法院审理的华为诉美国 IDC 案，北京知识产权法院、高级人民法院审理的索尼诉西电捷通案、最高人民法院审理的华为诉康文森案等典型案例都相继发生，这些案例主要涉及标准必要专利的认定、许可费率的计算、禁令的颁发及禁诉令等问题。未来，我国法院、企业将会面临更多影响全球的标准必要专利诉讼。因此，有关标准必要专利法律问题的研究价值日益凸显。

本课题通过对各国 SEP 制度与案例分析与比较，立足国内立法和国内行业发展，通过分析 SEP 与公平、合理、无歧视声明（Fair Reasonable and Non – Discriminatory，简称 FRAND）的内涵，研究 SEP 相关问题。其中主要涉及：（1）标准必要专利认定问题，通过对专利有效性、必要性判断等步骤认定 SEP；（2）标准必要专利许可费率计算，具体分析可比协议法、Top – down 计算方法，综合考量后构建合理的 FRAND 费率计算方法；（3）禁令颁发的考量因素，从禁令的基本原则、双方谈判中的过错，研究禁令颁发的考量因素；（4）SEP 权利滥用行为的反垄断规制；（5）禁诉令与反禁诉令的构建问题，鉴于强制性标准具有强制执行力，FRAND 条款并非其主要内容，也不涉及禁令问题，因此，本课题将主要对推荐性标准涉及的必要专利进行研究，结合 SEP 特点，总结实践经验，并提出相关法律建议。

---

* 作者：黎淑兰、凌崧、唐春、宁度。

第一章 标准必要专利与 FRAND 原则概述

为了满足各行业标准、国家标准等要求，标准必要专利在该标准下具有不可替代性。此外，在专利权本身具有法定专用权的性质下，标准必要专利特性决定了权利人往往具有更强的独占性和垄断性。为了防止权利人滥用其独占地位给专利实施人施加不合理条件，影响市场竞争、行业发展以及损害社会创新，各标准化组织和各国制度必须对标准必要专利的专利权人进行限制，要求其在FRAND 即公平、合理、无歧视的条件下与实施人进行谈判。

一、标准必要专利概述

（一）技术标准的含义与分类

技术标准是指"获得公认机构批准，供通用或者重复使用的产品或者相关工艺和生产方法的规则、指南或者特定的文件"。[①]

技术标准包括国家标准、行业标准、地方标准和团体标准、企业标准。《中华人民共和国标准化法》第二条、第十条规定，[②] 国家标准分为强制性标准、推荐性标准。强制性标准是涉及保障人身健康和生命财产安全、国家安全、生态环境安全以及满足经济社会管理基本需要的标准；涉及药品、食品、环境保护、工程建设等标准。[③] 强制性标准以外的标准便是推荐性标准，如行业标准、地方标准等。

---

① 国际标准组织 ISO 官网，http：//www. iso. org/iso/home/standards. htm，2020 年 8 月 31 日访问。

② 参见《中华人民共和国标准化法》（2017 年修订）第二条规定："本法所称标准（含标准样品），是指农业、工业、服务业以及社会事业等领域需要统一的技术要求。标准包括国家标准、行业标准、地方标准和团体标准、企业标准。国家标准分为强制性标准、推荐性标准，行业标准、地方标准是推荐性标准。强制性标准必须执行。国家鼓励采用推荐性标准。"第十条规定："对保障人身健康和生命财产安全、国家安全、生态环境安全以及满足经济社会管理基本需要的技术要求，应当制定强制性国家标准。"

③ 参见《中华人民共和国标准化法实施条例》第十八条规定："国家标准、行业标准分为强制性标准和推荐性标准。下列标准属于强制性标准：（一）药品标准，食品卫生标准，兽药标准；（二）产品及产品生产、储运和使用中的安全、卫生标准，劳动安全、卫生标准，运输安全标准；（三）工程建设的质量、安全、卫生标准及国家需要控制的其他工程建设标准；（四）环境保护的污染物排放标准和环境质量标准；（五）重要的通用技术术语、符号、代号和制图方法；（六）通用的试验、检验方法标准；（七）互换配合标准；（八）国家需要控制的重要产品质量标准。国家需要控制的重要产品目录由国务院标准化行政主管部门会同国务院有关行政主管部门确定。"

（二）标准必要专利的含义

标准必要专利，是指为使某一产品或者技术服务达到某一技术标准的要求而必须采用的技术方案，该技术方案已经受专利权保护，且没有其他不侵权的替代技术。①

那么该技术领域人员为达到标准要求，在执行标准过程中必将实施该专利技术，即专利技术对于标准实施者而言是不得不使用的。②

（三）不同国家标准下的必要专利

依据国家标准分类，专利可能涉及国家强制性标准和推荐性标准，在不同情形下对专利实施的影响也不同。

国家强制性标准具有强制执行力，专利被纳入国家强制性标准的，实施人无须得到权利人的许可即可实施。《中华人民共和国标准化法》第 17 条也规定，强制性标准文本应当免费向社会公开。权利人声明要求支付相应的许可费或者提出其他条件的，实施人应当积极履行其义务。

对于推荐性标准，专利实施人并不能随意实施，也不能作为不侵权抗辩理由。《最高人民法院关于审理侵犯专利权纠纷案件应用法律若干问题的解释（二）》［以下简称《专利司法解释（二）》］第 24 条规定，推荐性国家、行业或者地方标准明示所涉必要专利的信息，被诉侵权人以实施该标准无须专利权人许可为由抗辩不侵犯该专利权的，人民法院一般不予支持。

国家强制性标准下，专利实施人无须经过权利人许可，因此医药、工程建设等类标准为强制性标准，其涉及的必要专利具有强制执行力，并非本报告主要讨论范围。而在国家推荐性标准下，专利实施人需要经过权利人许可方可实施专利，但是双方在进行许可谈判时往往需要受到 FRAND 承诺限制。本文研究内容即针对国家推荐性标准下的标准必要专利。

二、标准必要专利的特殊性——遵守 FRAND 原则

标准必要专利与非标准必要专利相比，最大特点就在于，在实施特定标准

---

① "Essential Claim means claims of all patents issued, and patent applications field, under the laws of any country that are necessarily infringed by implementing the normative portion of a Specification Document. An Essential Claim is 'necessarily infringed' only when there is no other technically reasonable non – infringing alternative implementing a Specification Document." 美国的数字电视国家标准组织（ATSC）官网，http: //www. atsc. org/cms/policy_douments/B – 4% 202007 – 12 – 13_PATENT_POLICY. pdf, 2020 年 8 月 31 日访问。

② 王海莹、胡雪莹：《标准必要专利的禁令救济原则》，载《人民司法（应用）》2018 年第 22 期，第 34 – 37 页。

过程中，标准实施人将不可避免地实施该标准下的标准必要专利，因而强化了专利权独占性。为了平衡专利权人与实施者的利益，一些标准化组织制定了FRAND 原则，要求权利人在许可时应履行一定义务即 FRAND 条款内容。对于一般专利若未经权利人许可又不存在抗辩事由，那么就会承担侵权责任；而对于标准必要专利而言，若专利实施人未经许可使用，在如权利人未遵守 FRAND条款的特别情形下，并不必然要求实施人承担停止侵权等侵权责任。由此看来在标准必要专利案件中，了解 FRAND 的含义、目的与审判依据尤其重要。

（一）FRAND 的含义

FRAND 是 Fair Reasonable and Non－Discriminatory 的缩写，意为公平、合理、无歧视。有观点认为公平与合理的含义几乎相同，而直接采用 Reasonable and Non－Discriminatory 的表达。实践中，我国和欧洲多用前者，美国多用后者。

实务与理论界中对"公平、合理、无歧视"的具体含义具有较大争议。

例如，无线星球诉华为案将"无歧视"分为一般无歧视与特定无歧视两类：一般无歧视（general non－discrimination），是在考虑了 FRAND 中公平、合理的要素下对其内在价值做出的整体评价，得出的基准 FRAND 费率适用于所有寻求许可的被许可人；特定无歧视（specific non－discrimination），是指对相同或者相似市场地位的被许可人给予相似的许可条件，使被许可人可以在许可费率基准上享受更低的许可费率，但仅在许可费差异会扭曲两方被许可人竞争的情形下适用。[①]

在理论界，多数学者对三要素赋予了以下含义："公平"要求占有主导地位的公司不能在相关市场利用知识产权许可限制竞争，如不能强迫实施人使用非必要专利[②]；"合理"主要考察费率高低是否合适，许可费应不高于专利成为标准之前的专利许可费；"无歧视"是指对具有类似交易条件的专利使用人应当要求近似的许可费率[③]。本文认为，在司法实践中考虑三者含义时，可以

---

　　① 参见 HP－2014－000005 英国高等法院无线星球诉华为案 Unwired Planet *v.* Huawei。在此案中，法院还对特定无歧视加以了要扭曲竞争的限制，因此，华为主张其与三星同具有相同地位要参考爱立信与三星签订协议中涉及的费率时，法院认为两个被许可人之间的差异并不会导致扭曲竞争的情形，所以不适用特定无歧视的方式。

　　② 参见舒文琼：《FRAND 原则：国际专利竞争的通行准则》，载《通信世界》2011 年第 15 期。工信部电子知识产权中心研究人员对 FRAND 原则进行的具体解释。

　　③ 参见陈永伟：《FRAND 原则下许可费的含义及其计算：一个经济学角度的综述》，载《知识产权》2017 年第 7 期。

适当参考以上解释。目前我国并没有官方文件针对公平、合理、无歧视作出解释说明，三者含义并非泾渭分明；在实际操作中，裁判者大多是对该原则整体进行解释。①

（二）设立 FRAND 的目的

一些标准化组织在制定标准时，会要求专利权人作出 FRAND 承诺而对其约束，以确保专利权人在其专利成为 SEP 以后不会滥用由此而获得的优势地位。标准组织设立 FRAND 的目的主要就是防止专利劫持、许可费堆叠和专利反劫持，以平衡标准必要专利权利人和标准实施人的利益，促进标准行业的发展。

1. 专利劫持

标准制定容易导致锁定效应②，这使得相关行业实施某些技术无法避免使用标准必要专利，其专利权人在市场上具有绝对话语权，基于其在许可谈判中的优势地位而有可能向标准必要专利实施者索要天价许可费或者直接拒绝许可，即所谓专利劫持。

2. 专利许可费堆叠

专利许可费堆叠是因为一项标准所涉各项必要专利由不同权利人持有，在同一标准下许可费率不当而导致重复收费、许可费总额过高的情形，这使得实施人无力承担巨额许可费而无法实施该标准或者实施标准后难以从该标准中获得合理利益回报。例如拥有 802.11 标准必要专利的权利人有 92 个，如果他们都要求按照最终产品价格的 1.13% 价格计算其专利许可费，则最终的许可费率为 $1.13\% \times 92 = 1.0396 > 1$，那么实施 802.11 标准下各专利的许可费总和甚至超过总产品价格，这就是许可费堆叠导致的不合理现象。③

---

① 参见罗娇：《论标准必要专利诉讼的"公平、合理、无歧视"许可——内涵、费率与适用》，载《法学家》2015 年第 3 期，第 86 – 94 页。

② 参见袁波：《标准必要专利权人市场支配地位的认定——兼议"推定说"和"认定说"之争》，载《法学》2017 年第 3 期，第 154 – 164 页。标准给技术及其下游产品带来了锁定效应，如制造商为生产符合特定要求的产品而被该标准锁定，在实施该标准时不可避免地需实施其所包含的必要专利。

③ 在 Microsoft 诉 Motorola 案中，美国联邦第九巡回上诉法院认为，Motorola 对其 802.11 标准必要专利的许可费请求引发了严重的堆叠问题，拥有 802.11 标准必要专利的权利人有 92 个，如果这 92 个权利人要求的许可费与 Motorola 的 1.15% ~1.73% 最终产品价格的请求类似，如都按最终产品价格的 1.13% 价格计算，则 $1.13\% \times 92 = 1.0396$，那么实施 802.11 标准（仅是 Xbox 产品的一个特征）的总许可费将超过总产品价格，因而法院认为涉及该明显堆叠问题的许可费率不能是 FRAND 许可费率。

3. 专利反劫持

对标准必要专利权利人的过度限制，可能使专利技术的许可费远低于专利技术被纳入标准之前的真实价值，导致专利反劫持。实施者以许可条件无法达成一致意见而又不得不实施标准必要专利为由，故意拖延或者拒绝谈判和支付许可费而长期免费实施其专利。专利劫持主要是权利人滥用其地位的表现，而专利反向劫持则是针对专利实施人而言。

专利劫持和专利反劫持现象如果不经遏制，将导致标准实施人放弃实施标准和必要专利权利人不再进行技术投资。因此，各标准组织通过制定含有 FRAND 原则的知识产权政策来平衡标准必要专利权人与实施者之间的利益。标准制定组织将专利纳入标准时要求该专利权人必须作出承诺，即基于公平、合理、无歧视的原则将其专利许可给任意第三方实施，并且该承诺不可撤销，从而对权利行使产生了一定拘束力。

（三）适用 FRAND 原则的法律依据

我国法院在 FRAND 原则下裁判标准必要专利案件时，援引依据主要是相关司法解释或者标准组织的政策规定。

1. 司法解释

《专利司法解释（二）》第 24 条规定了标准必要专利的相关内容：

推荐性国家、行业或者地方标准明示所涉必要专利的信息，专利权人、被诉侵权人协商该专利的实施许可条件时，专利权人故意违反其在标准制定中承诺的公平、合理、无歧视的许可义务，导致无法达成专利实施许可合同，且被诉侵权人在协商中无明显过错的，对于权利人请求停止标准实施行为的主张，人民法院一般不予支持。

本条第二款所称实施许可条件，应当由专利权人、被诉侵权人协商确定。经充分协商，仍无法达成一致的，可以请求人民法院确定。人民法院在确定上述实施许可条件时，应当根据公平、合理、无歧视的原则，综合考虑专利的创新程度及其在标准中的作用、标准所属的技术领域、标准的性质、标准实施的范围和相关的许可条件等因素。

我国法院在多个案件中将其作为裁判依据。如在华为诉康文森案中，法院据此条款支持了原告确认 FRAND 许可条件的诉求。[①]

---

① 参见华为技术有限公司、华为终端有限公司等与康文森无线许可有限公司确认不侵害专利权纠纷三案，南京市中级人民法院（2018）苏 01 民初 232、233、234 号民事判决书。

应当指出，该规定仅仅是从专利法和侵权责任法的视角进行规定，并不涉及竞争法的问题。① 此外，该规定还存在的争议是，实施人与专利权人之间的标准必要专利许可合同尚未成立，实施者并非 FRAND 承诺之当事人，并没有向法院主张以 FRAND 原则与权利人订立许可合同的请求权基础。在此状况下，最高人民法院仍将该规定写进司法解释，可被认为是为当事人创设了一个起诉依据。

2. 标准化组织的政策规定

许多法院直接将标准化组织政策中 FRAND 声明的规定作为审理标准必要专利案件的依据。

《广东省高级人民法院关于审理标准必要专利纠纷案件的工作指引（试行）》（以下简称《广东高院指引》）第 7 条规定"标准化组织所实施的知识产权政策对其成员从事标准化活动具有约束力，可以作为审理标准必要专利纠纷案件的依据"。标准化组织的知识产权政策在我国广东省司法辖区内成为审理标准必要专利纠纷案件的依据。

例如，在华为诉 IDC 案中，华为公司向法院提起反垄断之诉与 FRAND 费率确认之诉，广东省高级人民法院（以下简称广东高院）因 IDC 作出的遵守 ETSI、TIA 标准组织政策规定的 FRAND、RAND 条款，从而以此原则确定双方的许可费率。②

法院直接依据组织政策规定的 FRAND 原则审理标准必要专利纠纷案件有其积极作用，但同样也存在问题，如权利人和实施人双方并未签署协议时，法院能否直接确定许可费率。

三、判断是否符合 FRAND 原则

专利权人和实施者在谈判时或者诉讼过程中是否违反 FRAND 义务的考量因素，目前尚无共识，本文将结合国内外典型案例，对我国法院的裁判提出建议。

通常各国法院从各项许可条件是否符合公平、合理、无歧视原则以及谈判行为中双方是否存在过错这两个角度判断是否符合 FRAND 原则。

---

① 参见最高人民法院《统一细化专利侵权裁判标准营造有利于创新的法治环境——最高人民法院民三庭负责人就专利法司法解释（二）答记者问》。

② 参见交互数字技术公司与华为技术有限公司标准必要专利使用费纠纷上诉案，广东省高级人民法院（2013）粤高法民三终字第 305 号民事判决书。

（一）许可条件

1. 合理报价

在标准必要专利案件中法院一般会考虑许可费报价是否合理、无歧视，从而判断 FRAND 原则。

考虑报价是否无歧视时，一般应将报价与可比协议费率进行比较。在 TCL 诉爱立信案中，美国加州中区法院认为，爱立信的两个要约中的费率和对其他同类型企业的费率相比有明显差别，具有歧视性质。[①] 我国广东高院在华为诉 IDC 案中认为，与被告许可三星、苹果等公司许可费相比较，其专利许可报价明显过高，不符合 FRAND 原则。

也有法院考虑了许可报价是否合理的因素，此时多是将报价与法院计算的费率进行比较。美国微软诉摩托罗拉案中，法院认为摩托罗拉对其 802. 11 和 H. 264 标准必要专利组合要求的许可费率超出了法院确定的 RAND 许可费标准，得出了其报价不合理的结论。[②]

2. 其他许可条件

除了报价，法院也会判断其他许可条件如要求免费许可等，是否满足 FRAND 原则。

美国 FTC 诉高通案中，法院认为高通曾经向竞争者发放许可而现在不发放的行为违反无歧视原则。[③] 广东高院在华为诉 IDC 案中认为，IDC 公司要求华为将其标准必要专利与其进行交叉许可，而华为公司的专利市场和技术价值远远超过 IDC 公司，IDC 公司仍要求华为公司对其免费许可，这并不合理。

（二）谈判行为中的过错

标准必要专利权人作出了 FRAND 声明，应履行公平、合理、无歧视条款，而请求专利权人以 FRAND 条件许可的实施人，也应以诚实信用的原则进行协商。因此，法院还会重点考察双方谈判行为是否具有过错来判断 FRAND 原则。

过错又可以分为诉前过错与诉中过错。

---

① 参见 SACV 14 – 341 JVS（DFMx）美国加利福尼亚州中央区地方法院 TCL 诉爱立信案，TCL Commun. Tech. Holdings Ltd. *v.* Telefonaktiebolaget LM Ericsson Citation。

② 参见 10 – cv – 01823 – JLR 美国华盛顿西区联邦地区法院微软诉摩托罗拉案，Microsoft *v.* Motorola。

③ 参见美国加利福尼亚北区联邦地区法院美国联邦贸易委员会诉高通案，FTC *v.* Qualcomm Inc. (2019)。

1. 诉前过错

诉前过错即当事人谈判行为是否具有善意和诚意，如是否故意拖延谈判、违反市场交易惯例等。

如美国国际贸易委员会对三星诉苹果案的终裁意见书和联邦地区法院对爱立信诉友讯案的判决书中，均体现了对权利人和实施人谈判行为是否善意的考虑。①

我国深圳市中级人民法院在华为诉三星案中认为，在双方长达六年的标准必要专利交叉许可谈判过程中，侵权实施者三星在谈判过程中自始至终拒绝实质付费，不合理拖延谈判，拒绝按约定提交仲裁或者法院裁判存在明显过错，违反 FRAND 原则。②

2. 诉中过错

诉中过错包括在诉讼中依然不提出明确许可条件，实施人不及时提交许可费等。

北京西电捷通诉索尼案中，索尼在诉讼阶段既没有明确提出许可条件，也未及时向人民法院提交其所主张的许可费或者提供不低于该金额的担保，没有表示出对许可谈判的诚意，因此，法院认为索尼违反 FRAND 义务。③

（三）总结

法院判断当事人是否符合 FRAND 原则时，主要是从两个方面进行判断：专利许可条件是否符合公平、合理、无歧视的要求；当事人谈判过程是否存在过错。

首先，对于 FRAND 原则公平、合理、无歧视三要素，因为其本身含义就较为抽象且存在交融，法院一般不用对三要素一一进行区分与考察，可其将作为一个整体来看待。

其次，我国法院非常看重对双方当事人在谈判过程中的过错衡量，并以此作为其是否违反 FRAND 义务的体现。对此，我国部分法院指引中有所体现，如北京市高级人民法院《专利侵权判定指南（2017）》与《广东高院指引》中

---

① 参见 337 - TA - 794 美国国际贸易委员会对三星诉苹果案的终裁意见书；10 - cv - 01823 - JLR 美国华盛顿西区联邦地区法院微软诉摩托罗拉，Microsoft *v.* Motorola；爱立信诉友讯案，10 - cv - 473 美国得克萨斯东区联邦地区法院备忘录意见和法院令，2013 年 8 月 6 日。

② 参见华为技术有限公司与三星（中国）投资有限公司、惠州三星电子有限公司、天津三星通信技术有限公司、深圳市南方韵和科技有限公司侵害发明专利权纠纷案，深圳市中级人民法院（2016）粤 03 民初 816 号民事判决书。

③ 参见索尼移动通信产品（中国）有限公司与西安西电捷通无线网络通信股份有限公司侵害发明专利权纠纷上诉案，北京市高级人民法院（2017）京民终 454 号民事判决书。

的规定。①

总之，法院在判断当事人是否违反 FRAND 义务时，可以先确定一个合理的费率或者费率区间，考察双方报价是否违反 FRAND 原则；再考察双方提出的许可条件是否违反 FRAND 原则；最后考虑双方在诉前、诉中的行为是否有过错。

第二章　标准必要专利的认定

标准必要专利的认定主要有以下两个步骤：专利有效性认定、专利必要性判断。② 专利有效性认定与非标准必要专利相同，本章不再赘述。专利必要性是指为使某一产品或者技术服务达到某技术标准要求而必须采用该专利技术且没有其他技术可以替代。在判断时需要将标准文本与专利权利要求进行比较进行判断。

由于不同技术领域标准撰写要求和特点并不完全相同，按照标准撰写方式不同可以将其分为"权利要求型"标准文本③与"非权利要求型"标准文本④，这两种文本类型的标准必要专利判断要求并不完全一致。

一、"权利要求型"标准中必要专利的认定

对于该类标准中专利必要性的判断，需将标准文本与专利权利要求进行比对，考查标准文本是否落入专利权利要求的保护范围，即标准中技术特征是否可以覆盖权利要求中的技术特征。这体现在是否满足相同对应、等同对应两种情况，⑤ 若满足则说明该项专利是实施标准时必然要实施的，因此构成标准必要专利；反之，则不构成标准必要专利。

---

① 参见北京市高级人民法院《专利侵权判定指南》(2017)，《广东省高级人民法院关于审理标准必要专利纠纷案件的工作指引（试行）》。

② 大多数标准化组织如国际电信联盟（ITU）、国际标准化组织（ISO）、国际电工委员会（IEC）的专利政策均明确指出，不负责审查所披露专利的有效性和必要性，因此，已加入标准组织的专利也不一定有效或者必要，所以法院需要再次对此进行认定。

③ "权利要求型"标准文本是指标准撰写格式与专利权利要求近似，会披露具体的技术方案。

④ "非权利要求型"标准文本是指标准中并未按权利要求的格式披露具体的技术方案，而是仅仅记载一些可测量的技术参数或其他技术要求。

⑤ 张晔华、丁沙：《实例分析之标准必要专利的确定》，载微信公众号"知产力"，2020 年 1 月 18 日。

（一）相同对应

"相同对应"是指标准文本与专利权利要求在字面上能够对应，可以分为"完全对应"与"实质相同对应"两种情形。

完全对应：这种情况实践中较少，标准文本通常不会与专利权利要求完全相同，但可能存在某些在标准制定中尚未获得授权的专利，专利权人有可能为了更好地借助标准获得保护，会主动模仿标准的文本进行权利要求修改，使得权利要求文本与标准文本几乎完全相同。

实质相同对应，主要包括：

（1）简单文字变换，如以下情形将认为标准与专利构成实质相同：①全称和简写的区别；②具体措辞存在区别，但实质含义相同，如："选定的"与"第 m 个"通常理解为含义相同；③文字语序表述存在区别，但整体含义相近。

（2）隐含相同，权利要求的某个技术特征在标准内容中未曾记载，但是该未记载技术特征属于实施该项技术必须具备的惯用特征，本领域技术人员解读标准可以直接地、毫无疑义地得出的，可以认为是隐含相同。

（二）等同对应

"等同对应"是指专利和标准文本构成等同。所谓等同，是指标准中技术特征与专利权利要求中某个技术特征属于等同替换，与该特征是基本相同的手段，实现基本相同的功能，达到基本相同的效果，本领域普通技术人员无须经过创造性劳动就能够联想到的特征。

以下举例简要说明"权利要求型"标准中必要专利的认定：

例一：标准 S 中包含一项技术方案 T，其技术特征包含 a、b、c。现有专利技术 A、B、C，其中 A 的技术特征为 a、b，B 的技术特征为 a、b、c，C 的技术特征为 a、b、c、d，如表 1 所示。

表 1　"权利要求型"标准中必要专利的认定示例

技术方案	T	A	B	C
技术特征	a, b, c	a, b	a, b, c	a, b, c, d

由于 T 落入专利 A、B 的保护范围。即实施技术方案 T，必然会实施专利 A、B。因此专利技术 A、B 均为标准必要专利。相反，技术方案 T 缺少专利技术 C 中的一项技术特征 d，虽然利用 C 也可以实现标准，但实施标准中的 T 方案并不必然实施专利技术 C，专利技术 C 并非标准必要专利。

二、"非权利要求型"标准中必要专利的认定

"非权利要求型"标准文本是指标准中并未按照权利要求格式披露具体技术方案，而是仅仅记载一些可测量的技术参数或者其他技术要求。譬如电工领域，其标准更多是规定最终可测量的技术参数，而较少涉及具体技术方案细节。

对于"非权利要求型"标准中必要专利判断，不能仅仅因为该专利能够实现标准中技术要求就将其认定为必要专利，还需要由专利权人证明其专利对于标准实施不可或缺，不存在其他替代技术[①]。以海尔防电墙专利技术与标准文本比较为例[②]，海尔将其防电墙技术纳入 GB4706.12 - 2006 标准[③]，该标准 AA13.2 章节仅规定了"测得的泄漏电流值不超过 5mA"的一种技术效果。若海尔公司能证明专利权利要求限定的技术方案是实现"泄漏电流值不超过5mA"的效果唯一可行技术手段，该专利才构成标准必要专利。

以下举例简要说明"非权利要求型"标准中必要专利的认定：

例一：标准 S 中包含一项技术要求 h，现只存在专利技术 A、B 可实现 h 技术要求，A 技术特征为 a、b、c。B 技术特征为 a、b、c、d，如表2所示。由于 B 与 A 之间具有控制和隶属关系，实施 B 必然会实施 A，因此，专利 A 对于实现技术要求 h 来说符合必要性的条件，进而得出专利 A 为标准必要专利的结论。

表2　"非权利要求型"标准中必要专利的认定示例

技术方案	A	B
技术特征	a, b, c	a, b, c, d

例二：标准 S 中包含一项技术要求 h，专利技术 A、B 均可实现 h 技术要求，A 技术特征为 a、b、c，B 技术特征为 e、f、g，若证明技术 B 为技术 A 的替代技术，技术 A 对于实现技术要求 h 来说不具有必要性，则专利 A 不构成标准必要专利。

以下是标准必要专利认定的典型案例，两件案例都涉及通信领域，属于

[①]　此处其他技术应指在技术特征上与专利技术有明显区分的技术，不应包含在技术特征上具有隶属关系的相近技术。如 A 专利包含 a、b、c 三项技术特征。B 专利包含 a、b、c、d 四项技术特征，则 A 和 B 属于具有隶属关系的相近技术，此处不应视为其他技术进行考虑。

[②]　参见海尔集团公司，青岛经济技术开发区海尔热水器有限公司. 专利防触电式电热水器 [P]，中国专利：CN1358971A，2002 - 7 - 17。

[③]　参见国家质量监督检验检疫总局、中国国家标准化管理委员会：《家用和类似用途电器的安全储水式热水器的特殊要求》（GB4706.12 - 2006）。

"权利要求型"标准中必要专利的认定。

案例一：无线星球诉华为案第一次技术审①

（1）基本案情

涉案专利属于电子通信领域，主要涉及一种无线通信网络中的方法和装置，英国专利号为：EP（UK）2229744。无线星球认为该专利对于 LTE 标准是必要的，因此，华为、三星实施了标准意味着侵犯其专利权。而华为、三星则辩称实施标准并未落入专利保护范围，而且该专利是无效的。

（2）标准必要专利认定的具体步骤

该案例涉及通信领域，属于"权利要求型"标准中必要专利的认定。

该案主要涉及涉案专利的权利要求 1 和 9。判断是否为标准必要专利的步骤如下：

①专利有效性的判断

与普通专利有效性判断标准相同，此处略过。

②对权利要求的解释

权利要求 1 涉及一种轮询方法：

对数据单元的数目和字节数进行计数；如果这些计数中的任何一个达到预定义的设置值，则将触发轮询，即向接收器请求状态报告。

权利要求 9 提供了另一特征：如果一个计数器达到其预定值，则两个计数器都将复位，从而共同组成单一机制。

③专利必要性的判断

结合上述的权利要求解释，将标准与权利要求的保护范围进行比较分析。

涉案标准中规定，发射机中的 RLC 将对 PDU 和字节进行计数②。计数的字节是有效载荷字节。轮询位的计数和设置发生在 PDU 组装期间，因此，轮询位在 PDU 的标头中设置，从而触发了任一计数达到相关阈值，触发轮询。这样就满足了权利要求 1。

当 PDU 计数器或者字节计数器中的一个达到适当的阈值时将触发轮询，并且两个计数器都将重置。这样就满足了权利要求 9。

因此，权利要求 1 和权利要求 9 为标准必要权利要求，该专利为标准必要专利。

以上分析见表 3。

---

① 参见 ［2015］ EWHC3366（Pat），英国高等法院无线星球诉华为案第一次技术审。

② RLC，Radio Link Control，一种被称为无线电链接控制的协议；PDU，Protocol Data Unit，指协议数据单元。

表3 无线星球诉华为案分析

	权利要求的解释	标准对应部分	是否覆盖相应权利要求
权利要求1	一种轮询方法,对数据单元的数目和字节数进行计数;如果这些计数中的任何一个达到预定义设置值,则将触发轮询,即向接收器请求状态报告	发射机中的RLC将对PDU和字节进行计数。计数的字节是有效载荷字节。轮询位的计数和设置发生在PDU组装期间,因此轮询位在PDU的标头中设置,从而触发了任一计数达到相关阈值,触发轮询	覆盖
权利要求9	如果一个计数器达到其预定值,则两个计数器都将复位,从而共同组成单一机制	当PDU计数器或者字节计数器中的一个达到适当的阈值时将触发轮询,并且两个计数器都将重置	覆盖

案例二:华为诉康文森案一审①

(1)基本案情

2019年4月南京市中级人民法院合并审理了华为技术有限公司、华为终端有限公司、华为软件技术有限公司诉康文森无线许可有限公司确认不侵害专利权及标准必要专利使用费纠纷三案,该三案中共涉及15件专利,其中8件专利已经被宣告无效,法院重点对余下的7件有效专利是否属于标准必要专利给予了认定。此处以涉案专利之一ZL99813271.3为例,讨论判断专利是否属于标准必要专利的认定思路。

专利ZL99813271.3为"移动通信系统、交互工作单元和数据传输资源最优化方法",原告主张此专利独立权利要求15与2G、3G和4G标准不同,并非必要专利,被告主张此专利独立权利要求15与相关标准内容具有对应性。

(2)具体认定思路

①首先,法院将该专利的独立权利要求15拆分为四项技术特征:

特征1:一种移动通信系统,包括第一移动台和第二移动台,一种移动通信网以便建立并保持在所述移动台之间的一个连接,在移动台与移动网络之间的一个空中接口。

特征2:该移动通信网络包括第一网络元件以便形成所述连接的第一支线,并且以便从空中接口分配容量给第一支线,所述第一支线在第一移动台

① 参见南京市中级人民法院民事判决书,(2018)苏01民初232、233、234号。

和第一网络元件之间；和第二网络元件以便形成所述连接的第二支线，并且以便从空中接口分配容量到第二支线，所述第二支线在第二移动台与第二网络元件之间。

特征3：把第一网络元件安排来保持有关分配给来自空中接口的第一支线的容量的信息，接收有关第二支线的第二容量的信息，把两个容量互相比较并根据容量之间的差值来改变第一支线的容量以便与第二支线的容量相当。

特征4：把第二网络元件安排来把第二支线的容量的信息发送到第一网络元件。

②其次，将四项特征分别与标准文本进行比对，比较分析见表4。

表4　华为诉康文森案分析

	权利要求的技术特征	标准对应部分	是否覆盖相应技术特征
技术特征1	在移动台与移动网络之间有空中接口，以便建立并保持第一移动台与第二移动台的连接	用户之间的 IMS① 连接状态包含有两个 S－CSCF 服务呼叫会话控制功能，每个服务于一个特定的用户设备，这个结构可以包含空中接口	覆盖
技术特征2	该移动通信网络包括第一网络元件以便形成所述连接的第一支线，并且以便从空中接口分配容量给第一支线，所述第一支线在第一移动台和第一网络元件之间；和第二网络元件以便形成所述连接的第二支线，并且以便从空中接口分配容量到第二支线，所述第二支线在第二移动台与第二网络元件之间	数据流分成两个部分，第一部分是终端与 S－CSCF 发起段，第二部分是 S－CSCF 与第二终端的终点段；UE 服务的 IP－CAN 呼叫的功能可以包含网络端到第一终端的第一线路和网络端到第二终端的第二线路	覆盖

---

① 术语解释：IMS 技术是指 IP 多媒体子系统技术；S－CSCF 是 IMS 的核心所在，它位于归属网络，为 UE 进行会话控制和注册请求；IP－CAN 是通过 IP 实现 UE 与 IMS 实体之间的连通的网络实体和接口的集合；UE 是指用户设备。

续表

	权利要求的技术特征	标准对应部分	是否覆盖相应技术特征
技术特征3	把第一网络元件安排来保持有关分配给来自空中接口的第一支线的容量的信息，接收有关第二支线的第二容量的信息，把两个容量互相比较并根据容量之间的差值来改变第一支线的容量以便与第二支线的容量相当	发起段的 S – CSCF 能够保持第一支线容量，并接收第二支线的第二容量信息	未覆盖 理由：标准文件描述的步骤没有表示需要计算或者获取两个连接部分的容量，更没有表明需要得到两个容量之间的差值
技术特征4	把第二网络元件安排来把第二支线的容量的信息发送到第一网络元件	发起段的 S – CSCF 能够保持第一连接部分的信息并接收有关第二连接部分的信息	未覆盖 理由：标准并未规定这个接纳的是信息由第二网络元件安排来发送到第一网络元件的，且这个接纳的信息没有明确体现容量信息

③最后，得出以下结论。

专利 ZL99813271.3 的独立权利要求 15 的技术特征 1、技术特征 2 与标准文本对应，但是技术特征 3 和技术特征 4 未被标准文本覆盖，因此，不属于 3GPP 标准下的标准必要专利。

三、总结

标准必要专利的认定过程主要有判断专利是否有效、是否为必要专利两大步骤。

步骤一：判断专利是否有效，标准必要专利的认定以专利有效为前提。

步骤二：判断专利是否为必要专利。

（1）一个标准一般会涉及多项必要专利，因此，要在该标准中查找出与本案涉及的专利技术方案相对应的章节内容。

（2）确定专利权利要求的保护范围，结合说明书的内容对专利权利要求进行解释，并对权利要求中的技术方案进行技术特征的拆解。

（3）将该章节中的标准文本与权利要求中的技术特征进行比对。

若标准文本为"权利要求型"，则需将权利要求中的每项技术特征与标准文本的内容进行逐一比对，若每项技术特征与标准文本都能满足相同或者等同对应关系，则认定标准能够覆盖该权利要求。

若标准文本为"非权利要求型"，则不存在标准文本与权利要求技术特征一一对应关系的比对，应由专利权人举证证明其专利对于标准来说具有不可替代性，并进而认定该专利是否为标准必要专利。

第三章　标准必要专利许可费率计算

双方当事人进行专利许可谈判涉及的许可费率，应当要符合 FRAND 原则。费率是否公平、合理、无歧视，一方面，对于当事人而言，既可以作为权利人是否遵守 FRAND 条款、专利实施人是否善意的考虑因素（正如第一章所述），也是颁发禁令的重要考量因素（详见第四章）；另一方面，对于法院而言，法院需要采取合理、可信的方式将 FRAND 费率与当事人的费率进行比较判断。

我国司法解释及部分法院的指引明确了费率的可诉性，如在《专利司法解释（二）》第 24 条第 3 款中规定了当事人可以对"实施许可条件"进行起诉[①]；在《广东高院指引》第 15 条中，规定在标准必要专利的纠纷中可以直接诉讼"确认许可使用费"。[②] 但我国没有确切的费率计算方法，实践中 SEP 许可情形多样，各种费率计算方法也各有弊端。本文旨在对现有费率计算方法进行评析，并综合考虑出一种适合我国司法实务的 SEP 费率计算模式。

一、计算费率适用的原则

（一）许可费率基础的确定规则

许可费率基础主要包括专利产品全部市场价值基础与最小可销售单元的价值基础。全部市场价值规则（the Entire Market Value Rule）是指专利权人以实

---

① 参见《最高人民法院关于审理侵犯专利权纠纷案件应用法律若干问题的解释（二）》第 24 条，本条第二款所称实施许可条件，应当由专利权人、被诉侵权人协商确定。经充分协商，仍无法达成一致的，可以请求人民法院确定。

② 参见《广东省高级人民法院关于审理标准必要专利纠纷案件的工作指引（试行）》第 15 条，标准必要专利权人与实施者在标准必要专利许可谈判中就许可使用费的确定发生的争议，属于标准必要专利许可使用费纠纷。

施专利的整个产品的价值作为基础计算许可费。[1] 最小可销售单元规则（the Smallest Saleable Patent Practicing Unit Rule），不是按照终端产品贡献价值确定，而是以多组件产品中价值可归于专利技术的最小可售组件部分。[2] 如在爱立信诉友讯案中就出现许可费率两种基础的争议，原告主张以涉案专利对终端产品即路由器和计算机贡献的市场价值为基数得出每单元许可费；而被告主张以最小销售单元即 Wi-Fi 芯片为基础计算费率。

1. 许可费率基础规则与分摊原则的关系

基于分摊原则（the Apportionment Rule），在计算许可费时要将利润或者损失在涉案专利技术、非专利技术以及非技术的其他利润贡献来源之间进行合理分配，正确评估该专利技术对专利产品的增量价值。最终的许可费是恰当的计算基础（全部市场价值或者最小可销售单元）与合理分摊比例的乘积。

2. 两种费率基础规则的适用与利弊

全部市场价值规则的适用需满足一个重要条件：需要证明专利发明是整个产品市场需求的驱动力，即销售整个最终设备的全部价值均可合理地归因于专利技术，其单个侵权与非侵权的零部件需要满足一起出售的条件，类似于一个单一的功能单元。在一般情形下，专利组件和非专利组件组合的市场价值会大于各组件单独的市场价值的总和，全部市场价值规则在体现专利的增量价值上更具有优势，尤其是对于产品中包含众多标准必要专利时。美国爱立信诉友讯案、英国无线星球诉华为案和我国华为诉 IDC 案均以终端产品价值为基础计算费率。

最小可销售单元规则，严格区分了专利技术与非专利技术[3]，将计算范围限缩到专利特征的最小单元值，从而准确地计算特定专利技术组件贡献价值。但是此规则存在一些不足：首先，单独计算技术组件价值会低于组件最终实际市场价值即专利技术增量价值；其次，对于含有多个复杂组件的产品而言也难以计算其最小销售单元的价值；最后，当事人就每个最小单元都分别进行谈判会产生更大的交易成本，不具有经济性。

在实务中，两种计算费率基础的方式都在适用，具体适用何者应根据案件的具体情况，结合两种规则的特点，选择合适的规则进行计算。

---

[1] 参见朱理：《专利侵权损害赔偿计算分摊原则的经济分析》，载《现代法学》2017 年第 5 期。

[2] 参见 David J. Kappos & Paul R. Michel：《最小可销售专利实施单元的起源、沿革及走向》，载《竞争政策研究》2017 年第 2 期。

[3] 参见朱理：《专利侵权损害赔偿计算分摊原则的经济分析》，载《现代法学》2017 年第 5 期，第 54-62 页。

（二）计算费率应遵守的其他原则

（1）总量控制，设置上限。总量控制是指先划定一个上位的大范围，然后在此范围内找到适合费率；此项可参考行业的获利水平。如市场价值评估法（Top - down）实际上就很好地考虑到了这方面的问题。在计算费率时，要设置一个费率的最高限度，在此范围内再考虑其他因素，从而将范围逐渐缩小。

（2）不因纳入标准而获取溢价。专利权人应该凭其技术创新获得相应受益，不应因纳入具有公共利益性质的标准而获利。因此，在计算费率时，应将专利视为纳入标准之前的价值进行考虑。

（3）考量专利贡献度。技术、资本、被许可人的经营劳动等因素共同创造了一项产品的最后利润，专利许可使用费只能是产品利润中的一部分而不应是全部，且单一专利权人也仅仅提供产品部分技术，故该专利权人仅有权收取与其专利比例相适应的利润部分。[①] 因而应当先考量涉案标准对产品利润的贡献度，再确定必要专利对标准产品或服务的贡献度。

二、许可费率常用的计算方法

我国并没有直接规定 SEP 费率的法律法规，但在法院的指引文件如《广东高院指引》中体现了三种计算费率的方法，即可比协议法、市场价值评估法（Top - down）、专利池比较法，以及相应方法的考虑因素。[②] 这三种方法在各国司法实践中也较为常用，下文将对其一一进行分析。

（一）可比协议法

可比协议法，是指参考许可人或者被许可人与同行业其他人签订的、具有参考价值的许可协议涉及的费率。实践中，可以参考的许可协议包括专利权人与其他被许可人之间的许可协议、符合行业惯例的第三方公司的许可协议。[③]

1. 案例示例

在英国无线星球诉华为案中，法院最终将爱立信（无线星球公司大量专利

---

① 参见叶若思、祝建军、陈文全：《标准必要专利使用费纠纷中 FRAND 规则的司法适用——评华为公司诉美国 IDC 公司标准必要专利使用费纠纷案》，载《电子知识产权》2013 年第 4 期，第 54 - 61 页。

② 参见《广东省高级人民法院关于审理标准必要专利纠纷案件的工作指引（试行）》第 18 条到第 24 条。

③ 参见中国应用法学研究所课题组、丁文严：《标准必要专利 FRAND 声明与禁令和费率问题研究》，载《中国应用法学》2020 年 2 期，第 33 - 51 页。

的许可人）与三星公司 2014 年签订的许可协议作为参考协议。[①] 其间主要考虑了许可协议达成的途径和时间、双方当事人经济实力、是否自由协商后签订、许可费率高低、许可标的是否关联等因素。

中国华为诉 IDC 案中，法院认为当事人所享有的标准必要专利都是关于通信设备，并且市场占比差异不大，可以参考其协议中的许可费率。[②] 其中值得注意的是，审理时被告认为其许可协议属于商业秘密不予公开，华为最终根据 IDC 公司的上市财务年报推算出 IDC 专利使用费数额。

2. 可比协议符合 FRAND "无歧视" 要素

参考与涉案许可具有相似情形的许可协议，意味着当事人可以与相同或者相似市场地位的企业享受相似的许可费率，满足 FRAND 中 "无歧视" 原则。同时，它可以很好地反映当事人作为市场主体自由、真实的意志，也更接近双方许可费预期，从而提高司法效率，较大程度节省审查成本。[③]

3. 可比协议法的弊端

可比协议法也存在一些不足。首先，由于对 "无歧视" 的不同理解，法官对许可协议的选取可能排除掉原本恰当的协议。如在无线星球案和 TCL 诉爱立信案就对 "无歧视" 采取了不同的理解。[④]

其次，可供参考协议获取较难、数量可能不足。不同企业许可协议中专利范围、专利数量和价值、许可时间和范围等情况不尽相同，想要在广大市场上找到相似许可协议并不容易，而且由于许可协议涉及企业商业秘密，许多协议并未公开，当事人很难在公开领域找到适合的对比协议，难以举证。

（二）Top – down 法

Top – down 法，也称自上而下法或者市场价值评估法，通过 SEP 整体费率和权利人占 SEP 整体专利价值的比例来确定许可费率。

1. 案例示例

美国 TCL 诉爱立信案中，列出了用 Top – down 法计算费率的公式：许可费 = 该标准下专利总许可费 ×（许可方专利数量/该标准下总的专利数目）× 专利地

[①]　参见案件号 HP – 2014 – 000005.

[②]　参见深圳市中级人民法院民事判决书，(2011) 深中法知民初字第 857 号；广东省高级人民法院民事判决书，(2013) 粤高法民三终字第 305 号。

[③]　参见张玉蓉、张晓娜：《信息通信技术行业标准必要专利许可费计算方法研究——基于 TCL 对爱立信和 UP 对华为案的比较》，载《中国科技论坛》2019 年第 12 期，第 126 – 135 页。

[④]　无线星球案中法院在考虑 "无歧视" 时，要求许可费差异可能扭曲两方被许可人竞争的情形下对类似市场主体授予相似许可条件；而在 TCL 诉爱立信案中可以直接适用。

区强度系数。在计算标准下总的专利数目时，先找到专利信息数据库中声明的全部 SEP 数量，其次将专利按专利族分类并删除重复部分，去掉已经过期或者被无效的专利，再去掉与相关设备完全无关的，并进行必要性筛选，等等。

国内也有法院适用了此方法，江苏南京中院审理的华为诉康文森案，① 先确定了中国累积费率，其 4G 标准行业累积费率区间为 3.93% ~ 5.24%、3G 为 2.17%、2G 为 2.17%，再结合专利贡献度计算费率，得出最终费率：单族专利的中国费率 = 标准在中国的行业累积费率 × 单族专利的贡献占比。

2. Top – down 法符合 FRAND "公平和合理" 要素

Top – down 法具有 FRAND "公平和合理" 属性。此方法是在特定标准下所有必要专利总许可费率基础上确定的，且标准涉及的所有专利权人的许可费总和都不会超过一个合理的上限值，使最后得出的费率符合 FRAND 原则，从而预防在相关标准被采纳后，增加不公平费率的专利劫持行为和专利许可费堆叠问题。并且此方法须通过公式计算费率，故更加客观。此外，其以专利功能价值为前提，而不是标准采用专利技术所增加的价值，故能有效防止标准必要专利权人从专利标准中获得溢价。

但是 Top – down 法同样存在不足：一方面计算总的专利组合数量时存在困难，另一方面此方法默认平均看待了每一个标准必要专利的价值，与事实不符。

（三）专利池比较法

专利池比较法，是指参考涉案标准所在的有借鉴价值的专利池许可费率，以确定该 SEP 许可费。

该方法需要满足几个前提条件：其一，该标准相关的专利组建的专利池已经对外进行许可；其二，该专利池包含许多对标准而言十分重要的专利，同时对外许可量大，而且还需要考虑专利池对内分配的许可费率，以及包含专利池成员身份的价值，即从专利池成员不受限制的内部交叉许可中应当获得的权利金。② 《广东高院指引》第 21 条表明专利池比较法应考虑专利池的参与主体、许可标的组成、对产业的控制力和影响力等因素。③

---

① 参见华为技术有限公司、华为终端有限公司等与唐特森无线许可有限公司确认不侵害专利权纠纷案，南京市中级人民法院（2018）苏 01 民初 232、233、234 号民事判决书。该案通过标准对手机价格的贡献价值折算出累积费率后，再参考中国的标准必要专利数进行单族专利在中国的许可费率的计算。

② 李扬、刘影：《FRAND 标准必要专利许可使用费的计算——以中美相关案件比较为视角》，载《科技与法律》2014 年第 5 期，第 866 – 883 页。

③ 参见《广东省高级人民法院关于审理标准必要专利纠纷案件的工作指引（试行）》第 21 条。

但我国目前并没有在实践中采用过此方法，因为该方法本身也存在很大弊端：有些专利池无法满足以上条件，也难以计算有关费率和价值，且考虑到专利池的快捷性，其许可费往往低于市场，许多专利并不愿意纳入专利池，从而无法适用该方法。

三、对计算许可费率的建议

（一）如何适用可比协议法

适用可比协议法主要有两大步骤：首先是获取可作为参考的协议，这一步一般是由当事人主张与举证；其次是法院对前述协议进行比较考量，选取可比协议。

第一步，获取可比协议的方法：

（1）通过公开途径获取

一些协议内容可能会出现在公司的简报、新闻或者在先前涉及的诉讼判决中，从而可以通过公开途径获取相关协议。不过从公开途径可获取的协议较少。尽管在我国专利实施许可合同备案制度下，国知局专利公报中会公示许可合同备案情况，但是只公示合同当事人、专利号等相关情况，并不会公示许可费率等具体许可事项。

（2）向法院申请调取相关协议

协议通常都会涉及企业的商业秘密从而会对其采取保密措施，当事人难以在公开途径自行获取。因此，当事人可以通过向法院申请调取证据，获得相关协议。

同时，双方当事人均可以向法院申请采取保密措施，若当事人违反保密措施要求披露协议中涉及的商业秘密内容，应当依法承担民事责任。如果构成《民事诉讼法》第114条规定情形的，人民法院可以依法采取强制措施。①

第二步，通过因素考量选取可比协议：

适用可比协议法计算许可费率时，作为比较对象的先前协议需要已经考虑了FRAND原则，并且相对案件情形应具有可比性，法院可以从以下几个方面进行考虑。

---

① 参见《最高人民法院关于审理侵犯商业秘密民事案件适用法律若干问题的规定》第21条，对于涉及当事人或者案外人的商业秘密的证据、材料，当事人或者案外人书面申请人民法院采取保密措施的，人民法院应当在保全、证据交换、质证、委托鉴定、询问、庭审等诉讼活动中采取必要的保密措施。违反前款所称的保密措施的要求，擅自披露商业秘密或者在诉讼活动之外使用或者允许他人使用在诉讼中接触、获取的商业秘密的，应当依法承担民事责任。构成民事诉讼法第一百一十一条规定情形的，人民法院可以依法采取强制措施。构成犯罪的，依法追究刑事责任。

（1）许可环境

①可比协议当事人是基于真实意愿签订的

可比协议法的优势在于尊重市场选择，反映市场主体的自由意志，因此，参考其他协议时，考虑双方是不是自愿签订的协议尤其重要。

②签订许可协议的时间和途径

市场环境和行业状况随着时间在不断变化，协议签订时间仅反映了当时市场情况以及企业在彼时所处的市场地位。同时还要对协议达成的途径进行考量，是双方自行谈判达成的协议，还是通过仲裁等其他方式达成的协议。

（2）许可协议主体等诸多要素的相似性

①涉案当事人与可比协议当事人具有相同或者相似的市场地位

涉案的许可人或者被许可人要与可比协议中对应的许可人或者被许可人具有相同或者相似的市场地位，占据相近的市场份额，这样其许可内容才更具有可比性。

②涉案专利标准应与可比协议中的标准相同或者相联系

在无线星球与华为的案件中，因为美国微软诉摩托罗拉案中涉及的是Wi - Fi 标准，与涉案的移动通信系统标准技术无关，其中的许可协议最终被法院排除适用。

③许可范围和收费方式等许可条件的相似性

许可范围主要涉及许可地域和时间范围，专利权人是允许实施人在某地区、某国还是在多国实施专利？允许实施专利的时间是多久？这些范围都影响了许可费的考量。合同涉及收费方式是根据专利多少和价值计算费率，还是不考虑具体专利情形而"一口价"直接一次性支付费用也是参考协议的考虑因素。

④可比协议中标准必要专利的数量和价值的比较

也要比较两方专利数量的多少，以及相关专利价值的比重。

（3）其他考虑因素

①是否为排他许可，是否包含专利转让内容

如在无线星球与华为案中，在选取可比协议时，法院因为无线星球与联想的许可协议涉及专利转让事宜，无法区分专利许可费与专利转让费，故排除了此协议。

②许可费的差异是否损害了市场竞争

因为市场主体的差异，谈判环境的不同，导致了权利人对不同的专利实施人不可能都给予完全相同的许可条件。因而允许权利人对不同市场主体的许可条件存在适当的差异，但需要权利人能够对差异作出合理解释，此外还要考虑许可条件的差异是否损害了市场利益或者扭曲了市场竞争。①

以上的考虑因素并非都是必需的，法院应根据具体许可协议进行判断和考虑。

此外，还可能涉及对可比协议进行"拆解"的情形。行业中众多许可可能包含难以比较的条款，如存在交叉许可、一次性付金额、专利出售等要素，对此类许可协议要进行"拆解"，使其用对等条件进行比较。这需要根据各项许可协议所涉及的时间、地区、标准以及具体专利进行调整，但是具有极强的不确定性，因此，需要法官根据具体因素进行裁量或者请经济学专家进行"拆解"。最好在查找许可协议时，尽量避免有此类干扰因素的协议。

（二）如何适用 Top – down 法

该方法适用过程主要有两大步骤：首先，要确定整体费率，即终端设备所能承载的该标准相关技术专利的最大价值占该设备价格的比例，这可以参考相关产业参与者声明的累积许可费情况确定；其次，根据权利人标准必要专利的数量及贡献程度等因素，确定涉案标准必要专利占全部相关标准必要专利的价值比例。②

法院可以通过以下公式计算许可费率：许可费率 = 特定标准下所有专利的整体费率×（许可方专利数量/特定标准下所有专利数量）×专利的贡献度。

举例：若 4G 标准的整体费率是 5%，该标准下标准必要专利数量为 2000 项，双方涉及的许可标准必要专利为 300 项，专利贡献度为 80%；则涉案许可费率 $T = 5\% \times (300/2000) \times 80\%$。

（三）综合运用可比协议法与 Top – down 法

可比协议法和 Top – down 法都存在利弊，在分别适用时总会存在缺漏，因此，建议采用以可比协议法为基准，Top – down 法验证的方式，综合运用两种方式计算费率。

可比协议法用到的相同或者相似市场地位当事人的协议中的费率，满足"无歧视"要素，Top – down 法在特定标准所有专利总费率的上限下进行计算，满足"公平和合理"要素；因此，综合运用两种方法符合 FRAND 原则，且可

---

① 在德国联邦最高法院 Sisvel 诉海尔案三审中，德国联邦最高法院认为，FRADN 原则中的"非歧视性"许可并不要求标准必要专利权利人在任何情况下给予所有被许可人相同的许可条件。但是标准必要专利权利人需要就其为什么给予差异化的许可作出解释，而法院需要判断标准必要专利权利人的解释是否合理并且评估差异化的许可对欧洲市场竞争的影响。

② 参见日本的 Apple Japan v. Samsung 案。

以互相弥补彼此不足，更加准确地计算出合理的许可费率。[①]

法院可以先依据涉案标准必要专利的信息和当事人的信息，尽量查找具有可比价值的许可协议，用其作为基准计算本案的专利许可费率（因为可比协议法更加突显双方当事人意愿，参考的协议是市场参与者自由谈判确定的费率）；之后再用 Top – down 法进行交叉验证。这种综合应用方法在实践中也具有可行性，TCL 诉爱立信案与无线星球诉华为案都综合运用了以上两种方法。[②]

第四章　标准必要专利的禁令救济

标准必要专利兼具公共属性与私有属性，且专利权人受到 FRAND 承诺约束，故对其颁发禁令救济应适用更为严格的标准。

在标准必要专利侵权纠纷案中，颁发禁令目的应在于促成双方达成符合 FRAND 原则的许可协议。故应当以专利权人与实施者在谈判中或者诉讼中的行为是否符合 FRAND 或是否存在过错作为颁发禁令的主要考量因素。

根据现有司法解释规定，若专利权人违反 FRAND 承诺，导致双方无法达成许可协议，且实施者没有过错，专利权人无法获得禁令救济。我国现有判决也主要以专利权人与实施者在谈判过程中的过错为判断是否颁发禁令的依据。

参考前文所述，实施强制性标准无须获得专利权人许可，也就不存在是否需要颁发禁令的问题，故本章主要细化推荐性标准必要专利禁令颁发的规则，完善判断双方过错的考量因素。

一、禁令救济概述

禁令救济是专利权人遭遇侵权时的重要救济手段。根据我国专利法的规定，行为人未经许可以生产经营为目的实施他人专利的行为，除非存在特定抗辩事由，否则行为人构成侵权，应当承担停止侵权的民事责任。

标准必要专利禁令救济问题具有特殊性，主要在于标准必要专利区别于普通专利的特征：（1）公共属性。标准必要专利同时具备了专利的私权属性与标

[①]　参见张玉蓉、张晓娜：《信息通信技术行业标准必要专利许可费计算方法研究——基于 TCL 对爱立信和 UP 对华为案的比较》，载《中国科技论坛》2019 年第 12 期，第 126 – 135 页。

[②]　TCL 诉爱立信案用"自上而下法"计算出一个合理的许可费，其后运用"可比协议法"得到的可比费率对自上而下的计算结果加以调整。无线星球诉华为案中法官用的验证方法顺序与前案相反，其先用可比协议法为基本计算方法，再用 Top – down 法作为验证方法。

准的公共属性，专利技术纳入标准使专利权人在相关行业取得了绝对竞争优势，一旦禁止他人实施该专利，极有可能不正当限制竞争，影响市场正常运行。（2）标准必要权利人受 FRAND 承诺约束。鉴于上述特征，标准必要专利禁令问题的特殊性主要在于标准必要专利权人能否寻求禁令。国内外学者就该问题持不同观点，主要包括禁止适用说、同等适用说、限制适用说。禁止适用说认为标准必要专利权人在权利受到侵害时，只能请求损害赔偿，而不享有通过申请禁令来获得救济的权利；同等适用说认为标准必要专利权人与普通专利权人一样，享有申请禁令的权利；限制适用说认为标准必要专利权人作出的 FRAND 许可承诺并不等同于对禁令救济权的放弃，但与普通专利相比，在适用禁令时应当设定更加严格的适用标准，即在满足一定条件的情形下，标准必要专利权人仍可以寻求禁令救济。

事实上，FRAND 承诺不会导致排除禁令适用的效果，标准必要专利仍然可以适用禁令。我国目前就标准必要专利禁令问题采用限制适用说，主要以专利权人与实施者在协商谈判中的过错为颁发禁令的考量因素。

二、限制禁令的基本原则

限制禁令的基本原则是指法院限制标准必要专利权人禁令救济权利时，应当体现的基本价值和立场。这些基本立场主要是：（1）限制禁令应当是利益平衡的体现；（2）限制禁令应当是为了满足公共利益的需求。

利益平衡与公共利益已然是限制专利侵权案件颁发禁令的普遍原则，考虑到标准必要专利的特征，在相关禁令诉讼中更应当坚持前述原则。域外，美国将利益平衡与公共利益作为禁令颁发的考量因素，欧盟的禁令规则也同样体现了这两个原则。

（一）利益平衡

标准必要专利的禁令救济主要是为了避免专利劫持与专利反劫持，促成双方在 FRAND 原则之上达成专利许可协议。专利劫持行为与反劫持行为会导致实施者与专利权人利益受损。专利一旦被纳入标准，极易引发专利权人、实施者和社会公众三方之间的利益失衡问题。标准必要专利相关的每一项制度设计均应考虑利益平衡问题，禁令救济也不例外。

在美国，利益平衡是专利侵权中是否颁发禁令的考量因素之一。在"eBay案"中，美国法院确立了"四要素检验法"，四要素包括：原告遭受了不可弥补的损害；原告无法通过损害赔偿等法定赔偿方式获得充分救济；颁发禁令不会导致原被告利益失衡；颁发禁令不会损害公共利益。只有四个要素同时满足，法院才会颁发禁令，其中就包括利益平衡。

欧盟法院一般以专利权人构成滥用市场支配地位为由，拒绝禁令颁发。为防止禁令诉讼被视为滥用行为，专利权人必须遵守旨在确保相关利益之间达到平衡的各种条件。其本质同样是寻求利益平衡。①

结合域外司法实践，以及我国现阶段的知识产权政策，均可看出利益平衡应当是我国颁发禁令的重要原则。②

（二）公共利益

不损害公共利益是我国制定法律政策的重要原则，任何法律规则的制定都应当以不损害公共利益为前提。我国在标准必要专利诉讼中限制禁令也应当以符合公共利益为基本原则。在标准必要专利侵权诉讼中，如果专利权人请求判定被告停止侵权会不正当地排除或者限制竞争、导致公共利益或者国家利益受损的结果，那么法院就不应当颁发禁令。

三、标准必要专利权人和实施者的过错判断

标准必要专利中禁令颁发不是为了增加被诉侵权人的谈判压力，而在于促成双方在 FRAND 原则之上达成许可协议。在标准必要专利许可谈判过程中，双方都应持积极达成许可的态度。若标准必要专利权人在谈判过程中存在拖延谈判的过错，或者虽然实施者也有过错，但是谈判不成功的原因主要在于专利权人的过错，那么就不应当颁发禁令。因此，需要分析双方过错的考量因素。

（一）专利权人过错的判断因素

判定专利权人过错的主要考量因素包括：未发侵权通知，未提出符合 FRAND 的书面要约，在合理期限内未答复实施者的反要约，无正当理由拒绝实施者的第三方仲裁请求，无正当理由拒绝法院调解，等等。

---

① 在欧盟华为诉中兴案中，法院认为原被告只有在满足以下条件时，才不构成滥用市场支配地位：Ⅰ. 原告在提起禁令或者产品召回诉讼之前，以书面形式向被告发出侵权警告，指明被侵权的标准必要专利以及说明侵权方式；Ⅱ. 在被告表示其愿意按照 FRAND 条款缔结许可协议之后，原告向涉嫌侵权者提供一份明确的、符合 FRAND 条款的详细说明许可费及其计算方式的书面许可要约；Ⅲ. 被告没有按照业界认可的商业惯例和善意原则，勤勉地对该要约做出回应；Ⅳ. 被告不接受该要约，却没有及时通过书面的方式向原告提出对应于 FRAND 条款的明确的反要约；Ⅴ. 如果原告拒绝反要约，被告没有依照业界认可的商业惯例提供适当的担保；Ⅵ. 被告在协商谈判中存在其他拖延或者不认真的行为。

② 《最高人民法院关于当前经济形势下知识产权审判服务大局若干问题的意见》第 15 条，如果停止有关行为会造成当事人之间的重大利益失衡，或者有悖社会公共利益，或者实际上无法执行，可以根据案件具体情况进行利益衡量，不判决停止行为，而采取更充分的赔偿或者经济补偿等替代性措施了断纠纷。

1. 未发侵权通知

在起诉前，权利人应先向实施者指出其可能存在的侵权行为并说明专利侵权详情。此侵权通知需要达到实施者明确其侵权与否的目的，如提供专利清单、权利要求对照表或者其他可以达到此目的的方式。权利人未以书面形式通知实施者侵犯专利权且未说明侵犯专利权的范围（如未指明所涉标准必要专利）和具体侵权方式，应当认定专利权人存在过错。

如德国 Philips *v.* Archos 案，法院指出专利权人应当在提起旨在请求召回侵权产品和停止侵害诉讼之前，先向被诉侵权人指出其可能存在的专利侵权行为，指明标准必要专利并说明被诉侵权人是以何种方式侵害专利权的。[①]

2. 未提出符合 FRAND 的书面要约

实施者如果表示愿意接受专利许可并进行谈判，若权利人未向实施者提供满足 FRAND 条件的具体书面许可要约导致无法达成专利实施许可合同，则应当认定专利权人存在过错。

专利权人提供的书面许可要约应当对许可费及其计算方法作出说明，并对该要约是否满足 FRAND 作出清楚解释，以便实施者可以根据权利人提出的许可条件判断该条件是否满足 FRAND，以作出是否愿意接受许可协议的决定。

如德国 Sisvel *v.* Haier 案，二审法院认为原告直到事实审理结束都没有作出 FRAND 许可要约，没有履行其义务，故法院没有支持原告的禁令请求。[②] 法院指出标准必要专利权利人应借助客观标准使涉嫌侵权人理解，为何标准必要专利权利人会认为其提出的许可要约满足 FRAND 条款，例如通过出示在合同实践中使用且被第三方接受的标准专利许可，或者参照其他能够推算出所需许可费的参数。[③]

需要注意的是，权利人在起诉后再履行自己诉前未履行义务并不能弥补其诉前谈判过错。若诉后行为可以弥补诉前过错，那么双方谈判就会受所在未决诉讼干扰。如在 Philips *v.* Archos 案中，法院认为权利人诉前没有说明其主张的许可费为何符合 FRAND，虽然在起诉后作出了解释，但仍然应认定权利人没有履行自己的义务。

[①]　参见 Philips *v.* Archos：2016 年 11 月 17 日德国曼海姆地区法院一审判决书，7O19 \ 16，第 77 段。

[②]　参见 Sisvel *v.* Haier：2015 年 11 月 3 日德国杜塞尔多夫高等法院二审判决书，I–15U 66/15。

[③]　参见 Philips *v.* Archos：2016 年 11 月 17 日德国曼海姆地区法院一审判决书，7O19 \ 16，第 79 段。

3. 在合理期限内未答复实施者的反要约

当权利人未在合理时间内积极回复实施者的反要约，应当认定专利权人存在过错。

实施者不接受权利人提出的许可要约并在合理期限内提出反要约的，权利人应当在合理期限内对该反要约做出实质性回应，表明其是否愿意接受实施者提出的新的许可条件。

4. 无正当理由拒绝第三方仲裁请求

如果实施者在谈判过程中，因无法协商一致达成许可协议，请求与专利权人达成仲裁协议，以提交第三方仲裁机构确定许可协议的具体内容，专利权人没有正当理由拒绝实施者的仲裁请求，那么可以认定专利权人存在过错。

专利权人以已向法院或者准备向法院提起侵权之诉为由，拒绝与实施者达成仲裁协议，属于无正当理由。专利权人越过可能达成协议的仲裁途径，直接向法院寻求禁令的行为，本质上是不诚信谈判的表现。

专利权人以不认同仲裁协议基本条款的内容为由，拒绝达成仲裁协议，并在合理期限内向实施者说明不同意见及恰当的理由，则不属于无正当理由。

在标准必要专利许可的谈判过程中，若双方经过长时间谈判仍然无法取得进展，一方提议将双方之间的争议提交给中立的仲裁机构或者法院进行裁决，是解决标准必要专利许可争议的有效途径。欧盟法院于 2015 年就华为诉中兴案作出的先行裁决中也明确指出，如果双方协商不成功，实施者要求由仲裁庭确认许可协议的相关条款，应当认为实施者不存在故意拖延或者不认真的谈判行为。[①]

5. 无正当理由拒绝法院调解

如果在侵权事实已明确成立的前提下，专利权人无正当理由拒绝法院进行调解，可以认为专利权人存在拖延谈判的过错。

如果双方已经同意由法院针对许可协议进行调解，在调解过程中，专利权人没有根据法院的要求及时提供标准必要专利的报价等，可以认为专利权人存在拖延谈判的过错。

（二）实施者过错的判断因素

判定实施者过错的主要考量因素包括：未在合理时间内答复侵权通知，未在合理时间内接受要约或者提出反要约，无正当理由拒绝权利人的第三方仲裁请求，等等。

---

① 参见 Huawei *v.* ZTE：2015 年 7 月 16 日欧盟法院第五法庭判决书，C-170/13，第 68 段。

1. 未在合理时间内答复侵权通知

当实施者拒绝接收标准必要专利权人的侵权通知，或者收到侵权通知后未在合理时间内作出明确答复的，表明被诉侵权人不愿谈判或者故意拖延谈判，此时应认定被诉侵权人存在过错。

2. 未在合理时间内接受要约或者提出反要约

实施者收到专利权人书面许可要约后，未在合理时间内积极回复是否接受专利权人提出的许可条件，或者在拒绝接受专利权人提出的许可条件时未提出新的许可条件建议或者要约，或者提出的实施条件明显不合理，导致无法达成专利实施许可合同时，应认定实施者存在过错。

3. 无正当理由拒绝提供担保

如果权利人拒绝了实施者提出的反要约，在达成许可协议前，实施者继续使用该标准必要专利，权利人要求其提供合理担保，但实施者拒绝按照商业惯例提供担保，那么可以认为实施者存在过错。其中，担保数额一般根据实施者反要约中主张的许可费计算。

Huawei *v.* ZTE 案中欧盟法院认为，当被诉侵权人在缔结许可合同前及其反要约被拒绝之后的时间段使用该标准必要专利时，该被诉侵权人应基于该相应领域所承认的商业惯例提供合理担保。例如，提供银行担保或者提存所需金额。在计算担保金额时，必须将之前使用专利的情况计算在内，并向权利人披露已使用专利的情况。①

4. 无正当理由拒绝第三方仲裁请求

如果专利权人在谈判过程中，因无法协商一致，请求与实施者达成仲裁协议，以提交第三方仲裁机构确定许可协议具体内容，实施者没有正当理由拒绝其仲裁请求，可以认定实施者存在过错。

实施者以已向法院提起确认许可费率之诉为由，或者以准备向法院提起确认许可费率之诉为由，并在合理期限内提起诉讼，而拒绝与专利权人达成仲裁协议，属于正当理由。

实施者以不认同仲裁协议基本条款的内容为由，拒绝达成仲裁协议，在合理期限内向专利权人表明不同意见及恰当理由，属于正当理由。

我国华为诉三星案中，法院认为华为向三星明确表达了希望仲裁的意思表示，并附上了完整仲裁协议条款，试图将双方标准必要专利交叉许可协议所涉及的争议提交给仲裁机构进行仲裁。但三星无正当理由拒绝了华为的仲裁提议，

---

① 参见 Huawei *v.* ZTE：2015 年 7 月 16 日欧盟法院第五法庭判决书，C－170/13，第 67 段。

故可以认为三星没有解决双方许可谈判争议的意愿，存在故意拖延谈判的主观过错。①

5. 无正当理由拒绝法院调解

如果侵权事实已明确成立，实施者无正当理由拒绝法院进行调解，可以认为实施者存在拖延谈判的过错。

如果双方已同意由法院针对许可协议进行调解，在调解过程中，实施者没有根据法院要求及时提供标准必要专利被许可报价等，可以认为实施者存在拖延谈判的过错。

华为诉三星案中，为促成双方达成协议，法院组织双方以专利交叉许可调解的方式进行谈判，在规定时间内，华为提出了标准必要专利的许可报价，三星迟迟未提供其专利许可报价。后法院释明双方在调解过程中的行为将成为判断是否遵守 FRAND 原则的依据后，三星才对华为的报价作出了没有实质性内容的回应，可以认为三星在谈判过程中明显存在拖延谈判的恶意。②

（三）双方过错的综合判断

关于双方谈判过程中过错的判断，应当结合个案综合考虑以下因素：第一，专利权人是否以书面形式向实施者发出侵权通知并说明专利侵权详情；实施者受到书面侵权通知后，是否在合理时间内作出积极答复。第二，专利权人是否向实施者提供一份满足 FRAND 许可条件，包含具体许可费计算方式的书面许可要约；实施者收到该要约后，是否在合理期限内作出是否接受该要约的答复。第三，实施者若不接受该要约，是否在合理期限内提出符合 FRAND 条件的反要约；专利权人收到该反要约后，是否在合理期限作出是否愿意接受该反要约的答复。第四，专利权人若不接受该反要约，双方无法协商一致，实施者继续使用标准必要专利的，是否提供适当数量的担保。第五，若双方无法协商一致，一方提出将许可协议的具体条款交由仲裁庭仲裁，另一方是否无正当理由拒绝仲裁。

四、禁令颁发的完善建议

（一）谈判过程中双方过错与禁令颁发

结合我国现有规定以及域外经验，我们认为标准必要专利侵权诉讼中，是否应当颁发禁令，应当以专利权人与实施者在谈判过程中是否存在过错为依据，

---

① 参见广东省深圳市中级人民法院（2016）粤 03 民初 816 号民事判决书。
② 参见广东省深圳市中级人民法院（2016）粤 03 民初 816 号民事判决书。

主要包括以下四种情形：

（1）标准必要专利权人有过错，实施者无明显过错，不支持停止实施标准必要专利的请求；

（2）标准必要专利权人无明显过错，实施者有过错，支持停止实施标准必要专利的请求；

（3）标准必要专利权人与实施者均无明显过错，如果实施者提交了合理数额的担保，不支持停止实施标准必要专利的请求；

（4）标准必要专利权人与实施者均有过错的，综合考虑各方过错程度、有无采取补救措施、过错对谈判进程的影响、过错与谈判破裂的关系等因素，决定是否支持停止实施标准必要专利的请求。

（二）诉讼过程中双方过错与禁令颁发

在诉讼过程中，双方的行为是否具有过错也会影响禁令的颁发。例如，诉讼中，为促进许可协议的达成，一方请求法院对许可协议的内容进行调解，另一方无正当理由拒绝调解的，可以认为拒绝的一方存在错过。或者双方同意由法院组织调解，但是在调解过程中，一方态度消极，没有提供实质性的调解方案或者未在法院规定的合理期限内作出实质性回应，可以认为该方存在过错。

第五章　标准必要专利的反垄断法规制

如果市场上存在多个具有可替代性且相互竞争的标准，这些标准包含不同的标准必要专利，那么该标准必要专利即具有可替代性；如果标准产品与非标准产品之间存在竞争关系，那么标准下的必要专利也具有可替代性。对于以上两种情形，无法直接推定标准必要专利权人具有市场支配地位。

如果一个标准必要专利不存在任何竞争，则具有不可替代性，例如无线通信领域的标准必要专利，便可直接推定专利权人具有市场支配地位。若标准必要专利权人滥用其市场支配地位，则会受到反垄断法规制。

我国《反垄断法》、国务院原反垄断委员会关于印发《关于相关市场界定的指南》的通知、《关于禁止滥用知识产权排除、限制竞争行为的规定》、《关于滥用知识产权的反垄断执法指南》等规定对知识产权领域反垄断问题已经进行了详细界定。

同时，由于标准必要专利的相关纠纷主要是发生在无线通信领域，且FRAND原则也主要是为了限制无线通信领域的专利劫持问题，故本章主要阐述无线通信领域标准必要专利垄断具体法律适用的情况，包括相关市场的界定、市场支配地位的推定以及滥用市场支配地位的行为类型等。

一、标准必要专利权利人垄断概述

标准必要专利权人垄断问题，同时具有普遍性和特殊性。一方面，判断标准必要专利权人在标准许可过程中是否存在垄断行为，应当遵照普通反垄断案件所适用的法律规定，从判断相关市场出发，在认定权利人具有垄断地位的前提下，判断其行为是否属于《反垄断法》规制的达成垄断协议、滥用市场支配地位或者经营者集中情形。另一方面，判断标准必要专利权人是否具有市场支配地位，是否实施了垄断行为，应当结合标准必要专利本身的特殊性。例如，无线通信领域的标准必要专利权人可以被推定具有市场支配地位；标准必要专利权人申请禁令的行为本质上构成不正当拒绝许可的，应当受到反垄断规制，等等。下面将分别分析《反垄断法》规定的各种行为在标准必要专利领域的体现。

二、界定相关市场

我国《反垄断法》规定："相关市场，是指经营者在一定时期内就特定商品或者服务（以下统称商品）进行竞争的商品范围和地域范围。"美国、我国台湾地区有同样的规定。

（一）相关市场的范围

1. 相关商品市场

相关商品市场是根据商品的特性、用途及价格等因素，由需求者认为具有较为紧密替代关系的一组或者一类商品所构成的市场。这些商品表现出较强的竞争关系，可以作为经营者进行竞争的商品范围。[1] 相关商品市场范围的大小主要取决于商品的可替代程度。

在华为诉 IDC 案中，法院认为涉案标准必要专利具有不可替代性。当专利技术被纳入标准后，由于该专利技术是产品制造商唯一且必须使用的技术，因此不存在可替代的其他技术。[2]

在台湾地区高通案中，台湾地区法院认为 3G 和 4G 的参数和机制存在差异，均有其独立功能，无法相互转化，彼此无法替代。故 3G 和 4G 均构成独立的相关商品市场。[3]

---

[1] 参见国务院原反垄断委员会关于印发《关于相关市场界定的指南》的通知第 3 条。

[2] 参见广东省高级人民法院民事判决书，(2013) 粤高法民三终字第 306 号。

[3] 参见台湾地区"公平交易委员会"处分书第 106094 号。

2. 相关地域市场

相关地域市场，是指需求者获取具有较为紧密替代关系的商品的地理区域。这些地域表现出较强的竞争关系，可以作为经营者进行竞争的地域范围。① 相关地域市场范围的大小主要取决于地域之间的可替代程度。

在美国高通案一审中，法院指出地域市场同时考虑销售者运营地和购买者购买地。② 在我国台湾地区高通案中，相关地域市场被界定为全球。法院认为，案件涉及标准由世界各国从业者制定参与，该领域标准必要专利不受地域差别影响；此外，该案中移动终端装置的从业者一般在全球范围内均有业务往来，其营销活动遍及任何特定地区。

虽然知识产权具有地域性，但一些标准普遍适用于全世界各国，不具有可替代性，实现此类标准的标准必要专利具有特殊性，受地域因素的影响较小。

（二）无线通信领域标准必要专利的相关市场

无线通信领域的标准必要专利不存在任何竞争，具有不可替代性，故在界定该领域标准必要专利相关市场时，相对简单，一般认为每一个无线通信标准必要专利许可单独构成一个相关市场。

相关市场范围的大小主要取决于商品/地域的可替代程度。我国《关于相关市场界定的指南》规定以替代性分析方法界定相关市场，此处的替代性包括需求替代和供给替代。

从需求替代分析，无线通信领域的任何一项 SEP 缺失，都会导致产品不能完全符合相关技术标准，不能满足市场需求，所以标准必要专利不可替代。从需求者的角度来看，商品之间的替代程度越低，竞争关系就越弱，就越不可能属于同一相关市场。

从供给替代分析，无线通信领域每一项标准必要专利都具有唯一性，在被相关技术标准采纳并发布和实施后，不存在实际的或者潜在的替代性供给。从经营者的角度来看，供给替代程度越低，就越不可能属于同一相关市场。

在中国高通案中，发改委便使用了此种方法，认定相关产品市场为当事人持有的各项无线通信标准必要专利许可单独构成的相关产品市场的集合。③

---

① 参见国务院原反垄断委员会关于印发《关于相关市场界定的指南》的通知第3条。
② See FTC *v.* Qualcomm Inc. 411 F. Supp. 3d658。
③ 参见国家发展和改革委员会行政处罚决定书，发改办价监处罚〔2015〕1 号。

三、滥用市场支配地位

（一）市场支配地位的推定

根据我国《反垄断法》，市场支配地位是指经营者在相关市场内具有能够控制商品价格、数量或者其他交易条件，或者能够阻碍、影响其他经营者进入相关市场能力的市场地位。

需要注意的是，对于一般的经营者而言，拥有专利权可以构成认定其市场支配地位的因素之一，而不能仅根据经营者拥有专利权推定其在相关市场上具有市场支配地位。[①]

但是，标准必要专利具有特殊性，尤其是在无线通信领域，无线通信领域的任何一项标准必要专利许可市场均可构成单独的相关市场，而标准必要专利权人在该市场占有 100% 的市场份额。

根据我国《反垄断法》第 24 条规定的"一个经营者在相关市场的市场份额达到二分之一的"，即可推定经营者具有市场支配地位。故就无线通信领域的标准必要专利权人而言，可以直接推定其在相关市场具有市场支配地位。

（二）滥用市场支配地位的行为

具有市场支配地位的标准必要专利权人主要存在以下滥用行为。

1. 拒绝许可

华为诉中兴案中，法院指出：具有市场支配地位的标准必要专利权人寻求禁令的行为实质上构成不正当地拒绝许可的，则构成专利权人滥用市场支配地位的行为，除非有以下两种情形。

（1）专利权人先提出专利侵权警告，明示被侵权的专利，当相对人表达缔结符合 FRAND 条件的授权契约意愿时，以书面形式提出符合 FRAND 条件的要约。

（2）相对人持续其侵权行为，未依商业惯例及诚信原则响应标准必要专利权人所提出的要约；相对人不愿接受标准必要专利权人所提出的要约时，未以书面形式提出符合 FRAND 条件之新要约；双方仍无法就 FRAND 条件达成合意

---

① 参见《关于滥用知识产权的反垄断执法指南（国家工商总局第七稿）》第 22 条，经营者拥有知识产权可以构成认定其具有市场支配地位的因素之一，但不能仅根据经营者拥有知识产权推定其在相关市场上具有支配地位。分析拥有知识产权的经营者在相关市场上是否具有支配地位，应根据反垄断法关于市场支配地位的规定进行认定和推定。结合知识产权的技术与经济特征，还可考虑交易相对人转向替代知识产权的成本和难易程度，下游市场的经营者和消费者对相关知识产权商品的依赖程度，知识产权是否为相关经营者进入下游市场的必需设施等因素。

时，未约定委托由独立第三人确定许可费数额。

2. 不合理许可费

中国高通案中，发改委认为高通提供的许可费不合理。首先，高通对过期无线标准必要专利收取许可费；其次，高通要求被许可人将专利进行免费反向许可；最后，高通对外许可的专利组合中包含了具有核心价值的无线标准必要专利和非标准必要专利。

当事人通过上述行为，直接或者间接地收取了不公平的高价专利许可费，增加了无线通信终端制造商的成本，并最终传导到消费终端，损害了消费者的利益。

3. 附加不合理的交易条件

主要包括：①要求交易相对人将其改进技术进行独占性回授；②禁止交易相对人对其知识产权有效性提出质疑；③限制交易相对人在许可协议期限届满后，在不侵犯知识产权情况下利用竞争性商品或者技术；④对保护期已经届满或者被认定无效的知识产权继续行使权利；⑤禁止交易相对人与第三方进行交易；⑥对交易相对人附加其他不合理的限制条件。①

4. 搭售

搭售具体表现为：违背交易惯例、消费习惯或者无视商品的功能，将不同商品强制捆绑销售或者组合销售；实施搭售行为使该经营者将其在搭售品市场的支配地位延伸到被搭售品市场，排除、限制了其他经营者在搭售品或者被搭售品市场上的竞争；等等。②

中国高通案中，发改委调查认为无线标准必要专利与非无线标准必要专利可以进行区分并分别进行许可。但高通并未进行区分，也不向被许可人提供专利清单，而是采取设定单一许可费并进行一揽子许可的方式，将持有的非无线标准必要专利进行搭售许可，存在反垄断法禁止的搭售行为。

第六章　禁诉令与反禁诉令

禁诉令是指本国法院在面临管辖权冲突时，应一方当事人申请，向对方当事人颁发的限制性命令，以阻止其在他国法院提起或者参加未决或者预期的、

---

① 参见《关于滥用知识产权的反垄断执法指南（国家工商总局第七稿）》第26条。
② 参见《关于滥用知识产权的反垄断执法指南（国家工商总局第七稿）》第25条。

与本国法院诉求相同的诉讼。其与前文所提到的禁令区别在于禁诉令实现的是程序上禁止诉讼的效果以解决平行诉讼中的管辖冲突。

根据各国司法实践，从禁诉令的颁发目的来看，禁诉令大致可以分为三种类型：旨在防御他国过度管辖的防御性禁诉令、旨在维护本国专属管辖权的攻击性禁诉令、旨在对抗他国法院禁诉令的反禁诉令。[①] 为方便阐述与理解，本文将前两种类型统称为"禁诉令"，最后一种称为"反禁诉令"。

近几年多起英美案件中，签发禁诉令导致中国当事人不得再在国内起诉，否则将承担在禁诉令签发国禁止销售产品等处罚，若是在国内诉讼了也只能撤诉。我国目前并无禁诉令的相关制度，更缺乏涉外知识产权诉讼方面的禁诉令司法实践，而面对他国签发的禁诉令，我国常常陷入被动应对禁诉令挑战的局面。

一、我国禁诉令与反禁诉令制度构建的必要性

标准必要专利纠纷往往涉及外国企业，当事人基于各自诉讼策略的考量，可能会选择在不同国家的法院提起诉讼，这导致平行诉讼现象产生。而部分国家试图通过长臂管辖规则扩大管辖范围的行为，更是加重了平行诉讼问题。另外，域外法院针对我国标准必要专利纠纷当事人颁发禁诉令的情形屡屡发生，这损害了我国当事人的诉讼权利，干扰了我国法院行使管辖权。

在无线星球诉华为案中，英国高等法院认为无线星球主张全球许可的行为符合 FRAND，如果华为不接受全球许可，那么法院就会颁发禁令。后华为在深圳市中级人民法院起诉，要求无线星球停止垄断侵权行为，却因迫于英国法院禁诉令的压力，撤回了针对无线星球的相关诉讼。英国法院于 2018 年通过了康文森公司的禁诉令申请，要求中兴撤回在深圳中院提出的相关诉讼请求。2019 年美国法院也通过了三星的禁诉令申请，要求华为不得申请执行深圳中院关于三星停止侵权的判决。

目前，绝大多数禁诉令都是由英美法院签发的，两国法院对禁诉令签发条

---

① 防御性禁诉令是指在国际平行诉讼中，当法院认为一方当事人在外国寻求的救济干预了本国法院的管辖时，便可能颁发防御性禁诉令。该类型禁诉令允许平行诉讼的存在，但要求当事人在本国判决结果发布前不得执行另一国的在先判决，以免他国在先判决干预本国法院审理案件的能力或者干预当事人在国内法院提起诉讼的能力。攻击性禁诉令是指当法院认为其对案件具有专属管辖权，他国法院不应进行管辖时，便会签发攻击性禁诉令，禁止当事人在他国提起诉讼或者要求撤回在他国已经提起的诉讼请求，通过对平行诉讼的禁止获得排他性的管辖权。反禁诉令是指针对外国法院禁诉令所签发的对抗性禁诉令，责令当事人不得执行他国法院禁诉令所要求的行为，是一种最为激进的禁诉令。

件都较为宽松。而欧洲大陆法系国家则反对禁诉令制度，欧盟内部依据《布鲁塞尔公约》条约①规定存在管辖争议的案件由最先受诉法院管辖。为了应对禁诉令，德国、法国近年来开始了反禁诉令制度的实践。②

众所周知，专利的地域性要求各国专利的有效性与必要性应当根据各国国内法裁决，一国法院裁判全球费率具有不适当性。同样地，标准必要专利权人是否构成垄断，也应当由一国垄断法进行评判。若域外法院根据一方当事人的请求而颁发禁诉令，要求另一方当事人撤回在我国法院已经提起的诉讼或者等待域外法院的判决作出之后再执行我国法院的判决，不仅损害了当事人权益，同时也破坏了我国法院司法管辖权的行使。

为保证我国当事人公平参与国际市场竞争，为我国当事人诉讼权利的正常行使提供保障，切实维护我国司法主权，我国应当在遵循国际礼让原则与对等原则的基础之上，建立禁诉令制度，以避免当事人通过域外诉讼恶意排除我国法院的管辖。同时，我国还应构建反禁诉令制度，对域外禁诉令给予必要的反制。③

二、我国禁诉令制度构建建议

禁诉令制度的缺乏导致一方当事人可通过域外诉讼排除我国法院的管辖，干扰我国法院的审理程序，甚至出现与我国法院相冲突的判决。为避免前述行为，我国应当在不主动干预他国司法制度的前提下，以国际礼让原则和对等原则为基础，综合考量当事人的主观过错、双方当事人的利益平衡、公共利益等因素，建立禁诉令制度。

（一）国际礼让原则与对等原则

1. 国际礼让原则

根据国际礼让原则，主张域外管辖权的国家需要权衡其他国家的利益，判断该国在相关案件中的利益是否明显超过其他国家的利益，以致该国有正当理由主张域外管辖权。④ 在禁诉令签发的诸多限制因素中，国际礼让原则是一大重要考虑因素。

---

① 参见《布鲁塞尔公约》第 21 条规定，相同当事人就同一诉因在不同缔约国法院起诉时，首先受诉法院以外的其他法院应主动放弃管辖权，让位于首先受诉法院受理。

② 参见德国诺基亚诉戴姆勒案，法国 IPCom 诉联想案。

③ 参见祝建军：《我国应建立处理标准必要专利争议的禁诉令制度》，载《知识产权》2020 年第 6 期。

④ 参见苏华：《标准必要专利反垄断案件管辖权分析——以美国高通公司反垄断调查为例》，载《中国价格监管与反垄断》2016 年第 5 期。

其中，起诉时间先后或者案件受理时间先后是国际礼让原则重要考虑因素，往往先诉国家被认为违反国际礼让原则可能性较小。而在禁诉令签发较为宽松的国家或者法院也存在后受诉也签发禁诉令的情况，该种禁诉令影响司法礼让原则的可能性较大，往往引人诉病。此外，案件管辖适当与否、对域外法院审理和裁判的影响是否适度等均是国际礼让原则的考量因素。

2. 对等原则

对等原则是指在涉外民事诉讼领域每个国家要在平等的基础上给予对方国家的国民以平等待遇，如果他国法院不合理地对我国民事诉讼的当事人签发禁诉令，限制我国民事诉讼当事人的诉讼权利，那么我国法院基于对等原则亦可以对该国民事诉讼的当事人签发禁诉令限制其诉讼权利。[1]

除了国际礼让原则与对等原则，当事人是否相同、纠纷是否相同、案件当事人在他国法院提起的诉讼是否为恶意诉讼、无理缠讼、双方利益的平衡等也是禁诉令签发的考虑因素。

（二）签发禁诉令的其他考量因素

1. 本国诉讼与外国诉讼的诉讼主体和诉争事项是否相同

禁诉令的目的在于防止当事人恶意排除我国法院对特定案件的管辖，故颁发禁诉令应当考虑本国与外国的诉讼主体和诉争事项是否相同，若相同或者相似，则可以考虑颁发禁诉令。无论是美国还是英国的司法实践都将该因素作为判断是否颁发禁诉令的要件之一。

2. 是否存在排除我国法院管辖的主观故意

若一方当事人在我国法院已经受理标准必要专利相关诉讼之后，又向域外法院提起相同或者相近诉讼，其目的是故意避开我国法院的管辖，那么我国法院依另一方当事人的申请可以颁发禁诉令。

小米与交互数字控股有限公司（以下简称 IDH）案即考虑了当事人是否存在排除我国法院管辖的主观故意。[2] 法院认为，在该院受理标准必要专利许可费率纠纷后，向 IDH 送达了相关司法文件，但 IDH 并没有尊重和配合法院展开诉讼，而是以小米侵害专利权为由，向印度法院申请临时禁令和永久禁令，以排除法院管辖，该行为已经对该案审理程序构成干扰与妨碍，主观故意十分明显，故准予小米的禁诉令申请。

---

[1] 参见祝建军：《我国应建立处理标准必要专利争议的禁诉令制度》，载《知识产权》2020 年第 6 期。

[2] 参见湖北省武汉市中级人民法院民事裁定书，(2020) 鄂 01 知民初 169 号之一。

3. 申请人是否遭受难以弥补的损害

若不颁发禁诉令，将会使得申请人的合法权益遭受难以弥补的损害，那么我国法院依照当事人的申请可以颁发禁诉令。上文提到的小米诉IDH案也将该要素作为颁发禁诉令的考量因素之一。审理法院认为，如果IDH在印度德里地方法院发动临时禁令或者永久禁令，必然会影响小米及其关联公司在印度市场的运行，将对小米公司造成不可弥补的损害。同时，危及双方的许可谈判积极发展，进一步损害小米的利益。

在华为与康文森标准必要专利纠纷案中，法院同意颁发禁诉令，以暂缓德国杜塞尔多夫法院一审判决执行的原因之一，即在于若执行德国判决，华为要么被迫退出德国市场，要么被迫接受超高的许可费率。无论是上述何种情形，华为所遭受的损害均难以弥补。①

4. 权衡申请人与被申请人的利益

在判断是否应当颁发禁诉令时，还需要考虑禁诉令对被申请人的损害程度，兼顾双方利益。若不颁发禁诉令对申请人造成的损害要超过颁发禁诉令对被申请人造成的损害的，那么我国法院依照当事人的申请可以颁发禁诉令。

在小米与IDH案中，法院认为IDH作为NPE实体，并不制造和生产标准必要专利技术产品，即便颁发禁诉令，除了给被申请人在许可谈判破裂后进行权利救济造成延迟，并不会对被申请人持有的标准必要专利本身造成任何实质性损害。

在华为与康文森案中，法院认为德国杜塞尔多夫法院的判决并非终审判决，暂缓执行并不影响被申请人的其他诉讼权益。② 被申请人作为标准必要专利权人，其在德国诉讼的核心利益是获得经济赔偿，暂缓执行停止侵权判决对被申请人的损害较为有限。

5. 公共利益

若不颁发禁诉令会对公共利益造成损害，那么我国法院就应当颁发禁诉令。

三、我国反禁诉令制度构建建议

若域外法院颁发的禁诉令已严重侵犯我国司法主权，我国可以借鉴德国的做法，在我国现有制度的框架下引入较为缓和的、旨在对抗外国法院禁诉令的

---

① 参见最高人民法院民事裁定书，(2019) 最高法知民终732、733、734号之一。

② 根据德国法律，康文森提交担保即可申请执行一审判决，故华为申请禁止康文森于本三案 [案号分别为：(2018) 苏01民初232号、(2018) 苏01民初233号、(2018) 苏01民初234号] 终审判决作出之前申请执行杜尔塞多夫法院的停止侵权判决。

反禁诉令制度。综合我国现有制度，借鉴德国司法实践，并以英美判例中禁诉令的限制条件为考虑因素。

（一）反禁诉令不以起诉在先为必要

起诉的先后不是反禁诉令签发的绝对考虑因素，签发反禁诉令并不必然要求其为在先起诉国；即使受诉在后，在有合理原因时也可以签发反禁诉令。

在法国 IPCOM 与联想案中，① 即使接受诉讼在后，法院仍然通过了当事人要求对方撤回在美国的禁诉令申请，认为受诉问题即欧洲专利是否有效、必要以及是否侵权等一系列问题都不应由美国法院来管辖。

在最为典型的德国戴姆勒与诺基亚案中，虽然反禁诉令的签发国德国法院受诉在先，但签发反禁诉令的原因在于法院认为 SEP 权利人在德国发起 SEP 侵权诉讼是行使其财产权，而美国法院颁发禁诉令严重限制了 SEP 权利人行使其合法的诉权，也影响了德国法院提供财产权保护，而不是因为德国受诉在前。

（二）反禁诉令的签发条件

1. 具体原则

在明确签发反禁诉令制度的条件前要先明确我国签发反禁诉令的宏观基本原则——尊重司法礼让、谨慎克制地签发反禁诉令。

2. 条文基础

利用《民事诉讼法》第 103 条引进反禁诉令制度，② 以司法解释的形式明确其可行性、签发条件、管辖权限制、违反后果等。可以将条文"因当事人一方的行为或者其他原因，使判决难以执行或者造成当事人其他损害的案件"扩大解释而包含另一方当事人在别国申请禁诉令的行为；将"责令其作出一定行为或者禁止其作出一定行为"条文扩大解释，使其包含禁止在他国申请禁诉令或者责令其撤销在他国申请的禁诉令情形。从而实现：当参与我国民事诉讼的一方当事人向其他国家的法院提出禁诉令申请时，人民法院可以根据另一方当

---

① 2019 年 3 月联想在美国法院针对 IPCom 提起诉讼，其后联想又向美国法院申请了禁诉令，禁止 IPCom 在全球范围内对联想或者其子公司提起标准必要专利侵权诉讼。10 月 IPCom 又就同一专利向法国初审法院提起针对联想的专利侵权之诉并向法国初审法院寻求临时禁令，法国初审法院即批准临时禁令申请，其认为本案被告向美国法院寻求禁诉令的行为是为了阻止原告在法国行使其欧洲专利权。

② 参见《民事诉讼法》第 103 条，人民法院对于可能因当事人一方的行为或者其他原因，使判决难以执行或者造成当事人其他损害的案件，根据对方当事人的申请，可以裁定对其财产进行保全、责令其作出一定行为或者禁止其作出一定行为；当事人没有提出申请的，人民法院在必要时也可以裁定采取保全措施。人民法院采取保全措施，可以责令申请人提供担保，申请人不提供担保的，裁定驳回申请。

事人的申请对该当事人采取行为保全措施，或者责令其向其他国家的法院撤回该禁诉令申请。

即 A 在中国诉 B，B 在某国诉 A，B 在某国申请 A 在中国的禁诉令，若 A 向中国法院申请反禁诉令，法院可依据该条对 B 采取行为保全措施，或者责令其撤回在某国申请的禁诉令。

3. 反禁诉令签发的考虑因素

反禁诉令制度最基础的条件与不方便管辖法院制度相似，根据我国相关规定，[①] 以及德国反禁诉令条件的启示，本文建议可以从以下几个方面考虑反禁诉令签发条件[②]。

（1）根据我国法律规定可能给其他当事人造成损害的行为。

（2）满足我国法院管辖权约定或者我国仲裁机构仲裁约定。

（3）一方当事人在他国起诉并申请了禁诉令。

（4）我国法院为最密切联系法院或者存在排他性的管辖协议。

（5）该案件属于我国专属管辖的范围。

（6）他国法院可能做出与我国法院冲突的判决。

（7）被告已经在中国法院应诉，默示同意了中国管辖。

需要注意，这里的考虑因素并不是反禁诉令签发的绝对考虑因素，签发时还是需要根据个案综合判断，另外反禁诉令签发的关键在于我国法院受诉是否有合理依据。

第七章　结语

在标准制定引起的锁定效应下，实施者想要使用标准下的相关专利技术就不可避免地实施专利权人独占的必要专利，为了避免专利劫持、专利许可费堆叠、专利反劫持的现象，一些标准化组织对于特定标准必要专利的权利人附加

---

① 参见最高人民法院《第二次全国涉外商事海事审判工作会议纪要》第 11 条"不方便法院原则"的适用应符合下列条件：Ⅰ. 被告提出适用"不方便法院原则"的请求，或者提出管辖异议而受诉法院认为可以考虑适用"不方便法院原则"；Ⅱ. 受理案件的我国法院对案件享有管辖权；Ⅲ. 当事人之间不存在选择我国法院管辖的协议；Ⅳ. 案件不属于我国法院专属管辖；Ⅴ. 案件不涉及我国公民、法人或者其他组织的利益；Ⅵ. 案件争议发生的主要事实不在我国境内且不适用我国法律，我国法院若受理案件在认定事实和适用法律方面存在重大困难；Ⅶ. 外国法院对案件享有管辖权且审理该案件更加方便。

② 参见欧福永：《国际民事诉讼中的禁诉令》，北京大学出版社 2007 年版，第 245 - 257 页。

了 FRAND 义务，要求权利人以公平、合理、无歧视的原则与专利实施人谈判，实施人也要以诚实信用的原则进行协商。在判断是否履行 FRAND 条款时，以双方许可条件是否符合 FRAND，以及双方在谈判过程中是否存在过错进行衡量。

认定标准必要专利时要看是"权利要求型"标准文本还是"非权利要求型"标准文本。对于"权利要求型"，要将涉案标准文本与专利权利要求进行比对，判断标准文本是否落入专利权利要求的保护范围，是否相同对应或者等同对应。对于"非权利要求型"，需要由专利权人证明其专利在标准实施时的不可替代性。

计算许可费率时，在遵循分摊原则的基础上，个案中可在全部市场价值与最小可销售单元的费率计算基础上选取更合适的规则计算费率。同时，要设置上限，考虑专利的贡献度，并且不得因专利纳入标准而获得溢价。因此，可以综合运用可比协议法和 Top – down 法计算费率，首先以可比协议法为基准，从许可环境、合同主体与各事项的相似性以及其他方面考虑协议是否具有可比性，再用 Top – down 的方法进行验证。

在判断是否应当给予标准必要专利权人禁令救济时，应当以利益平衡和公共利益为基本原则，并将根据个案综合判断双方在谈判过程和诉讼过程中的过错程度，作为是否颁发禁令的依据。其中过错考量因素主要包含：专利权人是否发出侵权通知，是否提出符合 FRAND 的书面要约，是否在合理期限内答复实施者的反要约，是否无正当理由拒绝实施者的第三方仲裁请求或者拒绝法院调解，等等；实施者是否在合理期限内答复侵权通知，是否在合理期限内接受要约或者提出反要约，是否无正当理由拒绝提供担保，是否无正当理由拒绝专利权人的第三方仲裁请求或者拒绝法院调解，等等。

对于标准必要专利的反垄断法规制问题，在无线通信领域，由于不存在替代性标准，可以推定相关的标准必要专利权人具有市场支配地位。若具有市场支配地位的标准必要专利权不正当地拒绝许可、主张不合理的许可费、附加不合理的交易条件或者搭售等，滥用其市场支配地位的行为，则应当受到《反垄断法》规制。

为保障我国当事人公平地参与市场竞争，维护我国司法主权，我国应当在遵循国际礼让与对等原则的基础上，以行为保全条款为依据，构建禁诉令与反禁诉令制度。在禁诉令签发过程中，综合考虑当事人是否存在排除我国法院管辖的主观恶意，申请人是否遭受不可弥补的损害，权衡申请人与被申请人的利益以及公共利益等要素。

我国司法实务中出现的标准必要专利纠纷案件越来越多，法院、学术研究者，还有各行业市场主体都更加关注相关的法律问题。而现阶段我国立法尚不完善，标准必要专利认定、费率计算方法、禁令颁发等问题仅在部分法院的指引中提及，其效力和影响范围有限，缺乏更高位阶法律法规的指导。此外，我国还没有禁诉令和反禁诉令制度，需要进行制度完善。标准必要专利纠纷案件的裁判结果，不仅影响着我国企业利益和行业发展，也关乎我国的技术创新发展和国际竞争实力，因此，合理恰当地处理相关纠纷意义重大。

知识产权惩罚性赔偿制度研究[*]

2019 年 10 月 31 日，中共十九届四中全会《中共中央关于坚持和完善中国特色社会主义制度、推进国家治理体系和治理能力现代化若干重大问题的决定》明确提到要建立知识产权侵权惩罚性赔偿制度。2019 年 11 月 25 日，中共中央办公厅、国务院办公厅联合印发《关于强化知识产权保护的意见》提出要在专利、著作权等领域引入侵权惩罚性赔偿制度。2020 年 5 月 28 日《中华人民共和国民法典》颁布，正式确立了知识产权惩罚性赔偿的法律地位。①

传统的财产损害赔偿在于赔偿被害人所受之损害，惩罚性赔偿意指突破传统民法基本理论之填平规则的限制，在权利救济中添加惩罚、吓阻之因素的一种侵权损害的赔偿制度。我国已经在商标②、植物新品种③、商业秘密④、专利⑤等领域构建惩罚性赔偿制度，《中华人民共和国著作权法（修正案草案）》⑥也提出建立惩罚性赔偿制度。2019 年 9 月，被誉为"上海首例知识产权惩罚性赔偿的案件"在上海市浦东新区人民法院宣判，法院根据《中华人民共和国商标法》第 63 条第 1 款规定的惩罚性赔偿倍数计算判赔金额，最终判定被告赔偿 300 万元。从 2013 年到 2019 年六年时间里，上海才出现首例知识产权惩罚性赔偿案件，这说明知识产权惩罚性赔偿制度一直处于备而不用的状态。可以预见，

---

* 作者：蒋克勤、王利民、黄亮。

① 参见 2020 年 5 月 28 日《民法典》第 1185 条：故意侵害他人知识产权，情节严重的，被侵权人有权请求相应的惩罚性赔偿。

② 参见 2013 年 8 月 30 日《商标法》第 63 条第 1 款：对恶意侵犯商标专用权，情节严重的，可以在按照上述方法确定数额的一倍以上五倍以下确定赔偿数额。

③ 参见 2015 年 11 月 4 日《种子法》第 73 条第 3 款：侵犯植物新品种权，情节严重的，可以在按照上述方法确定数额的一倍以上三倍以下确定赔偿数额。

④ 参见 2019 年 4 月 23 日《反不正当竞争法》第 17 条第 3 款：经营者恶意实施侵犯商业秘密行为，情节严重的，可以在按照上述方法确定数额的一倍以上五倍以下确定赔偿数额。

⑤ 参见 2020 年 10 月 17 日《专利法》第 71 条第 1 款：对故意侵犯专利权，情节严重的，可以在按照上述方法确定数额的一倍以上五倍以下确定赔偿数额。

⑥ 参见 2020 年《中华人民共和国著作权法（修正案草案）》第 53 条第 1 款：对故意侵犯著作权或者与著作权有关的权利，情节严重的，可以在按照上述方法确定数额的一倍以上五倍以下给予赔偿。

在国家政策的强力推进下，进一步健全和完善知识产权惩罚性赔偿制度将成为备受关注的议题。因此，开展知识产权惩罚性赔偿的调研具有重大的理论和实践价值。

一、知识产权惩罚性赔偿的制度基础

惩罚性赔偿，是相对填平性赔偿而言的，是指侵权人给权利人赔偿数额大于其因实施侵权行为给权利人造成实际损害的数额，或者其因实施侵权行为而获得的非法利益的数额，或者按照其他计算损失的方法所计算之数额的侵权责任。惩罚性赔偿责任，起源于英美法，其标志性判例为 1763 年英国法官 Lord Camden 对 Huckle v. Money 侵权案的判决，以及美国 1784 年对 Genay v. Norris 侵权案件的判决。在这两个案件中，法官判决被告承担惩罚性赔偿责任。惩罚性赔偿，不仅对恶意侵权人进行了严厉惩罚，而且还可以威慑其不敢再次实施这种恶意并且严重的侵权行为。[1]

（一）知识产权惩罚性赔偿制度的理论基础

传统民法理论认为"任何人都不得从其违法行为中获利"，若判决侵权行为人给付权利人超过其实际损失的赔偿，会违反民法中的公平原则，由此确立了填平原则在侵权损害赔偿中的霸主地位[2]。目前，我国立法把知识产权法归入民法项下的一个分支，认为知识产权是私权的一种。因此，在一般情况下，对知识产权侵权产生的损害赔偿也属于侵权之债的一种。既然是知识产权侵权导致的损害赔偿属于债权性质，那在大多数情况下也就适用"填平损害原理"：侵权人所承担的损害赔偿应当与侵权行为人的非法获利或者权利人的损失相当。也基于此，我国知识产权领域在很长一段时间都没有引入惩罚性赔偿制度。然而，随着知识产权理论的完善，学者们发现知识产权有很多专有特点，使得与物权等单纯的私权区分开来。首先，知识产权具有无体性。知识产权的客体一旦被公之于众，在事实上即会脱离知识产权所有人的控制和管理，这使得知识产权极易成为被侵权的对象，也使知识产权侵权现象在司法实践中频发。其次，知识产权的权利人有相当一部分为商事主体，而商事主体为了谋取利益，会大力推广自己所拥有的知识产权，如打造驰名商标等，而驰名商标在消费者的选择、购买各种各样的商品时，具有较大的指引作用。这就导致在一定的情况下，

---

① 参见曹新明：《知识产权侵权惩罚性赔偿责任探析——兼论我国知识产权领域三部法律的修订》，载《知识产权》2013 年第 4 期，第 3—4 页。

② 参见李扬、陈曦程：《论著作权惩罚性赔偿制度——兼评〈民法典〉知识产权惩罚性赔偿条款》，载《知识产权》2020 年第 8 期，第 35 页。

对知识产权的侵权不仅会损害权利人的利益，也会危及不特定第三人的利益。再者，随着社会关系的复杂化，国家公权力更多介入私权纠纷中。很多时候，公法和私法之间已不再有从前那样明确的界线。上述三个方面原因，决定了原则上被公法领域（如《中华人民共和国消费者权益保护法》《中华人民共和国食品安全法》等）垄断的惩罚性赔偿制度，引入知识产权领域有相当的理论基础。① 我国原《侵权责任法》规定的救济功能可以通过填平原则得到较好的实现，但填平原则却无法实现预防功能。而惩罚性赔偿制度除了在对恶意侵权人进行严厉处罚、警戒之外，还具有威慑潜在侵权人的作用，这便很好地弥补了填平原则的不足。可见，填平原则和惩罚性原则并行，才能充分实现原《中华人民共和国侵权责任法》的立法目的。

（二）知识产权惩罚性赔偿制度的实践基础

中国裁判文书网上的数据显示：2015 年知识产权案件数量 19 557 件，2019 年达到 65 107 件，五年时间内迅速增加了 2.33 倍，知识产权侵权案件频发。由于无法起到警示和预防侵权行为的作用，加之知识产权侵权十分容易且通常可以获得高额利润，种种原因，让填平原则在解决知识产权侵权问题时存在天然缺陷，使其无法从根本上解决知识产权侵权问题。因此，为了弥补填平原则在知识产权侵权案件司法实践中运行作用不佳的缺陷，惩罚性赔偿制度在知识产权领域的引入还有坚实的实践基础，具体表现在以下两个方面。

第一，填平原则无法充分实现知识产权侵权的赔偿制度。如前文所述，知识产权通常具有较大的商业价值。目前立法确定的赔偿标准，如权利人所受损失和侵权人所得利益，在司法实践中其实是一个很难确定的数额。就拿商标权侵权案件来说，尽管最高人民法院在 2002 年针对商标侵权案件出台的司法解释第 14 条、第 15 条、第 16 条中给出了计算知识产权侵权损害赔偿数额的详细公式，但以这套公式计算出来的数额可能与权利人实际上所受的损失相差甚远②：侵权行为导致被侵权商标在市场中的认可度降低、受损品牌为恢复商誉所支出的公关营销费用和持有受损商标的商品在将来较长一段时间内销量的下滑，都无法被这套计算公式包括在内。实践中也有一个公认的事实：知识产权的侵权行为人因侵权行为所获得的不法利润绝不止其通过侵权商品获得的利润。

第二，填平原则无法抑制不法分子甘冒风险的侵权行为。现行知识产权立法规定了四种知识产权侵权赔偿标准，但都不具有威慑潜在侵权人的作用。先

---

① 参见张红：《恶意侵犯商标权之惩罚性赔偿》，载《法商研究》2019 年第 4 期，第 158 页。

② 参见冯术杰、夏晔：《警惕惩罚性赔偿在知识产权法领域的泛用——以商标法及其实践为例》，载《知识产权》2018 年第 2 期，第 43 页。

不论权利人所受损失和侵权人所得利益在司法实践中举证的困难程度，即使权利人进行了充分举证，拿出了足够的证据，侵权人最多也仅需赔偿其因侵权行为所获得的利益而已。虽然按照许可费倍数来进行赔偿，侵权人最多需要赔偿3倍的许可费，但在实践中，适用许可费的倍数为标准计算知识产权侵权损害赔偿的概率极低，在早先学者进行实证研究的9057份判例样本中仅2份适用了该标准。且在司法实践中大量适用的法定赔偿标准都有最高赔偿数额的限制：《中华人民共和国著作权法》为50万元，《中华人民共和国专利权法》为500万元，《中华人民共和国商标权法》为500万元。如前文所述，知识产权通常具有较高的商业价值和市场价值，而目前立法中规定的最高赔偿数额显然较低，甚至可能低于侵权行为人因侵权行为所获得的实际利润。在知识经济主导的现代社会下，伴随着知识产权的往往是商业价值，若不在知识产权立法中引入具有威慑、预防作用的惩罚性赔偿制度，不法分子很可能抱着侥幸心理：即使被权利人告到法院，最多也是失去其本不应得的不法利益，再加上司法实践中举证的困难程度，以及其侵权行为不被权利人发觉的概率，在知识产权带来的巨额经济利益面前，知识产权侵权现象肆虐，也就司空见惯了。[①]

二、知识产权惩罚性赔偿制度的必要性与可行性

（一）知识产权惩罚性赔偿制度的构建必要性

1. 惩罚性赔偿的适用要件不明确

《中华人民共和国商标法》规定的惩罚性赔偿适用要件为"恶意侵犯商标专用权，情节严重的"。然而，何谓"恶意侵犯""情节严重"，目前并无明确的法律解释。对恶意侵权尤其是恶意与过错之间关系的认定，在司法实践中存在误用的情形。[②] 例如，在厦门雅瑞光学公司诉宋跃侵害商标权纠纷案中，法院认定被告行为构成侵权，但鉴于被控侵权的眼镜是被告从前任经营者处接收而来，被告侵权的主观过错较小，因此将惩罚性赔偿酌定为3000元。[③] 在此案中，法院并未考虑"恶意侵权"是商标法惩罚性赔偿的适用要件，在其认定被告过错较小、可能不具有侵权恶意的情形下仍适用惩罚性赔偿于法无据。又如，侵权恶意判定的时间基点理应为侵权行为发生之日。但在某些案件中，法院仅

---

① 参见钱玉文、李安琪：《论商标法中惩罚性赔偿制度的适用——以〈商标法〉第63条为中心》，载《知识产权》2016年第9期，第61页。

② 参见侯凤坤：《新〈商标法〉惩罚性赔偿制度问题探析》，载《知识产权》2015年第10期，第85页。

③ 参见广东省惠州市惠城区人民法院（2014）惠城法民三初字第200号民事判决书。

以被告在诉讼中的表现判定其有无恶意，显属不当。关于情节严重的适用要件，现行法亦未明确界定。甚至对于何谓"情节"，相关法律、司法解释亦存在不同的规定。

2. 基础赔偿数额难以确定

2013 年修正的《中华人民共和国商标法》规定，在适用惩罚性赔偿的条件成就时，法院应当按照权利人的实际损失、侵权人的非法获利或者参照许可使用费的倍数确定赔偿数额（前述三种方法确定的赔偿数额为惩罚性赔偿的基础，故以下简称"基础赔偿数额"①）的 1 倍以上 3 倍以下确定最终赔偿数额，即惩罚性赔偿数额。2019 年修正的《中华人民共和国商标法》将"一倍以上三倍以下"修改为"一倍以上五倍以下"。然而，精准确定知识产权损害赔偿异常困难。绝大多数侵犯知识产权案件的基础赔偿数额难以确定，故无法计算惩罚性赔偿数额。例如，在康成公司诉大润发公司侵害商标权及不正当竞争纠纷案②中，法院认定被告具有侵权的主观恶意，侵权行为广泛，侵权后果严重，应当适用惩罚性赔偿，但由于该案无法确定原告的损失、被告的获利以及涉案商标的许可使用费，用以计算惩罚性赔偿的基础赔偿数额不存在，进而惩罚性赔偿数额亦无法确定，故该案仍然适用法定赔偿。

3. 以许可使用费的倍数之倍数确定惩罚性赔偿过于严苛

作为对权利人损失或者侵权人非法获利的替代，以涉案知识产权许可使用费确定损害赔偿是某些法域的通常做法。例如，在德国，以许可使用费确定损害赔偿为 90% 以上的案件所适用。在长期的知识产权许可实践中已形成一些为业界所普遍接受的许可使用费标准，不同技术领域的许可使用费标准有所差异。在多数专利侵权案件中，合理的许可使用费是通过"虚拟谈判"方式确定的，即具有意愿的许可人和具有意愿的被许可人倘若进行许可谈判所能达成的许可使用费。纵观其他法域的法律规定，法院是以专利或者商标许可使用费而非许可使用费的倍数确定赔偿数额。在此方面，立法机关进行了制度创新，即以许可使用费的倍数确定赔偿数额，让侵权人付出比获得授权许可高得多的代价，以示对侵权人的惩罚。在适用惩罚性赔偿时，依据《中华人民共和国商标法》的规定，可以在许可使用费的倍数所确定的赔偿数额的 1 倍以上 5 倍以下确定惩罚性赔偿。假设某一商标侵权案满足惩罚性赔偿的适用要件，法院先参照商标许可使用费的 3 倍确定基础赔偿数额，再以该基础赔偿数额的 5 倍（即商标

---

① 参见徐聪颖：《制度的迷失与重构：对我国商标权惩罚性赔偿机制的反思》，载《知识产权》2015 年第 12 期，第 39 页。

② 参见上海知识产权法院（2016）沪 73 民初 443 号民事判决书。

许可使用费的 15 倍）确定惩罚性赔偿数额，这显然过分加重了侵权人的赔偿责任。以此种方式确定的惩罚性赔偿，一方面对侵权人而言过于严苛，可能超出了立法者的本意；另一方面亦与其他法域的通行规则不符。

4. 基础赔偿数额具体倍数的确定无明确的法律指引

依据 2019 年修正的《中华人民共和国商标法》《中华人民共和国反不正当竞争法》，可以在基础赔偿数额的 1 倍以上 5 倍以下确定惩罚性赔偿数额。在这一幅度内，法院应当考量何种因素确定惩罚性赔偿数额仍缺失具体规则。① 在一些案件中，法院虽酌定惩罚性赔偿数额但未予说明考量因素，降低了裁判的司法公信力。

5. 惩罚性赔偿可能引起的负面效果

作为一种重型法律武器，惩罚性赔偿具有与生俱来的风险，必须审慎适用。这种风险主要来自适用惩罚性赔偿可能带来过度威慑的负面效果。最可能的负面效果是引致妨碍科技信息传播和创新的寒蝉效应。与故意侵犯商标权、著作权（特别是假冒、盗版）相比，故意侵犯专利权的判断标准更加模糊。在他人专利基础上进行后续研发是累积性技术创新的必由之路，也是技术研发的常规手段。研发者通常是在知晓他人专利技术方案的情况下进行研发升级或者替代。即便被诉侵权人极力避免侵权，仍然可能被认定为专利等同侵权，如果由此承担过高的惩罚性赔偿，则对于激励创新会产生消极影响。美国的实践生动地说明了这一点。为避免被认定故意侵权并承担惩罚性赔偿责任，部分公司的生产和研发人员会产生尽量不去阅读或者获知与其产品或者方法类似的任何专利文献的强烈动机，造成所谓的"有意无视效应"。这种"有意无视效应"对科技信息传播造成负面影响并对合法模仿及基于模仿的创新形成妨碍。

惩罚性赔偿的过度适用还可能诱发原告发起更多的威胁性诉讼或者骚扰性诉讼。② 惩罚性赔偿提高了原告的诉讼利益预期，使得通过诉讼谋取远超实际损失的利益越来越具有可行性，威胁性诉讼或者骚扰性诉讼将大幅上升，市场竞争者和创新者将可能不堪其扰。《中华人民共和国消费者权益保护法》规定的双倍赔偿催生出"知假买假"的职业打假人。在著作权领域，法定赔偿引发的"碰瓷式"维权现象亦屡见不鲜。在知识产权侵权惩罚性赔偿可以高达 5 倍赔偿的情况下，这一风险更具现实性，值得我们警惕。

---

① 参见胡良荣：《论商业秘密侵权惩罚性赔偿的适用》，载《知识产权》2015 年第 11 期，第63 页。

② 参见罗莉：《论惩罚性赔偿在知识产权法中的引进及实施》，载《法学》2014 年第 4 期，第22 页。

（二）知识产权惩罚性赔偿制度的构建可行性

知识产权惩罚性赔偿具有惩处侵权人、遏制侵权行为的目的。法院需要考虑侵权人的主观过错及侵权情节。鉴于惩罚性赔偿在制度执行中暴露的诸如适用要件不清、可预见性不强等问题，法院已通过条文解释、制定司法政策等方式进行了有益探索，积累了一定经验。[①] 其他法域中的惩罚性赔偿、法定赔偿、以知识产权许可使用费确定赔偿等制度为知识产权损害赔偿惩罚体系的构建提供了借鉴。在重视创新驱动发展，加大知识产权保护力度，全面建立知识产权惩罚性赔偿制度的时代背景下，《中华人民共和国著作权法》的修正正在有序推进。在引入惩罚性赔偿的同时，应当克服《中华人民共和国商标法》《中华人民共和国反不正当竞争法》关于惩罚性赔偿规定上的不足，明确惩罚尺度。

三、知识产权惩罚性赔偿制度的健全路径

（一）统一惩罚性赔偿适用的主观要件并加以细化

如前文所述，知识产权立法领域目前对惩罚性赔偿适用的主观条件有"恶意"和"故意"两种规定，应当统一适用恶意作为要求侵权人承担惩罚性赔偿的要件，原因如下：第一，"故意"本来就是承担侵权责任的构成要件之一。根据原《中华人民共和国侵权责任法》的规定，侵权责任的构成有四要件，其中的主观要件就是"过错"，而"故意"又是过错的一种。若再以"故意"作为承担惩罚性赔偿的主观要件，则无法体现惩罚性赔偿主观要件上的特点，而且还会导致侵权人的同一个主观心理被重复评价。[②] 第二，知识产权法规定了善意侵权的概念，如《中华人民共和国商标法》第 64 条、《中华人民共和国专利法》第 77 条，并规定善意侵权不需承担损害赔偿责任，可以与恶意侵权相对应，从而体现立法的统一性和连贯性。既然立法对善意侵权采取一种宽容、谅解的态度，那么相应的，只有对恶意侵权才能采取惩罚的态度。

统一惩罚性赔偿适用的主观条件之后，就应当对其进行细化。在知识经济时代下，知识产权侵权案件的数量在全国范围内都会大幅度增加，在这样的情形下，更需要在全国范围内可以适用的关于知识产权侵权具体规定的司法解释，

---

① 参见王利明：《论我国民法典中侵害知识产权惩罚性赔偿的规则》，载《政治与法律》2019年第 8 期，第 95 页。

② 参见焦和平：《知识产权惩罚性赔偿与法定赔偿关系的立法选择》，载《华东政法大学学报》2020 年第 4 期，第 130 页。

以明确惩罚性赔偿的适用情形，从而保障司法的稳定性。① 认定侵权人主观上存在恶意的情形，大体上可以分为两类。第一，从实体上来看，侵权人在进行侵权行为时具有明显的恶意。实体上的主观恶意又可以细分为两种：一是从侵权人的行为可以推知其恶意，如重复多次侵权、假冒驰名商标和注册商标、攀附驰名商标的声誉等；二是从侵权人的身份可推知其恶意，如侵权人原与知识产权人存在合作关系、劳务关系，又实施侵犯知识产权的行为。第二，从程序上来看，侵权人存在扰乱诉讼秩序、不配合法院调查取证的行为。以上情形都可以推定为侵权人主观上具有恶意，从而适用惩罚性赔偿。

（二）以侵权人的过错程度作为惩罚性赔偿的计算标准

目前立法规定，以权利人实际损失或侵权人实际获利为标准计算惩罚性赔偿的数额，而此种方法仍面临着权利人举证困难的最大问题。从法理上看，惩罚性赔偿实际上是对恶意侵权人的一种警示、惩戒，故应当只与恶意侵权人的主观过错相关联，至于具体数额可由法官进行自由裁量，立法仅需列举法官自由裁量时应考虑的因素，如侵权的动机和目的、是否多次侵权并被依法制裁的记录、侵权行为的持续时间和影响范围等。当然，立法也不能给予法官过度的自由裁量权，而应当对惩罚性赔偿限定一个最高数额，以防止司法中频繁出现天价赔偿数额，但侵权人却无赔付能力，反而损害了惩罚性赔偿判决威严的情形。故笔者认为以许可费的倍数为标准计算为佳，因为许可费与被侵犯的知识产权本身密切关联，且许可费的数额本身就是由知识产权人与被许可人协商确定的，可以体现权利人对知识产权的自我估值。

（三）增加惩罚性赔偿的适用主体

可能扰乱知识产权市场、破坏经济秩序的，不仅仅是侵犯知识产权的主体，还有利用法律对知识产权的保护而滥用权利的主体。相较于恶意侵权人，权利滥用人在行为上同样表现出明显的主观恶意，也同样可能造成严重的后果，完全符合惩罚性赔偿的适用条件。而立法目前却没有对这种权利滥用行为进行规制，导致市场中的权利滥用人越来越猖獗，严重破坏了知识产权的秩序。因此必须对这种权利滥用行为进行严厉的处罚，将其纳入惩罚性赔偿的适用范围，才可以预防此类权利滥用行为的发生。同时，在立法将权利滥用人作为惩罚性赔偿的规制对象时，应同时在立法上严格区分权利滥用人和商业维权人。商业维权人虽也进行大规模的知识产权侵权诉讼，但其提起诉讼的主观目的还是维

① 参见袁秀挺：《知识产权惩罚性赔偿制度的司法适用》，载《知识产权》2015 年第 7 期，第 21 页。

护其所有的知识产权的正当权益，为其行使知识产权排除阻碍，而非谋取商业利益，其行使权利具有正当性。故而千万不可将知识产权商业维权人与权利滥用人混淆，否则还会侵害知识产权人寻求司法保护的正当权利。

（四）明确惩罚性赔偿的适用限制

惩罚性赔偿对侵权人具有的惩罚功能与权利人受到的实际损失无关。有学者认为："惩罚性赔偿是一种破除常规的特殊惩罚制度，它实质上授予私人一种惩罚特权，以弥补刑法在维护公共利益上的缺漏，并满足受害人对加害人的报应需求。"[1] 但惩罚性赔偿本质上仍属民事责任，即使侵权人受到惩罚，此种惩罚为公权力所施加，亦非所谓的私人惩罚特权。无论是从对侵权人的惩罚还是从其承担的民事赔偿责任的角度而言，惩罚性赔偿应与侵权行为的严重程度相适应，满足比例原则的要求。为此，惩罚性赔偿的适用应受到一定限制。知识产权制度尤其是著作权与专利制度的终极目标均不是保护在先创新者，而是激励持续创新，故损害赔偿需要适当谦抑，随时警惕过度偏向在先创新者的制度风险。在侵犯知识产权案件中，不排除存在一些故意甚至恶意的侵权者。但基于知识产权客体的无形性及权利边界的模糊性，侵权与否的判定有时存在不确定性。潜在的发明家同时也是潜在的侵权人。越是创新型企业，越可能陷入侵犯知识产权纠纷。"民事主体具有地位平等性和互换性，是近代民法的两个基本判断。"今日的原告可能是明日的被告，反之亦然。因此，理解"创新就可能侵权"是集体理性无奈的选择，有助于在对被侵权人实施救济时更合理地平衡纠纷双方的利益，[2] 对侵犯知识产权行为的惩罚力度过大，同样不利于创新及提高公共福祉。因此，对惩罚性赔偿适用应予以适当限制。

对惩罚目的的满足应作为评价惩罚性赔偿制度适用效果的主要尺度。法院应当根据刑法上的罪刑均衡原则及行政处罚法上的过罚相当原则，着重考虑侵权人所受惩罚的适当性。侵犯知识产权的行为，有些不仅要承担民事责任，而且需承担刑事或行政责任。在一般情形下，对刑事责任、行政责任的追究在民事责任之前。为避免惩罚过度，法院在行使自由裁量权确定惩罚性赔偿数额时，应兼顾侵权人的同一不当行为是否已被有关行政机关处以罚款，或已被追究刑事责任如处以罚金。若侵权人已被处以较高的罚款或罚金，则应当相应判处较

---

① 参见张鹏：《知识产权惩罚性赔偿制度的正当性及基本建构》，载《知识产权》2016 年第 4 期，第 103 页。

② 参见朱理：《专利侵权惩罚性赔偿制度的司法适用政策》，载《知识产权》2020 年第 8 期，第 22 页。

低的惩罚性赔偿金；如罚款或罚金较低，则可以判处较高的惩罚性赔偿金。以惩罚性赔偿应包含对惩罚予以限制适用的具体规则，在实现惩罚侵权人目的的同时，将其赔偿责任限制在合理范围内，避免权利人从对侵权人的惩罚中获得不当利益，以实现权利人和侵权人之间的利益平衡。[1] 侵权行为虽满足了惩罚性赔偿的适用条件，但存在以下情形之一的，则法院不应予以惩罚，或应适当减轻惩罚：（1）对于同一侵权行为，侵权人已经被追究刑事责任或行政责任的；（2）权利人明知侵权行为发生，但怠于行使权利，或放任侵权行为发生，待侵权人做大做强后主张权利，以获取更高数额的损害赔偿的。

（五）厘清惩罚性赔偿与相关制度的适用关系

在刑事诉讼程序中，法院通过司法裁决使犯罪人向被害人就其犯罪造成的损害进行赔偿或补偿。在行政法领域中，知识产权受到侵害可以寻求行政保护，相关行政部门可以依知识产权人的请求或依职权对侵害知识产权的行为人处以行政罚款。在知识产权侵权领域，《商标法》规定把行政罚款的适用情形规定为"假冒注册商标"。知识产权惩罚性赔偿与刑事赔偿、行政罚款竞合时的法律适用可按照以下模式：[2] 如果知识产权侵权行为不涉及公共利益，则适用补偿性赔偿；如果某一具体的知识产权侵权行为涉及公共利益则适用惩罚性赔偿，同时可适用行政处罚，构成犯罪的可在刑事附带民事诉讼中主张惩罚性赔偿。知识产权侵权损害救济目的是要实现公平正义，通过建立损害赔偿机制和明确责任分担机制，最终实现公平正义。

四、结语

《商标法》在我国首开知识产权侵权惩罚性赔偿制度之先河，可以肯定，《著作权法》等知识产权法律也将出台类似规定。惩罚性赔偿规则的确立无疑丰富和发展了知识产权侵权损害赔偿制度。在应用研究的立场，随着惩罚性赔偿制度的正式建立，研究的重点不应是其"存废"或"利弊"分析，而应当关注其具体应用及对实践的影响。从这个意义上讲，惩罚性赔偿在知识产权领域的引入树立了一种理念，未来很大程度上可能带来司法实践的革新，值得我们认真审视。

---

① 参见曹新明：《知识产权侵权惩罚性赔偿责任探析——兼论我国知识产权领域三部法律的修订》，载《知识产权》2013 年第 4 期，第 6 页。

② 参见张广良：《知识产权损害赔偿惩罚体系的构建》，载《法学》2020 年第 5 期，第 120 页。

附：知识产权惩罚性赔偿立法一览表

权利名称	侵权构成	倍数	法律条文	颁布时间
知识产权	故意＋情节严重	无	《中华人民共和国民法典》第1185条	2020年5月28日
商标权	恶意＋情节严重	1～5倍	《中华人民共和国商标法》第63条第1款	2013年8月30日颁布 2019年4月23日修改
植物新品种权	情节严重	1～3倍	《中华人民共和国种子法》第73条第3款	2015年11月4日
商业秘密权	恶意＋情节严重	1～5倍	《中华人民共和国反不正当竞争法》第17条第3款	2019年4月23日
专利权	故意＋情节严重	1～5倍	《中华人民共和国专利法》第71条第1款	2020年10月17日
著作权	故意＋情节严重	1～5倍	《中华人民共和国著作权法（修正案草案）》第53条第1款	草案阶段，尚未颁布

电商平台"二选一"行为的
法律规制问题研究[*]

伴随阿里"二选一"案、食派士"二选一"、美团"二选一"案处罚决定书的公布，电子商务平台"二选一"行为受到越来越多的关注。尽管上述案件为"二选一"行为的规制提供了参考，但不能为所有行为样态提供规制方案，尤其是对于不能适用反垄断法规制的"二选一"行为应如何规制尚有探讨空间。实际上，理论和实务界对如何界定"二选一"行为、如何确定其违法性，以及如何选择适用的法律等方面还存在诸多争议。

国内已有大量针对"二选一"行为的研究，为实践中规制"二选一"行为提供了理论支撑，但在上述问题上未能得出较为一致的结论。王先林认为，在"二选一"行为涉及技术手段时存在适用《反不正当竞争法》第 12 条的空间，但更多的还是要在《反垄断法》的分析框架下进行适用，《电子商务法》则是在进行具体分析时的特别考虑因素。[①] 王晓晔认为，《反垄断法》适用门槛较高，可通过制定规范中介平台与商户之间交易关系的专门法，并完善《电子商务法》第 35 条，以完善对"二选一"行为的规制。[②] 焦海涛认为，"二选一"应该适用滥用市场支配地位行为或者纵向垄断协议行为进行规制，依据何种规则，取决于是否存在明确的协议以及行为人的市场地位。[③] 王健、季豪峥认为，如果是主要影响了消费者利益的，可以考虑适用《反不正当竞争法》；如果主要是利用优势地位影响了平台内经营者利益的，则可以直接适用《电子商务法》；如果主要目的是影响电子商务平台公平竞争的，则建议优先适用《反垄断法》。[④]

---

[*] 作者：刘军华、徐俊、张占江、张莹、陈健淋、兰江华。

[①] 王先林：《平台经济领域垄断和反垄断问题的法律思考》，载《浙江工商大学学报》2021 年第 4 期。

[②] 王晓晔：《论电商平台"二选一"行为的法律规制》，载《现代法学》2020 年第 3 期。

[③] 焦海涛：《"二选一"行为的反垄断法分析》，载《财经法学》2018 年第 5 期。

[④] 王健、季豪峥：《电子商务平台限定交易行为的竞争法分析》，载《中国应用法学》2020 年第 1 期。

袁波认为，应当通过《电子商务法》第 35 条和《反垄断法》第 18 条、第 22 条进行规制，但应该对《电子商务法》第 35 条进行限缩解释，限定其适用范围和适用条件。① 张义成、蒙杰认为，对于违法性严重的"二选一"行为应适用《反垄断法》，对于违法性较轻的"二选一"行为《电子商务法》应当优先于《反不正当竞争法》适用。②

当前的研究多从理论角度解读"二选一"行为违法性及其规制选择，但对该行为的具体内涵缺乏深入解读，也未能与商业实践紧密结合，视角不够全面、客观。为此，本文拟在深入剖析平台商业模式以及"二选一"行为运行逻辑的基础上，结合国内外规制理论研究与实践，进一步解读"二选一"行为的内涵、性质，力图找出规制"二选一"行为的最优路径、厘清法律适用的冲突，为我国"二选一"行为相关执法、司法以及立法工作提供有益参考。

一、电商平台"二选一"行为的含义及其规制现状

"二选一"行为虽然早已存在，但对于该概念的具体指向仍不清楚，以至于各种行为都被归入"二选一"，为执法、司法实践带来困惑。为此，首先需要明确"二选一"概念内涵、特征和类别，并对其规制现状进行分析和梳理。

（一）电商平台"二选一"行为的含义

"二选一"最早可追溯至 2010 年，当时京东、当当、天猫、苏宁、饿了么、美团、拼多多等平台之间互相限制商家参与其他平台的促销活动，引起平台之间的"隔空骂战"。随后"3Q 大战"的出现，将"二选一"行为带入公众视野，成为学术研究和媒体关注的热点，但此时尚未有正式的案件出现。至 2015 年，京东以滥用市场支配地位为由起诉天猫"二选一"行为，拼多多和唯品会四年后申请作为第三人加入诉讼，该案目前仍然在审理当中。此期间"二选一"行为不断发展、升温，商家、企业，以及各路媒体纷纷表示"二选一"损害经营自由、破坏竞争秩序，学者、专家也多认为该行为损害竞争和消费者利益，应当被处罚。首次对"二选一"行为明确官方态度的是阿里"二选一"案处罚决定。该案件处罚决定一经发布，就引起广泛关注，舆论一片叫好。随后，食派士"二选一"案、美团"二选一"案陆续出现，"二选一"行为引发的不正当竞争纠纷案件也在不断增加。

---

① 袁波：《电子商务领域"二选一"行为竞争法规制的困境及出路》，载《法学》2020 年第 8 期。

② 张义成、蒙杰：《电商平台"二选一"行为的法律适用》，载《对外经贸》2021 年第 8 期。

从前述反垄断案件来看，"二选一"行为似乎是明确的，即要求相对人在两个平台之间择一经营，但其概念内涵不限于此。"二选一"实际上指向的是独家交易行为，只要涉及独家交易，"二选一""三选一"还是"多选一"在所不问。"二选一"也并非"网络时代"或者"数字时代"所独有，在与互联网等信息技术相对"遥远"的市场中也时有发生。① 在限制对象上，尽管多数"二选一"均针对平台内经营者，但也不排除针对消费者的"二选一"行为，如"3Q大战"就是这种情况。此外，"二选一"并非一定需要明确提出独家要求，如果没有直接提出必须独家的要求，而是通过其他方式造成了等同或者近似于独家的效果，也可以归入"二选一"行为。因此，"二选一"行为可以界定为通过回扣、降低费率、奖励等激励性手段，或者惩罚、技术限制等强制性手段限制相对人选择交易对象的行为。从实践来看，电子商务平台"二选一"行为的主要形式有三：一是要求平台内经营者仅在自己的电商平台上开展商业活动，并关闭在其他电商平台开展商业活动的渠道；二是允许平台内经营者在其他电商平台开展商业活动，但只能在自己的平台开展相应的营销活动；三是允许平台内经营者在其他电商平台开展商业活动和营销活动，但电商平台大促或电商节庆等特殊节日期间，只能参与自己平台的营销活动。

（二）电商平台"二选一"行为的类别

1. 惩罚型与激励型

按照《关于平台经济领域的反垄断指南》（以下简称《平台指南》），"二选一"行为有惩罚型与激励型两种，惩罚型是指"平台经营者通过屏蔽店铺、搜索降权、流量限制、技术障碍、扣取保证金等惩罚性措施实施的限制"，激励型是指"平台经营者通过补贴、折扣、优惠、流量资源支持等激励性方式实施的限制"，前者"对市场竞争和消费者利益产生直接损害，一般可以认定构成限定交易行为"，后者"可能对平台内经营者、消费者利益和社会整体福利具有一定积极效果，但如果有证据证明对市场竞争产生明显的排除、限制影响，也可能被认定构成限定交易行为"。② 可见，激励型"二选一"危害性相对更

---

① 参见中国应用法学研究所课题组、曹士兵、牛凯：《电子商务平台"二选一"行为的法律性质与规制》，载《中国应用法学》2020年第4期。

② 《关于平台经济领域的反垄断指南》第十五条第三款规定："分析是否构成限定交易，可以重点考虑以下两种情形：一是平台经营者通过屏蔽店铺、搜索降权、流量限制、技术障碍、扣取保证金等惩罚性措施实施的限制，因对市场竞争和消费者利益产生直接损害，一般可以认定构成限定交易行为。二是平台经营者通过补贴、折扣、优惠、流量资源支持等激励性方式实施的限制，可能对平台内经营者、消费者利益和社会整体福利具有一定积极效果，但如果有证据证明对市场竞争产生明显的排除、限制影响，也可能被认定构成限定交易行为。"

小，这种行为"一般属于当事人意思自治和经营自由范围"，① 对其干预应当更加谨慎，需要深入考察其限制竞争效果。

2. 技术型与协议型

依据"二选一"的形式，可以分为技术型与协议型。协议型的独家交易比较容易判断，交易双方往往存在独家交易协议；技术型的独家交易往往更加隐蔽、难以发现和证明。技术型的独家交易是平台企业利用技术优势强制商户接受"二选一"，如限制流量、降低排序等。二者并非泾渭分明，实践中许多"二选一"行为可能兼具这两种特性，但对于可辨别的技术型"二选一"或协议型"二选一"，其法律适用存在一定区别，后文将对此进一步展开分析。

3. 直接限定型与间接限定型

根据限定交易行为方式的不同，可以将限定交易行为分为直接限定和间接限定两种。直接限定通常是一方对另一方施以强制性要求，此处的限定方一般具备一定的市场势力，即具有优势地位或市场支配地位，否则相对方没有必要服从其指令。间接限定即通过利诱的方式诱导限定交易相对人主动放弃与行为人的竞争对手合作，忠诚折扣（loyalty discounts）就是典型的间接限定行为，② 主要指行为人根据交易相对人的忠诚度给予不同比例的折扣，忠诚度越高，获得的折扣就越低，其最终效果与独家交易相似。我国利乐案③就将利乐的行为界定为忠诚折扣并进行了处罚。间接限定的竞争效果更为复杂，因而在规制时需要更加谨慎地考察其正面效果和负面效果。

（三）电商平台"二选一"行为规制的实践

1.《反垄断法》规制

"二选一"行为可能构成纵向垄断协议行为或者滥用市场支配地位行为。如表6所示，目前我国对电子商务平台"二选一"行为的反垄断规制以滥用市场支配地位为主，尚未出现按照垄断协议行为处罚的案件。最早的一起平台"二选一"案件是360诉腾讯案，但该案法院认定腾讯没有市场支配地位，因而未支持原告诉求。而近期的阿里"二选一"案、食派士"二选一"案、美团"二选一"案均认定"二选一"行为违反《反垄断法》，处以高额罚金。从处

---

① 卢均晓：《论类型化的不正当限制交易行为——以"二选一"行为规制为视角》，载《价格理论与实践》2020年第8期。

② 参见王健、季豪峥：《电子商务平台限定交易行为的竞争法分析》，载《中国应用法学》2020年第1期。

③ 工商竞争案字〔2016〕1号行政处罚决定书。

罚决定书来看，执法机构认为"二选一"行为具有减少竞争性平台供给、阻碍资源优化配置、限制平台经济创新发展、损害经营者和消费者利益等反竞争效果。遗憾的是，由于被告未能提出合理抗辩，处罚决定书未充分考察"二选一"行为可能存在的效率。

表 6 《反垄断法》规制的案件

案例名称	时间	适用法条	结果
360 诉腾讯案①	一审 2011 年；二审 2013 年	《反垄断法》第二十二条第一款第（四）项、第（五）项	一审认定无支配地位，未违法；二审维持原判
食派士"二选一"案②	2020 年	《反垄断法》第二十二条第一款第（四）项	处以销售额 3% 的罚款，计 1 168 644.90 元
阿里巴巴集团"二选一"案③	2021 年	《反垄断法》第二十二条第一款第（四）项	处以销售额 4% 的罚款，计 182.28 亿元
美团外卖"二选一"案④	2021 年	《反垄断法》第二十二条第一款第（四）项	处以销售额 3% 的罚款，计 3 442 439 866 元

2. 《反不正当竞争法》规制

如表 7 所示，目前对"二选一"行为按照《反不正当竞争法》进行处理的案例数量较多。事实上，早在阿里"二选一"案处罚决定作出之前，就有不少适用《反不正当竞争法》或地方性反不正当竞争条例对"二选一"行为进行处罚的案例。虽然"二选一"反垄断案件的出现为如何处理"二选一"行为提供了指导，但由于《反垄断法》的适用门槛较高，涉及"二选一"行为的反垄断法案件仍然较少。相比之下，近年来越来越多的原告以违反《反不正当竞争法》为由起诉被告实施"二选一"行为，并且已经有不少法院依据《反不正当

---

① 广东省高级人民法院（2011）粤高法民三初字第 2 号民事判决书；最高人民法院（2013）民三终字第 4 号判决书。

② 上海市市场监督管理局沪市监反垄处〔2020〕06201901001 号行政处罚决定书。

③ 国家市场监督管理总局国市监处〔2021〕28 号行政处罚决定书。

④ 国家市场监督管理总局国市监处罚〔2021〕74 号行政处罚决定书。

竞争法》对"二选一"行为作出处理。然而，这些处罚所依据的法律条款存在较大差异，存在同时适用《反不正当竞争法》第 2 条、第 12 条第 2 款第 2 项、第 12 条第 2 款第 4 项以及地方性反不正当竞争条例的做法。对于适用的情形、理由也存在较大的差异，这为"二选一"行为的法律适用带来了疑虑和困惑，有待进一步澄清。

表7　《反不正当竞争法》规制的案件

名称	时间	适用法条	处理结果
浙江金华美团"二选一"案〔（金）市监稽字〔2017〕22 号〕	2017 年	《浙江省反不正当竞争条例》第 17 条	罚没 52.6 万元
上海拉扎斯信息科技有限公司诉北京三快科技有限公司、北京三快科技有限公司金华分公司不正当竞争纠纷案〔（2019）浙 07 民初 402 号〕	2018 年	《反不正当竞争法》第 2 条	判决北京三快科技有限公司（美团经营主体）金华分公司赔偿饿了么 100 万元
洞洞拐公司"二选一"案（盐市监处字〔2018〕160 号）	2018 年	《反不正当竞争法》第 12 条第 2 款第 2 项	责令当事人停止违法行为，并处罚款 20 万元
浦江县五牛网络科技有限公司"二选一"案（浦市监案字〔2018〕151 号）	2018 年	未说明所依据的法律条款	罚款 10 万元
四川省巴中市江县飞达电子商务有限公司、北京三快在线科技有限公司"二选一案"（通市监管罚字〔2019〕3037 号）	2019 年	《反不正当竞争法》第 12 条第 2 款第 2 项	责令停止违法行为，并处以罚款 25 万元
江苏省淮安市清江浦区市场监督局对美团"二选一"行为的处罚决定①	2019 年	《江苏省〈反不正当竞争法〉条例》	对美团罚款 7 万元

---

① 《美团"二选一"多地被举报：专家称可适用〈电子商务法〉查处》，载新华网，http://www.xinhuanet.com/food/2019 – 01/17/c_1124001826.htm，2021 年 10 月 27 日访问。

续表

名称	时间	适用法条	处理结果
安徽省天长市饿了么"二选一"案①	2019 年	《反不正当竞争法》第 2 条	天长市市场监管局依法责令其停止违法行为,并对其罚款 10 万元
贵州省黔西县人民检察院督促整治网络餐饮平台不正当竞争行为行政公益诉讼案②	2020 年	《反不正当竞争法》《电子商务法》	要求其对照《中华人民共和国反不正当竞争法》《中华人民共和国电子商务法》等相关法律法规尽快自行整改
唯品会"二选一"案(国市监处〔2021〕3 号处罚决定书)	2021 年	《反不正当竞争法》第 12 条第 2 款第 4 项	罚款 300 万
安徽省滁州市中级人民法院饿了么不正当竞争行为案③	2021 年	未说明所依据的法律条款	判定饿了么赔偿美团经济损失 80 000 元
山东省青岛市中级人民法院"饿了么"诉"美团"不正当竞争纠纷案④	2021 年	《反不正当竞争法》第 12 条第 2 款第 4 项	"美团"被判赔偿"饿了么"经济损失及合理开支 100 万元并停止涉案互联网不正当竞争行为

---

① 《2019 年度长三角地区侵害消费者合法权益典型案例》,载安徽省市场监督管理局网站,http://amr. ah. gov. cn/public/5248926/117119291. html,2021 年 10 月 23 日访问。

② 《最高检工作报告重点案例》,载最高人民检察院网站,https://www. spp. gov. cn/zdgz/202103/t20210308_511728. shtml,2021 年 10 月 23 日访问。

③ 参见周瑞平、商仑:《强迫商家"二选一"扰乱市场竞争秩序安徽天长饿了么外卖服务站因不正当竞争被判赔偿》,载《人民法院报》2021 年 9 月 24 日,第 03 版。

④ 参见吕佼:《中院对"饿了么"诉"美团"不正当竞争纠纷案作出一审判决》,载青岛市中级人民法院网站,http://qdzy. sdcourt. gov. cn/qdzy/394632/394600/7838416/index. html,2021 年 10 月 23 日访问。

3.《电子商务法》规制

从法条来看，《电子商务法》第 22 条、第 35 条均可适用于"二选一"行为的规制，但由于规定不明、定位不清，《电子商务法》适用的情形较为少见。目前尚未出现适用《电子商务法》第 22 条的情形，适用《电子商务法》第 35 条的案件也较少；在少数适用该条的案件中，也并未对适用理由、适用条件进行阐明。例如，四川省南充市南部县市场监督管理局处罚美团"二选一"案①，执法机构在调查中认为："当事人在经营活动中，对入驻美团平台商户提供相同服务情况下，对只入驻美团外卖平台的商户按 18% 的标准收取平台服务费，对既入驻美团外卖平台又入驻'饿了么'外卖平台的商户按 23% 的标准收取平台服务费。当事人的行为违反了《电子商务法》第 35 条之规定。"但该案对于该条款是否要求"相对优势地位"以及如何认定"不合理"，均未进行说明。

二、电商平台"二选一"行为规制现状的成因及问题

（一）《反垄断法》的适用存在困境

1. 滥用市场支配地位行为适用门槛较高

以《反垄断法》滥用市场支配地位规则对"二选一"行为进行处罚的门槛较高，因为适用该规则的前提是经营者具有市场支配地位。而对于电商平台来说，目前认定其具有市场支配地位较为困难。按照当前的规制框架，认定市场支配地位主要依靠市场份额，但在创新驱动、动态竞争的数字经济领域，通过高市场份额认定平台市场支配地位存在很大的争议，多数学者甚至认为市场份额方法已面临失效。② 此外，这种方法还存在悖论，即只有市场份额最高的平台能够被认定具有市场支配地位，在阿里巴巴已经被处罚的情况下，其他电商平台的"二选一"不太可能被认定为滥用市场支配地位；③ 而京东、拼多多、唯品会的"二选一"未必不会损害竞争，这可能会造成选择性执法的问题。事实上，越来越多学者主张依靠传统方法考察平台市场力量是不充分、不准确的。④

---

① 转引自王健、季豪峥：《电子商务平台限定交易行为的竞争法分析》，载《中国应用法学》2020 年第 1 期。

② 参见叶明：《互联网行业市场支配地位的认定困境及其破解路径》，载《法商研究》2014 年第 1 期。

③ 参见张晨颖：《公共性视角下的互联网平台反垄断规制》，载《法学研究》2021 年第 4 期。

④ See Jonathan B. Baker, *Market Definition: An Analytical Overview*, Antitrust Law Journal, Vol. 74:1, p. 129,132 – 134(2007); Elhauge E, *United States antitrust law and economics*, Foundation Press, 2018, p. 257.

《平台指南》虽然对市场支配地位认定规则进行了细化，但列举了大量因素，且并未明确其主次关系，实际上导致了市场支配地位认定更加复杂。① 因此，在正在修订中的《反垄断法》中进一步完善市场支配地位认定规则可能是必要的。

2. 纵向垄断协议兜底条款适用存在困难

由于《反垄断法》第 18 条并未规定纵向非价格垄断协议，因而要适用纵向垄断协议对"二选一"行为进行规制需求助第 18 条第 1 款第 3 项。但该项不仅是一款兜底性条款，还是一款授权性条款，授权国务院反垄断执法机构认定除第 1、2 项以外的纵向垄断协议。这意味着只有国务院反垄断执法机构能够认定其他纵向垄断协议，基本阻断了当事人通过纵向垄断协议兜底条款寻求司法救济的可能。对于执法机构来说，通过纵向垄断协议规制"二选一"也较为困难，因为适用兜底条款要进行严密的分析与推导，对执法机构的能力要求较高；为尽可能地规避执法错误之考虑，反垄断执法机构适用纵向垄断协议兜底条款的热情和积极性并不高，甚至存在刻意回避的情况。②

（二）《反不正当竞争法》规制存在的问题

对于"二选一"行为，目前存在适用《反不正当竞争法》第 2 条、第 12 条的情形，也存在适用地方性反不正当竞争条例的情形。在《反不正当竞争法》2017 年修订之后，适用地方性反不正当竞争条例适用缺乏正当性；而对于第 2 条、第 12 条的适用，目前也存在说理不清、适用条件不明的情形，甚至有过度规制的倾向。

1. 适用地方性反不正当竞争条例缺乏正当性

我国《反不正当竞争法》2019 年修正后，省级反不正当竞争条例首先面临合法性的法理拷问。③ 此外，各地条例本身也存在逻辑混乱之处。《浙江省反不正当竞争条例》第 17 条规定，"经营者不得采取下列不正当手段，操纵市场、妨碍公平竞争"，其中，第 2 款"胁迫他人放弃与竞争对手进行交易"、第 3 款"阻碍他人与竞争对手正常交易"属于限定交易行为的表现方式之一。但此处的经营者若不具备市场优势地位甚至市场支配地位，如何实施胁迫行为？若具备上述市场实力，经营者的限定交易行为亦属于《反垄断法》《电子商务法》

---

① 参见袁波：《电子商务领域"二选一"行为竞争法规制的困境及出路》，载《法学》2020 年第 8 期。

② 参见袁波：《电子商务领域"二选一"行为竞争法规制的困境及出路》，载《法学》2020 年第 8 期。

③ 参见王健、季豪峥：《电子商务平台限定交易行为的竞争法分析》，载《中国应用法学》2020 年第 1 期。

的调整范围。类似的，《江苏省实施〈中华人民共和国反不正当竞争法〉办法》第15条第（4）项："经营者在经营活动中不得实施下列行为：……（四）阻碍他人之间建立正常的交易关系"，也面临与相关法律存在交叉规制但又没有较为清晰的执法指引的情况。

总之，适用地方性反不正当竞争条例存在与上位法相抵触的可能。

2. 对《反不正当竞争法》适用条件解释过于宽泛

首先，对于第二条能否适用于"二选一"，学术上一直存在争议，并且以否定为主。但实践中适用第二条的情形并不少见，这主要是对高度抽象的《反不正当竞争法》第二条理解不准确导致的。《反不正当竞争法》适用门槛低虽然为执法、司法提供了便利，但也容易造成问题，这也是当前《反不正当竞争法》执法和司法领域被批评最多的问题——向一般条款逃逸。最高人民法院提出《反不正当竞争法》一般条款的适用条件有三：一是反不正当竞争法对该种竞争行为未作出特别规定；二是该种竞争行为给其他经营者的合法权益造成了损害；三是该种竞争行为确属违反诚实信用原则和公认的商业道德而具有不正当性，不制止不足以维护公平竞争的市场秩序。[1]《电子商务法》第35条属于反不正当竞争条款，[2] 是针对电子商务领域"二选一"行为的特殊规定，由此便不符合第一个条件要求。[3] 而实践中不仅未考虑到这一点，而且未充分说明"二选一"行为本身的不正当性，即如何违反了诚实信用原则和公认的商业道德。事实上，尽管"二选一"行为有损害竞争和消费者利益的可能，但"二选一"是否构成对诚实信用原则和公认的商业道德的违反，这一点我国立法者尚未表明明确的立场，[4] 不应该为司法、执法所忽略。从商业实践来看，独家交

---

① 最高人民法院（2009）民申字第1065号民事裁定书。

② 立法者在释义中写道："部分电商平台经营者采取不正当竞争手段"，可以认为立法者倾向于将该制度赋予不正当竞争法品性。电子商务法起草组编著：《中华人民共和国电子商务法条文释义》，法律出版社2018年版，第110页。

③ 参见电子商务法起草组编著：《中华人民共和国电子商务法条文释义》，法律出版社2018年版，第110页。

④ 从立法过程来看，此前的《反不正当竞争法（修订草案）》第6条，试图将平台经营者不合理限制交易行为纳入反不正当竞争法进行规制，但在正式通过的法律文本中却将该条删除，这表明，立法者并不想把该类行为交由《反不正当竞争法》解决。全国人民代表大会法律委员会关于《中华人民共和国反不正当竞争法（修订草案）》修改情况的汇报中也提到："有的常委会组成人员和地方、部门、企业、单位提出，对于不具有市场支配地位的经营者，应允许其自主设置交易条件，购买者如不愿接受该条件，可以选择与其他经营者进行交易，这属于正常的市场交易活动，不宜予以干预。法律委员会经研究，建议删除修订草案第十一条规定，即经营者销售商品，不得违背购买者的意愿搭售商品，不得附加其他不合理的条件。"《全国人民代表大会法律委员会关于〈中华人民共和国反不正当竞争法（修订草案）〉修改情况的汇报》，载中国人大网，http://www.npc.gov.cn/zgrdw/npc/xinwen/2017-11/04/content_2031357.htm，2021年10月30日访问。

易是一个常见的商业行为，并非天然"有害"，某些情况下还具有促进效率的效果。即使在《反垄断法》中，也要进行经济分析，平衡其反竞争效果与正面效果，才能判断是否需要规制。直接将此类行为认定为不正当，有不当扩大规制范围、过度干预市场运行的危险。

其次，实践中对于《反不正当竞争法》第 12 条第 2 款第 2 项的适用也存在误判的情形。一是利用技术手段并非电商平台经营者实施"二选一"行为的惯常手段。《反不正当竞争法》第 12 条第 2 款第 2 项要求经营者"利用技术手段"，对此的正确解释应是所涉行为是通过某种技术措施抑或是仰仗技术力量实施的，若无这种技术的介入就无法实施所涉行为，而非只要所涉行为牵扯到网络技术就落入第 2 项适用范围，① 而许多适用该项规则的"二选一"案件并未深入分析案涉行为是否符合这一点，往往宽泛地认为只要涉及技术限制就符合第 2 项的要求。二是在电子商务环境下，"二选一"行为难以满足"误导、欺骗、强迫"这一行为要件。事实上，"互联网条款"在很大程度上是对既有司法实践的归纳和总结，根据主流观点，该条主要涵摄范围包括：网络连接中的不正当竞争行为、违背用户意愿的网络不正当竞争行为、恶意不兼容的不正当竞争行为和其他妨碍、破坏其他经营者合法提供的网络产品或者服务正常运行的行为。② 而《反不正当竞争法》第 12 条第 2 款第 2 项主要表现为以冲突提示和安装失败、强制卸载、系统蓝屏、死机故障等恶意诱导、欺骗、强迫用户卸载或者关闭其他合法软件的情形，但现实中平台"二选一"主要是通过强行关店、提高佣金、降低排名、缩小配送范围等方式实施，不一定符合该项规制要求。事实上，已有论者指出，因为《反不正当竞争法》第 12 条第 2 款的规定有部分词不达意和字面含义太宽的问题，可能涵盖正当竞争行为，在适用时有必要进行更多的目的性限缩解释，避免在适用范围上扩大化。③

最后，对于《反不正当竞争法》第 12 条第 2 款第 4 项的兜底条款，其涵摄的行为应当与前三项大致保持一致，大体上可以分成两类行为："其一是利用技术手段不正当搭便车的行为；其二则是利用技术手段妨碍破坏他人经营的行为。"④ 司法实务中普遍观点也认为："互联网专条的调整适用范围可以限定在'专门针对争议行为所主动采取网络技术措施，并破坏他人正常经营活动这一

---

① 参见袁波：《电子商务领域"二选一"行为竞争法规制的困境及出路》，载《法学》2020 年第 8 期。

② 参见王先林：《竞争法学》，中国人民大学出版社 2018 年版，第 187 页。

③ 参见孔祥俊：《论新修订〈反不正当竞争法〉的时代精神》，载《东方法学》2018 年第 1 期。

④ 王先林：《竞争法学》，中国人民大学出版社 2018 年版，第 187 页。

适度抽象的行为形式.'"① 而实践中按照《反不正当竞争法》第 12 条第 2 款第 4 项处理的案件没有完全按照立法本意，背离了立法精神。事实上，《反不正当竞争法》第 12 条第 2 款第 4 项作为兜底条款本身即存在缺陷，因为该条未根据妨碍、破坏行为的性质作出正当与否的区分，导致执法人员在实践中具有极大的自由裁量空间，容易产生过度规制的风险。②

3. 忽略"二选一"行为商业合理性导致"打击面过宽"

尽管当前我国对"二选一"多持批评态度，但并非所有"二选一"都是违法的，不应该"一禁了之"。经济学研究已经充分证明了"二选一"行为促进效率的可能性：一是解决"套牢"问题（hold – up problem）。有时企业为了达成某项交易，行为人可能需要针对特定相对人进行专属投资，在投资完成后，如果不通过某些限制条款来确保投资人利益，投资人就很可能被"套牢"。通过相关限制性安排，企业能够确保交易达成，提升其进入市场、进行投资的动力。二是有助于改善销售体系，提高质量。限制交易对象也有可能是为了建立更好的销售体系，保障消费者和供应商得到稳定、可靠的供应渠道，这有助于提高产品的质量，保护品牌的声誉。③ 三是解决"搭便车"问题。④ 防止提供服务的零售商的"搭便车"行为，以促使经销商提供必要的服务。分销商提供促销服务的激励往往不足，生产商需要额外购买促销服务，并提供相应的报酬，其形式多种多样。然而，分销商有动力把生产商购买的促销服务转向促销其他生产商的替代品，以获得更大的分销利润率。独家交易能够防止此种"搭便车"行为，从而以合同方式保证生产商获得其付费购买的促销服务，并且通过鼓励生产商与经销商订立买卖促销服务的合同，实现分销商就促销服务获得报酬的最大化。⑤

正因为存在上述合理性，《反垄断法》对"二选一"的规制往往会详细考虑其正当理由，而《反不正当竞争法》既不要求主体具有市场力量，也不考虑其商业合理性，不仅可能导致"打击面过宽"，还有可能造成《反垄断法》被

---

① 参见张璇、曹丽萍：《"互联网专条"存废之争与规范模式的思考》，载《法学杂志》2017 年第 12 期。

② 参见王健、季豪峥：《电子商务平台限定交易行为的竞争法分析》，载《中国应用法学》2020 年第 1 期，第 71 页。

③ 参见焦海涛：《"二选一"行为的反垄断法分析》，载《财经法学》2018 年第 5 期。

④ See Klein, Benjamin, *Competitive Resale Price Maintenance in the Absence of Free – Riding*, Antitrust Law Journal, 76（2），2009.

⑤ 参见本杰明·克莱因：《独家交易的"绩效型"分销竞争解释》，兰磊、陶婷婷译，载《竞争政策研究》2021 年第 4 期。

规避。依蒙嘎教授（U. Immenga）指出，虽然判定一个行为"不合理"（Unbilligkeitsurteil）和判定这个行为不正当（Unlauterkeitsurteil）是一样的，从而不能说这个案件不能适用《反不正当竞争法》，但这种案件优先适用《反不正当竞争法》会损害反垄断的立法目的。① 因此，不可随意将一个限制竞争行为适用《反不正当竞争法》，因为《反不正当竞争法》和《反垄断法》有着不同的立法目，将限制竞争行为适用《反不正当竞争法》一方面会存在逻辑的问题，另一方面也会弱化《反垄断法》。② 经济法对实质公平的追求具有现实意义，但也很容易越过"适度干预"的边界而导致过度干预。③ 尤其针对"二选一"这样的行为，经由直观的不公平感知，法官和执法人员很容易戴上感性的有色眼镜，使"二选一"行为生而自带"恶"的阴霾。实际上，将公平感知带入执法活动中未必具有正当性，因为主观感受受到多种因素、场景的影响，将法律判断交由对公平感的直观回应不仅可能失之偏颇，而且可能会导致问题激化。④

（三）《电子商务法》适用的现实障碍

1. 《电子商务法》第 22 条是《反垄断法》相关内容的重申

电子商务平台"二选一"行为理论上可以适用《电子商务法》第 22 条，但实际上没有适用的必要。《电子商务法》第 22 条规定："电子商务经营者因其技术优势、用户数量、对相关行业的控制能力以及其他经营者对该电子商务经营者在交易上的依赖程度等因素而具有市场支配地位的，不得滥用市场支配地位，排除、限制竞争。"该条明显是对电子商务经营者不得滥用市场支配地位的重申，而且该条没有直接的责任条款，适用该条款最终依旧转至《反垄断法》进行进一步分析，因此直接适用该条款的实践意义不大。

2. 《电子商务法》第 35 条不确定性概念过多，难以直接适用

《电子商务法》第 35 条也可适用于电商平台的"二选一"行为，但该条款

---

① 转引自王晓晔：《再论反不正当竞争法与其相邻法的关系》，载《竞争政策研究》2017 年第 4 期。

② 参见王晓晔：《再论反不正当竞争法与其相邻法的关系》，载《竞争政策研究》2017 年第 4 期。

③ 参见冯辉：《紧张与调和：作为经济法基本原则的社会利益最大化和实质公平——基于相关法律文本和问题的分析》，载《政治与法律》2016 年第 12 期。

④ "个体对于公平价格的感知受到非常多因素的影响；个体的确有对于是否公平的主观认知模式，这一模式基于人们内心深处的偏好；公平感并不意味着具有完全的正当性，消费者的公平感可能忽略掉经营者正当的商业成本。与此同时，虽然有时候这种不公平感并没有在最终效果上影响到交易而仅仅是口头发泄，但有时候会非常强烈；人们甚至愿意牺牲一些资源去善待好人和惩罚恶人。"参见李剑：《被规避的反垄断法》，载《当代法学》2021 年第 3 期。

存在明显缺陷。一方面，第 35 条并未明确规定"优势地位"一词，也跳过了优势地位的分析，径直指向了平台经营者的"进行不合理限制、附加不合理条件、收取不合理费用"行为，不符合"滥用相对优势地位"理论基础。另一方面，第 35 条规定的"不合理限制""不合理条件""不合理费用"均缺乏明确的解释，即它们只是表明立法者对这些"不合理"持反对态度，在实务中可操作性不够。《电子商务法》第 35 条实质上确立了范围极度宽泛的对滥用相对优势地位行为的规制，要么可能侵入《反不正当竞争法》的规制领域，要么可能侵入《反垄断法》的规制领域，导致体系逻辑的混乱，势必破坏已经形成的竞争法规制体系。因此，在适用《电子商务法》处理"二选一"问题时，还必须对"不合理限制"的内涵进行科学限定，保持与《反垄断法》现有条文适用口径的衔接，从而明确电子商务平台经营者实施不合理限制行为的认定要件，确立判定"不合理性"的明确标准。①

三、域外"二选一"行为规制经验

（一）美国对"二选一"行为的规制

1. 立法规定

美国反托拉斯法律规范由成文法和判例法两部分构成。对"二选一"行为的规定体现在《谢尔曼法》第 1 条、第 2 条，《克莱顿法》第 3 条，美国《联邦贸易委员会法》第 5 条以及 1985 年美国司法部发布的《纵向限制指南》。对于"二选一"行为的豁免规则主要来源于最高法院的几个经典判例。美国反垄断法在芝加哥学派的影响下，对"二选一"行为的干预一直持较为谨慎的态度，这在最近的美国运通案也有所体现。但值得注意的是，美国目前正在推进新的立法，在其最新的法案《终止平台垄断法》（*Ending Platform Monopolies Act*）中制定了新的规则，对市值超过 6000 亿美元、在美国境内月活跃达到特定规模（5 千万/在线平台；10 万/传统平台）且被视为"关键贸易伙伴"（critical trading partner）的平台企业进行事前监管。如果该法案得以最终通过，将大大降低对平台"二选一"行为的规制门槛。

2. 规制实践

美国早期对"二选一"行为适用本身违法原则规制。联邦最高法院 1951

---

① 参见张广亚、周围：《规制"二选一"行为的反垄断法适用》，载《中国应用法学》2020 年第 2 期。

年判决的《洛雷恩日报》（Lorain Journal）案就是一个著名案例。① 该案法院认为《洛雷恩日报》的强制性"二选一"行为对 WEOL 的广告业务产生了严重不利影响，直接威胁到 WEOL 的生死存亡，美国法院将《洛雷恩日报》的"二选一"描述为"大胆、无情和掠夺性的商业行为"。

美国 1982 年的 Beltone Electronics 案是"二选一"行为从市场封锁程度分析转化为竞争合理性分析的重要标志。联邦贸易委员会不认为合同所覆盖的市场百分比（即市场封锁程度）是该协议是否违法的主要决定因素，并认为对"二选一"行为的合理性分析应考虑：参与排他性交易厂商的市场支配地位；相关市场被封锁的程度；合同期限；阻止市场进入的程度；以及（若有）排他性交易的合理性。在合理分析原则的分析框架下，联邦贸易委员会认为，由于助听器制造市场进入门槛较低，市场封锁程度并没有妨碍竞争，而且合同规定的限制促进了品牌间竞争，导致"搭便车"减少，销量增加，因而并未违法。1983 年的 Barry Wright Corp. *v.* ITT Grinnell Corp. 案②中，法官继续遵循了这种分析思路，并基于以下原因认为该案独家交易行为合法：协议的期限相对较短；协议通过有吸引力的价格保证了供货来源的稳定；协议通过促进使用过剩的产能和降低成本的生产计划给卖方带来利益；此协议不太可能将原告作为竞争对手予以排除。

Visa 案和美国运通案是美国关于平台"二选一"行为的两个典型案件。Visa 案核心内容是，Visa 作为美国信用卡网络服务市场上占支配地位的企业，强制发卡银行在信用卡支付网络之间进行"二选一"，并提出如果发卡行存在多归属，即同时在 Amex 的网络发行信用卡，就必须退出 Visa 网络服务平台。③ 法院认为，该排他行为减少了消费者和发卡行使用信用卡网络服务的数量，妨碍了几家网络服务企业之间的价格竞争，总体上"减少了信用卡发行数量，降低了信用卡应当发挥的效能"。尽管存在这样的先例，美国运通案却得出了不同的结论。该案法官认为，原告并未正面反转介条款对双边信用卡市场之整体造成了反竞争影响，而且该协议具有遏制信用卡市场负外部性、促进品牌间竞争的正面效果。④ 可见，对于"二选一"行为的违法性必须逐案考察，不能一概而论。

总之，美国总体上承认"二选一"行为的商业合理性及其效率，包括解决

---

①　Lorain Journal Co. *v.* United States, 342 U. S. 143(1951).

②　Barry Wright Corporation *v.* ITT Grinnell Corporation, 724 F. 2d 227(1983).

③　United States *v.* Visa U. S. A. Inc. , 163　F. Supp. 2d 322（S. D. N. Y. 2001）; United States *v.* Visa U. S. A. Inc. , 344 F. 3d 229(2d Cir. 2003).

④　Ohio *v.* American Express, 138 S. Ct. 2274(2018).

"搭便车"问题、解决"套牢"问题、提高质量等。正因为"二选一"行为可能具有的合理性，美国对其进行规制时，逐渐形成了一套以市场力量、封锁率、持续时间为核心的衡量方法，以区分限制竞争和有利于竞争的"二选一"行为。

（二）欧盟对"二选一"行为的规制

1. 立法规定

欧盟竞争法对"二选一"行为具体的规范性文件有：《关于适用欧盟条约82条规制支配企业实施排他性滥用行为的执法重点指引》（2009）、《欧盟纵向限制指南》（2010）。《欧盟运行条约》（TFEU）第101条普遍针对所有"扭曲共同市场竞争"的协议，早在1983年欧盟委员会颁布了《独家销售协议机体适用条约101条第3款的第1983/83号条例》，但这个条例因1999年颁布的《纵向协议和协调行为适用条约第101条第3款的2790/99号条例》而废止。2010年欧盟委员会针对排他性交易引起的滥用市场支配地位的问题颁布了《欧盟委员会适用欧共体条约第102条查处市场支配地位企业滥用性排他行为的执法重点指引》，对1999的指南进行了细化和修改。

在豁免方面，欧盟2010年《纵向限制集体豁免条例》创造了一个较为广阔的安全港制度：当纵向协议双方在相关市场上的市场份额均不超过30%时，通常会改善商品的生产或者销售状况，并使消费者公平地享受因此而产生的利益，可推定符合《欧盟运行条约》第101（3）条规定的豁免条件。分析竞争影响时，还应当考虑累积效果：单个或者少数经营者实施某类纵向限制，只会减少品牌内的竞争，当相关市场上多数甚至全部经营者均实施相似的纵向限制时，这些纵向限制覆盖全部或者大部分相关市场，品牌间竞争的约束力将被削弱，品牌内的竞争就变得特别重要。所以，当纵向垄断协议形成累积效果时，原本并不明显的限制竞争风险就会被放大。值得注意的是，欧盟最新的《数字服务法案》确定了"守门人"制度，对部分平台进行更加严格的事前监管。这将使得执法机构能够更加及时、快速地对电商平台"二选一"行为进行调查和处罚。

2. 规制实践

欧盟早期将独家交易认定为具有限制竞争目的的协议，即按照本身违法进行处理。而自1969年Völk案①起，欧洲法院在一系列判决中确立了一项基本原则，即"经营者之间的协议如果对市场仅产生微不足道的影响，该协议不落入

---

① Case 5/69, Völk *v.* Vervaecke, [1969] ECR 295.

第 1 款的禁止范围"。在 StergiosDelimitis *v.* Henninger BräuAG（1991）案①中，法院在本案中进行了两部分测试，以确定该协议是否违反了《欧盟运行条约》第 101（1）条。首先是该协议是否让那些有能力进入市场或有能力增加市场份额的竞争者的市场介入变得困难。其次，有关协议必须对全部协议在经济和法律上所带来的封锁效应起到重要作用。同样，欧盟也较为注重考察独家交易协议的持续实践和封锁率。

　　在近年的平台"二选一"案件中，欧盟更加注重对创新的考察，并总体上对大型平台的"二选一"行为持更为严厉的态度。在微软案②中，欧盟没有采纳微软关于防止"搭便车"的抗辩，而是认为微软公司的独家交易提高了其产品的市场占有率，产生了垄断相应市场的消极竞争效应，因而对其进行处罚。在 Google Android 案中，欧盟认为谷歌的独家交易剥夺了其竞争对手创新和根据实力进行竞争的机会，并通过扼杀竞争和在更广阔的移动空间中限制创新损害了消费者利益，剥夺了消费者对更多移动应用和服务的选择权。在 Google AdSense 中③，欧盟委员会认为，谷歌通过在与第三方网站的合同中强加大量的限制性条款，剥夺了谷歌竞争者们在这个重要的商业市场上的机会，进而减少了第三方网站在向消费者提供选择和创新服务方面的投资能力，人为地减少了选择并妨害了市场创新，剥夺了消费者的选择权和源于创新的福利。

　　因为独家交易可能同时构成纵向垄断协议和滥用行为，欧盟也存在选择适用第 101 还是第 102 条的问题。对此，欧盟委员会的态度是，如果可以证明排他性交易行为在违反了第 101 条的同时也违反了第 102 条的规定，则处罚比只违反第 101 条更重。而欧洲法院的传统态度是，只有在一种情况下，对于本应适用第 101 条的协议，也可根据第 102 条予以追究——即协议当事人此前已经取得了市场支配地位，因而协议的效果只是加强其地位与力量。④ 在实践方面，欧洲法院在 Continental Can 案中首次对于两个条款之间的关系予以阐述。法院认为两个条文应被视为一个整体的两个有机部分，对其中一条的解释不能损害另一条所追求的目标。⑤

（三）小结与启示

　　从以上比较研究可以发现：（1）对"二选一"行为的规制需要逐案分析其

　　① Case C‑234/89 Delimitis *v.* Henninger Bräu AG（1991）ECR 1‑935.

　　② See Franklin M. Fisher & Daniel L. Rubinfeld, *U. S. v. Microsoft‑an economic analysis*, The Antitrust Bulletin, Vol. 46；1，（2001）.

　　　　Case AT. 40411, Google Search（AdSense），Commission Decision of 20 March 2019.

　　③ 许光耀：《欧共体竞争法通论》，武汉大学出版社 2006 年版，第 421 页。

　　④ 参见许光耀：《欧共体竞争法通论》，武汉大学出版社 2006 年版，第 421 页。

反竞争效果，并与其正面效果进行平衡；在考察时，需要着重分析市场份额、排斥率、持续时间、进入壁垒等因素。（2）对市场份额较小的经营者所实施的独家交易行为进行干预应该更加谨慎，在没有累积效应的情况下，一般不应认定其具有反竞争效果。（3）纵向协议和滥用行为规则可以同时适用于"二选一"行为，在择一适用的情况，对其中一条的解释不能和另一条法律所追求的目标相互冲突。（4）数字领域的竞争法适用需要重点考虑对创新以及消费者利益的影响。（5）反垄断法对平台市场力量的评估可能需要新的框架，以更加完整地评估其平台的实际市场控制能力。这对我国"二选一"的规制提供了有益参考，应适当借鉴，以对我国"二选一"行为相关的立法、司法以及执法进行完善。

四、完善电商平台"二选一"行为规制的建议

（一）明确"二选一"行为的法律适用

1. 《反垄断法》第 18 条、第 22 条可以择一适用

垄断协议制度更适用于平台经营者与商家之间的共同行为，若可以证明平台经营者与商家之间存在服务协议等约定限制或禁止在其他平台经营的，则可以考虑适用纵向垄断协议规则。而滥用市场支配地位规则更倾向适用于平台经营者的单方行为，若平台经营者具有市场支配地位又未发现独家协议的，则可以考虑适用滥用市场支配地位制度进行判定。两者在特定情况下也可能发生竞合，例如，在平台经营者既具有市场支配地位，又能证明达成了独家交易协议情况下，《反垄断法》第 18 条与第 22 条都可适用。此时，由于二者法律后果是类似的，可以择一规则进行适用。但适用过程存在一定区别：适用纵向垄断协议规则需要证明当事人之间存在某种意思联结，并且由于对市场力量要求更低，对竞争效果的证明责任应当相应更高；适用第 102 条时对市场力量要求更高，对反竞争效果证明要求相对低一些。[1] 在责任的认定上，适用纵向垄断协议也不一定要对协议所有方进行处罚，而是要依据经营者与交易相对人的客观参与程度和主观状态作类型化区分，以保证各路径责任主体认定的一致性。[2] 对于第 18 条的适用，执法机构应该将独家交易解释为纵向垄断协议兜底条款的一种适用情形；在司法中，法院虽然没有直接进行解释适用的权力，但可以告知当

---

[1] 参见张晨颖、李希梁：《双重路径下排他性交易的反垄断规制》，载《知识产权》2021 年第 4 期。

[2] 参见张晨颖、李希梁：《双重路径下排他性交易的反垄断规制》，载《知识产权》2021 年第 4 期。

事人向执法机构举报，待执法机构作出认定之后再进行处理。

需要注意的是，在规制过程中，认定反竞争效果应重点考虑几个方面：（1）市场份额。《反垄断法》第22条本身就要求具有市场支配地位，而第18条虽然没有明确的份额要求，但实际上也要对此进行考虑，因为市场份额对独家交易的反竞争效果有重要影响。欧盟在《纵向限制指南》中规定，实施独家交易行为的供应商或经销商的市场份额不足30%，且实施该行为的时限并未超过5年，其对反垄断规制是可以豁免的。当然，在具有积累效应的情况下，不能进行豁免。（2）市场封锁率（the degree of foreclosure）。"市场封锁"是排他交易的违法根源所在，欧美在认定市场锁定份额方面，均要求达到一定的市场锁定率，才能认定独家交易行为具有违法性；一般而言，市场封锁份额达到40%以上，足以产生限制竞争的怀疑。（3）确定独家交易行为实施的时限。长期的独家交易协议比短期协议更容易引起关注。事实上，短期协议因为时间短，到期之后需要重新谈判、缔约或投标竞价。在这个过程中本身是存在竞争的，竞争行为的出现可以消除短期独家交易协议带来的负面影响。美国法院通常也认定1年之内的短期独家合同是合法的。（4）市场进入壁垒。认定独家交易行为是否具有违法性，市场准入壁垒是需要考量的基本因素。如果竞争性供应商能够为其产品或服务确定新的购买商，此时并不会产生反竞争效果；同样地，如果竞争性的购买商通过供应链能够发现新的上游供应商为自身提供产品或服务，反竞争效果也不大可能出现。

2. 正确理解与适用《反不正当竞争法》第12条

由于在"二选一"规制中适用《反不正当竞争法》第2条存在前文指出的各种问题，本文主张，如果要在目前的司法实践中适用《反不正当竞争法》，应当首先考虑第12条。在适用第12条的过程中，应该对其进行正确理解与适用，避免造成过度规制。实际上，学术界一直在讨论网络条款的宽泛化适用风险，甚至有学者提出应该删除《反不正当竞争法》的网络条款以克服适用困境。[①] 相比之下，正确理解与适用该条款是更具操作性的做法。法律解释的任务在于清除可能的规范矛盾。[②] 在法律解释方法论的运用上，文义解释体现了对制定法的尊重而具有优先性。

按照文义解释，首先，适用第12条第2款的"二选一"行为必须符合技术限制要件，即仅限于电子商务平台采取搜索降级、流量限制、店铺屏蔽、强制下线、关闭入口等技术惩戒措施，或者从后台修改参数、数据，让平台内的经

---

① 参见孔祥俊：《论反不正当竞争法修订的若干问题》，载《东方法学》2017年第3期。
② 参见［德］卡尔·拉伦茨：《法学方法论》，陈爱娥译，商务印书馆2003年版，第194页。

营者迅速断流等方式强制商户"二选一"的情形。这意味着《反不正当竞争法》只适用于技术型的"二选一"行为，一般不能适用于纯粹的协议型的"二选一"行为。必需指出的是，此处的技术条件并不只是一般性的"涉及技术"，而需要说明技术限制是实施"二选一"行为所必需的。

其次，关于"强迫"的理解。由于"二选一"行为一般不存在误导、欺骗的情形，唯一可能的是构成强迫。而互联网竞争中什么是强迫则难以界定。日常竞争中经营者普遍希望使用己方产品的消费者排斥对竞品的使用，这种"损人利己"的特点是竞争的本性，并不能构成法条中表述的"强迫"。只有当一个企业的某种产品具备较大的市场份额，利用手中的市场力量胁迫消费者进行"二选一"，才具有可责难性。[①] 因此，所谓的强迫必须是经营者具有市场力量，即具有支配地位或者优势地位。实际上，实践中也有案件依循这种分析思路对不正当性进行证成。例如，浙江金华美团"二选一"案[②]中强调"'美团'所掌握的资源以及在合作中占据的优势地位十分明显，其金华分公司利用优势地位，违背商户的真实意愿，严重限制商户的自主选择权"。可见，虽然并未明确作出说明，但该案实际借用了《电子商务法》第35条的滥用相对优势地位规则。在《电子商务法》尚未进行修改的当下，这未尝不是一种解决思路。既能一定程度上解决《反不正当竞争法》第12条第2款适用宽泛化的难题，又为未来"相对优势地位"规则的适用创造了基础，也有助于缓解法律之间的冲突。

（二）完善《电子商务法》和《反垄断法》

1. 改进《反垄断法》滥用市场支配地位规则

市场支配地位认定困难已经成为滥用市场支配地位规则适用最大的障碍。在数字经济领域，各国均认为平台市场力量被严重低估，传统方法不能继续用于分析平台是否具有市场支配地位。我国也应当借鉴这种方法，从而更为全面地评估平台的市场力量。

欧盟在《数字服务法》中规定了较为明确的认定标准，按照该法案的规定，"守门人"是指服务人数超过4500万，过去三年中收入超过65亿欧元，或在上一个财政年度中拥有平均市值或等效公平市值至少650亿欧元的公司；德国将"跨市场重要性平台"描述为拥有跨市场的、压倒性的市场力量的平台；美国将"关键贸易伙伴"的标准定位为5000万以上用户，或者月活跃企业用

---

① 参见郭传凯：《走出网络不当竞争行为规制的双重困境》，载《法学评论》2020年第4期。
② 浙江省金华市中级人民法院（2019）浙07民初402号判决书。

户 10 万以上的线上平台，且年销售净额或市值超过 6000 亿美元；日本则制定了一个相对弹性的认定标准，主要考虑保护的必要性、对经济的影响程度、平台的规模来认定"特定平台"。我国可以借鉴上述做法，同时结合我国的推定制度，以适当降低平台支配地位的证明标准。具体而言，应当规定：对于用户数量和市值超过一定限度的超大型平台，可以直接推定其具有市场支配地位。至于具体的限度，可以由国务院执法机构根据我国数字市场发展情况来确定。我国过去对公用企业也存在类似的制度，《最高人民法院关于审理因垄断行为引发的民事纠纷案件应用法律若干问题的规定》第九条规定："被诉垄断行为属于公用企业或者其他依法具有独占地位的经营者滥用市场支配地位的，人民法院可以根据市场结构和竞争状况的具体情况，认定被告在相关市场内具有支配地位，但有相反证据足以推翻的除外。"该条实际上免除了原告对作为被告的公用企业市场支配地位的举证责任。制定对互联网平台的市场支配地位推定制度，与该条规定背后的原理是相同的：公用企业具有自然垄断属性，一般都具有足够的市场力量；而超大型平台已经成为无数企业、消费者、劳动者、个体户依赖的经济中枢，也具有越来越强的公共属性，也应该在符合特定条件下，推定其具有市场支配地位。通过这种方法，避免了在数字经济领域必须根据"不可靠"的相关市场和"市场份额"来分析市场支配地位，可以更及时、有效地规制互联网平台的滥用行为，防范其无序扩张。

2. 对纵向非价格垄断协议进行类型化规整

纵向协议兜底条款适用的争议持续已久，唯有在立法上进行更完善的类型化规定，才能彻底解决这一难题。立法疏漏给实践中案件的处理造成了许多不便，所以对纵向非价格垄断协议的类型化列举十分必要。需要规制的纵向垄断协议不止价格方面，那些典型的、多见的、限制竞争风险较大的纵向非价格垄断协议，也应在反垄断法规范中体现。"垄断协议行为的类型化可以为执法提供参考，虽然新类型垄断协议的出现会挑战原有的分类原则，但是这也促使着新的类型化原则的出台。"[①] 具体来说，应当在《反垄断法》第 18 条中增加非价格垄断协议类型，包括纵向地域与客户限制、独家交易协议等。这种典型化的列举不仅可以减少法律适用的争议，也可以为经营者的经济活动提供更为确定的指引。

3. 完善《电子商务法》滥用相对优势地位条款

按照现行规定适用《电子商务法》第 35 条，无疑将给执法造成多种困境，

---

① 参见王晓晔：《中华人民共和国反垄断法析评》，载《法学研究》2008 年 4 期。

存在"打击过宽"的风险。为此，需要进一步明确该条的条件。

首先，需要明确适用《电子商务法》第35条的条件是具有相对优势地位。在相对优势地位制度较为成熟的日本，滥用相对优势地位的行为之所以受到规制，一方面，是因为滥用优势地位的行为可以让优势经营者不正当地积累市场力量，从而获取市场支配地位；另一方面，则是因为这种行为在"意思自治"的外表下掩盖了实质上的意思不自由，因而破坏了"自由竞争的基盘"。从《电子商务法》第35条的规制目的来看，只有行为主体具备优势地位，才能实现侵害竞争的效果。① 对于相对优势地位的条件，可以借鉴日本《关于数字平台经营者和提供个人信息的消费者的交易中滥用优势谈判地位的指南》，该指南列举了三类情形：（1）当没有其他数字平台经营者为消费者提供所述服务替代的服务；（2）存在提供替代服务的其他数字平台经营者，但消费者实际上很难停止使用所述（数字平台经营者的）服务；（3）提供所述服务的数字平台经营者能够较自由地控制贸易条件，例如价格、质量和数量。我国可以借鉴该规定，明确规定如何判断具有相对优势地位。

其次，应当明确"不合理"的含义是具有限制竞争效果，且无正当理由。借鉴外国经验，"不合理"至少要达到能破坏和妨碍市场公平秩序的程度。② 将"不合理"界定为具有反竞争效果，不仅有助于确定其具体范围，也能够更好地化解《反垄断法》与《电子商务法》之间的冲突。在具体分析时，可以通过对平台内商家与具有优势地位的平台以及与其他平台签订的协议进行比较，结合合同具体条款确定是否对市场竞争和交易秩序产生了不利影响。在确定"不合理"时，除了考量市场竞争或交易秩序，另一个应当纳入考量的因素是消费者福利。《电子商务法》的许多条款具有明显的竞争法属性，而保护消费者权益是竞争法的重要价值取向之一，《电子商务法》第5条也以宣示性条款的形式要求电子商务经营者保护消费者利益，因此，在确定涉嫌滥用相对优势行为的合理性时，对消费者福利的影响应当作为执法机关纳入考虑的另一个重要因素。③

---

① 参见吴太轩、谭和：《论我国相对优势地位制度的缘起、现状及展望——兼评〈电子商务法〉第35条》，载《重庆邮电大学学报（社会科学版）》2021年第4期。

② 参见赵青：《对〈电子商务法〉第35条完善方案的思考——以韩国的相关立法、实践及理论为启示》，载《天津法学》2019年第4期。

③ 参见吴太轩、谭和：《论我国相对优势地位制度的缘起、现状及展望——兼评〈电子商务法〉第35条》，载《重庆邮电大学学报（社会科学版）》2021年第4期。

五、结语

"二选一"的法律适用看似是技术问题，实际上涉及《反垄断法》《反不正当竞争法》《电子商务法》功能定位和体系化协调。分散立法的方式、立法机构的差异，以及回应现实问题的直观判断，造成了立法上法律体系的紊乱，也不可避免地引发法律适用的疑惑与混乱。就当下而言，更应该思考的是如何进行协调，除了在立法、法律解释上的努力，在司法和执法中更应该注重法律适用的准确性、合理性、体系性，唯有如此，才能在一致努力下促进法的体系化规整。在将来的立法中，则需要对《反垄断法》《反不正当竞争法》《电子商务法》功能、逻辑、定位进行更为清晰的界定，减少误用和混用。当下，要正确理解与适用《反不正当竞争法》第 12 条，以减少法律适用的冲突。在修法之后，对于类似于"二选一"的行为，三法的适用应先考虑行为与法条的契合：当实施者有较高的市场力量且行为可能严重扭曲竞争时，应首先考虑《反垄断法》；实施者拥有相对优势地位的情况下，可以考虑适用《电子商务法》；在不符合前述条件，且采用了不正当技术限制手段的情况下，可以考虑适用《反不正当竞争法》规制。在三法竞合的情况下，应按照行为的危害性、严重性来选择适用不同的法律；在适用的过程中，还需要注意不同法条逻辑的协调，避免与其他法律的目标相冲突。

计算机软件开发合同纠纷疑难问题研究[*]

在知识产权法院成立之前，有关计算机软件开发合同纠纷一审案件由基层法院受理。知识产权法院成立之后，为集中审理一审技术类知识产权案件，2014 年 10 月 27 日最高人民法院审判委员会第 1628 次会议通过的《最高人民法院关于北京、上海、广州知识产权法院案件管辖的规定》明确，涉及计算机软件一审民事和行政案件由知识产权法院管辖。上海知识产权法院自成立以来，截至 2018 年 8 月 31 日，共受理计算机软件开发合同纠纷案件 699 件，审结 534 件。①

一、计算机软件开发合同纠纷案件的主要特点

（一）争议焦点相对集中

计算机软件开发合同纠纷中，单纯因拖欠合同款项引发的诉讼较少，实践中该类案件的争议焦点主要集中在开发成果是否交付及交付内容是否符合合同约定、当事人是否存在履行迟延、委托方合同目的是否实现的认定等问题。

（二）调撤率较高

在审结的该类案件中，撤诉 208 件（包括按撤诉处理）、调解 192 件，调撤率达 75%。调撤率较高的原因主要有以下两个方面：一是当事人对胜诉缺乏明确预期。当事人对合同履行事实的证据固定程度较低，举证较为困难，尤其是委托方缺乏证据意识并在技术事实的说明上处于弱势地位，故案件事实常常处于真伪不明的状态。二是案件事实复杂，诉讼成本较高。计算机软件开发合同履行期间较长，且履行过程中通常涉及需求的调整和变更，查明事实往往需要进行多次庭审。另外，有些技术事实需要鉴定，鉴定费用普遍过高。审理时间较长和经济成本较高是当事人愿意和解的主要原因之一。

---

* 作者：黎淑兰、陈惠珍、范静波。

① 本文所有统计数据统计期限：2015 年 1 月 1 日—2018 年 8 月 31 日。

（三）反诉比例较高

经统计，被告提起反诉的案件共 130 件，占收案 18.6%，明显高于其他知识产权纠纷案件。反诉率较高的主要原因在于：一是软件本身的技术性和软件功能项、模块项的不确定性，导致双方签署合同时对产品的详细设计或者验收标准的约定较为模糊；二是在开发过程中，委托方和开发方都有可能会依据开发情况对软件的功能进行调整和细化，这容易导致双方对履约标准产生较大争议。

（四）涉移动端计算机软件纠纷多

近年来，随着移动互联网的发展，涉及移动端计算机软件合同纠纷明显增长。在上海知识产权法院受理的软件开发合同纠纷中，近一半涉及手机应用 APP 软件，覆盖手游、医疗、教育、美妆、旅游等多个领域。

二、计算机软件开发合同纠纷审理中的疑难问题

（一）关于开发成果是否符合合同约定的认定

开发成果是否满足合同约定是绝大多数计算机软件开发合同纠纷的主要争点，实践中，开发方常见的抗辩意见主要有两类：一类是委托方所主张的软件存在的技术问题并不存在；二是委托方所主张的技术问题不属于合同约定的开发范围。第一类情况属于技术事实的查明问题，在此主要讨论后一种情况。委托方所主张的技术问题是否属于合同约定的开发范围之内，常见的争议又可分为两种：一是委托方所主张的技术问题是否属于合同约定的开发范围之内；二是原合同虽未约定开发某项功能，但在合同履行过程中双方是否就开发新功能达成了合意。

1. 当事人所主张的技术问题是否属于合同约定的开发范围之内

司法实践中，当事人所主张的技术问题在合同中完全未涉及的情形较少，多数情况下合同就相关功能问题使用了抽象或者较为上位的概念进行表述，而委托方所主张的技术问题通常是一个具体的功能问题。因此，判断委托方所主张的技术问题是否在合同约定范围之内，本质上是一个合同解释的问题。所谓合同解释，即是运用一定的解释方法探求当事人的真实意思表示。原《合同法》第 125 条规定，当事人对合同条款的理解有争议的，应当按照合同所使用的词句、合同的有关条款、合同的目的、交易习惯以及诚实信用原则，确定该条款的真实意思。根据上述规定，合同解释的方法包括文义解释、整体解释、目的解释、交易习惯解释和诚信解释。就软件成果是否满足合同约定的解释而言，往往涉及技术问题与法律问题的交织，在合同解释领域内属于相对特殊的

一类，以下结合案例就实践中如何具体运用各种解释方法进行分析。

（1）文义解释。文义解释，主要是指依据合同所使用的词句确定合同中权利义务关系的解释规则。合同解释系以探求当事人意思表示为目的，而当事人的意思表示又是通过语言文字来传达，故合同解释通常应以文义解释为基础。由于当事人是根据合同约定行使权利和履行义务，如果脱离文义进行解释，不仅丧失合同解释的基准，而且会导致当事人对合同履行预期不明确。立法者亦认为，合同的条款用语言文字组成，解释合同必须先从词句的含义入手。① 在司法实务中，最高人民法院在淄博万杰医院与中国银行淄博博山支行等管辖权异议一案中明确：从合同解释角度来看，当事人对合同条文发生争议时，必须探究当事人内在的真实意思表示，判断当事人真实的意思表示首要方法是判断当事人字面的意思表示。②

在对计算机软件开发合同约定的具体功能进行文义解释时，应特别注意有关用语在所述领域是否具有特别意义，如果已有特别意义则不能从一般生活意义上对该用语进行"望文生义"的解释。正如有学者指出："所谓文义就是该词或者用语在一般的语言习惯上被了解的意涵。唯如该用语或词在法律圈或相关行业已有相约定俗成之特别的其他意涵，那么便以后者为他们的意涵。"③ 例如，在王某与涵予公司计算机软件开发合同纠纷案④中，涉案合同约定所开发的教育系统软件包括"聊天"和"购物"模块。涵予公司实际开发的软件仅有聊天和购物的界面，但不具有实际的聊天和购物功能。双方对于涉案合同关于"聊天"和"购物"模块的约定是否应具有实际的功能产生争议。法院认为，在对涉案合同上述相关术语的含义进行解释时，应当从所述领域人员的一般理解来进行解释，在软件开发合同中约定开发"聊天"和"购物"模块，通常应理解为软件具有实际的聊天和购物功能，否则开发上述功能便不具有实际意义，将"聊天"和"购物"模块解释为仅需开发相应页面与常理不符。

（2）体系解释。体系解释又称整体解释，是把全部合同条款和构成部分看作一个统一的整体，从各个合同条款及构成部分的相互关联、所处的地位和总体联系上阐明当事人系争的合同用语的含义，或者拟出欠缺的合同条款。⑤ 在计算机软件开发成果是否满足合同约定的解释中，整体解释方法的运用尤为重

---

① 全国人民代表大会常务委员会法制工作委员会编：《中华人民共和国合同法释义》，法律出版社 2013 年版，第 217 页。

② 参见最高人民法院（2007）民二终字第 99 号民事裁定书。

③ 黄茂荣：《法学方法与现代民法》，法律出版社 2007 年版，第 335 页。

④ 参见上海知识产权法院（2015）沪知民初字第 640 号民事判决书。

⑤ 崔建远：《合同法》，北京大学出版社 2013 年版，第 412 页。

要。这是因为计算机软件是一个由各种功能集合而成的系统，各功能之间通常存在有机联系，在对合同约定的某一软件功能进行解释时，如果不把争议条款的用语与合同上下文就软件其他功能的约定进行联系，只是孤立地对争议条款进行解释，就很难准确理解当事人真实的意思表示。例如，在今通公司与翘楚公司计算机软件开发合同纠纷案①中，今通公司主张翘楚公司未开发"采购/供应商安装客户端"功能。涉案合同并未明确约定是否需开发该功能，今通公司认为该功能是此类软件通常应具备的功能，但在合同附件中一个关于采购商功能的条款明确约定："采购商将其定位为访客角色，采购及供应商无须安装独立的客户端，通过网页沟通。"法院认为，虽然合同中并未就是否开发该功能进行明确约定，但通过合同附件中的其他条款进行解释，可以得出该软件并不需要开发"采购/供应商安装客户端"功能的结论。

（3）行业惯例。参照习惯或者惯例原则，是指在合同文字或者条款的含义发生歧义时，按照习惯和惯例的含义予以明确；在合同存在漏洞，致使当事人的权利义务不明确时，参照习惯或者惯例加以补充。② 计算机软件所涉及的功能众多，通常仅约定软件的主要功能及其子功能，不可能就所有的技术细节进行约定。在对争议的具体技术问题是否属于合同约定开发范围之内时，应当特别注意参照行业习惯进行解释，不能简单地以合同未作明确约定将争议问题排除在合同约定之外。如果争议的具体技术功能属于此类软件通常应具备的功能，或者所述领域内的人员普遍认为合同对此类问题已无须特别约定的，原则上应当认定为属于合同约定范围之内。例如，在和尊公司与通股斯公司计算机软件开发合同纠纷案③中，涉案合同约定开发一个具备购买产品功能的医疗服务软件。和尊公司主张软件存在若干技术问题，其中一个问题是用户在购买产品时每次只能购买一个，若要购买多个产品需进行多次操作。通股斯公司认为涉案合同并未就产品一次性购买数量问题进行明确约定，其不存在违约行为。法院认为，一次性购买多个同类产品是购物类软件应具备的基本功能，未实现该功能构成瑕疵履行。该案便是运用了一般的商业习惯进行解释，用户一次性购买多个产品是市场上购物类软件均具备的功能，该功能作为支付环节的一个细小功能，涉案合同未作特别约定也属正常，并且在技术上不需要额外付出成本就可以轻易实现。

（4）目的解释。当事人订立合同均为达到一定目的，合同的各项条款及用

---

① 参见上海知识产权法院（2016）沪73民初555号民事判决书。
② 崔建远：《合同法》，北京大学出版社2013年版，第416页。
③ 参见上海知识产权法院（2016）沪73民初563号民事判决书。

语均是达到该目的的手段。因此，确定合同用语的含义乃至整合合同内容自然须适用于合同目的。① 也有观点认为，所谓"目的解释"是一种判断标准而非解释方法，合同目的被用来印证文义解释、整体解释、习惯解释的结果是否正确，当上述解释结论与合同目的相矛盾时，应予否定。②

在巨江公司诉华兴公司计算机软件开发合同纠纷案③中，双方就合同性质是委托开发合同还是合作开发合同存在争议。合同约定：巨江公司负责软件系统的研发、设计、生产、安装、技术支持、售后服务等工作，并协助华兴公司成功完成上海铁路局的现场演示工作；华兴公司负责软件系统的研发、设计、技术支持、市场推广，在通过上海铁路局的验收后，优先采购巨江公司的产品；若该系统演示成功，且华兴公司取得上海铁路局订单，则华兴公司之前支付的预付款计入之后的采购款，若未取得订单，则巨江公司应退还华兴公司的预付款。后涉案系统未获得上海铁路局的认可，巨江公司认为其义务仅是配合演示，是否获得上海铁路局的认可并非其合同义务，要求华兴公司支付有关开发费用。该合同并未对合同开发过程中产生的费用由何方承担进行约定。从合同上述有关权利义务以及付款的约定来看，双方签订合同的目的是共同开发软件以取得上海铁路局的订单，而非华兴公司委托巨江公司开发软件，在最终未取得订单且合同未明确约定的情况下，从合同目的解释的角度来看，巨江公司无权要求华兴公司支付其软件开发的费用。

2. 合同履行过程中双方是否就开发新功能达成了合意的认定

计算机软件开发合同在履行过程中，当事人的需求往往会发生变化，当争议的软件功能在原合同中未作约定时，委托方通常主张该功能属于在履行过程中双方达成合意所新开发的功能。判断合同履行过程中双方是否就开发新功能达成了合意，本质上是合同变更的认定问题。

合同的变更，指不改变合同的主体而仅改变合同内容的情形，它是在合同成立以后，尚未履行或者尚未完全履行以前，基于法律规定、法院或者仲裁机构的裁判行为或者当事人的法律行为等，使合同内容发生变化的现象。④ 就计算机软件开发合同而言，功能变更主要是当事人的协商变更，一般不涉及依法律或者法院职权变更的情形。根据原《合同法》第77条、第78条的规定，当事人协商一致，可以变更合同。当事人对合同变更的内容约定不明确的，推定

---

① 崔建远：《合同法》，北京大学出版社2013年版，第414页。

② 张艳：《论合同解释方法的运用》，载《法律适用》2013年第11期，第72页。

③ 上海知识产权法院（2015）沪知民初字第340号民事判决书。

④ 韩世远：《合同法总论》，法律出版社2011年版，第451页。

为未变更。法院在软件开发功能是否发生变更的认定上，着重审查当事人是否就合同变更协商一致。当事人通过口头或者书面就合同协商变更的，相对容易审查认定。实践中较易产生争议的是，开发方在合同履行过程中新开发了某项功能，而委托方对此保持沉默，此种情形能否认定为合同变更值得研究。

合同变更的本质是当事人达成新的协议更改原合同的部分条款，判断双方是否协商一致，仍要遵循合同要约承诺规则。沉默既不表示同意，也不表示反对。通说认为，承诺一般应当用明示方式，沉默或者不作为本身不构成承诺，除非当事人事先对此进行了约定。我国原《合同法》虽对此没有明文规定，但原《合同法》第 22 条规定："承诺应当以通知的方式作出，但根据交易习惯或者要约表明可以通过行为作出承诺的除外。"立法者对该条款进行了以下解释："《联合国国际货物销售合同公约》第 18 条规定：'要约人声明或做出其他行为表示同意一项要约，即为承诺。缄默或不行为本身不等于承诺。'我国合同法本条的规定与国外的规定意思也是一致的。"① 在凯岸公司与麦易公司计算机软件开发合同纠纷案②中，开发方麦易公司主张"车贷项目"系凯岸公司在合同履行过程中的新增项目，并据此要求凯岸公司支付相应开发费用 7 万元。涉案合同未约定需开发"车贷项目"，麦易公司认为在合同履行过程中已就开发车贷项目达成合意。该案中，麦易公司提供新增项目的证据为其通过电子邮件向凯岸公司发送的《工作计划》，该《工作计划》中包含了"车贷项目"。凯岸公司并未就该邮件确认，也未有其他证据显示凯岸公司同意麦易公司开发"车贷项目"。法院认为，该案中，凯岸公司对麦易公司提出开发"车贷项目"的要约保持沉默，且未以实际行为作出意思表示，因此，不能认定涉案合同的开发范围已经发生了变更。

（二）关于开发成果是否交付的认定

计算机软件开发成果是否交付是审理中当事人常见的争议问题，在一些案件中也是判断软件交付成果是否满足合同约定的前提，以下就审判实践中一些争议问题进行分析。

1. 关于开发成果交付的举证责任

判断开发成果是否交付，实质上是一个证据判断的问题，而证据判断首先涉及举证责任的问题。交付行为是一个积极行为，由开发方承担软件已经交付的举证责任在实践中并无异议。常见的争议问题是：在开发方已经提供了软件

---

① 全国人民代表大会常务委员会法制工作委员会编：《中华人民共和国合同法释义》，法律出版社 2013 年版，第 56 页。

② 参见上海知识产权法院（2016）沪 73 民初 730 号民事判决书。

成果交付的初步证据，但在诉讼中基于各种原因，导致软件开发成果灭失，由此所产生软件最终交付的举证责任应由何方承担。

有观点认为，由于开发方通常是在自己服务器上编写代码再通过合同约定的方式交付委托方，即使因委托方或者其他客观原因导致诉讼中已无法提供软件，开发方也应当提供备份软件以证明开发工作已经完成，否则应承担一定的不利后果。我们认为，当事人对于案件事实的查明都具有积极的举证义务，但即使开发方在此情形下未提供备份软件，开发方亦不应承担不利后果，否则有违举证责任的分担规则。就一般的委托合同而言，如果受托方已经将标的物交付给委托方，委托方主张标的物有瑕疵，但由于委托方的原因导致诉讼中已无法对标的物进行检验，当然应由委托方承担不利后果。诚然，计算机软件代码具有可复制性，但当开发方在代码已交付委托方后，其在法律上并无备份义务，相应的举证责任仍应由委托方承担。例如，司法实践中常见的委托方已经书面签署确认，原则上应视为交付。在酷服公司与畅购公司计算机软件开发合同纠纷案①中，畅购公司的项目负责人员签署了项目上线确认单，该确认单载明："本项目实施工作完成，系统各模块符合要求。"畅购公司在该案中虽就软件是否依约完成提出异议，但因自身原因无法提供软件供法院核查，因此，应认定项目已经按约完成。再如，在高某与匡丞公司计算机软件开发合同纠纷案②中，匡丞公司的技术人员曾对高某开发的软件进行过测试，且匡丞公司的法定代表人也签字确认验收，但其在诉讼中表示其本人并未参与验收，签字确认是受到误导。法院认为，匡丞公司对其主张并未提供证据予以证明，在已签字确认验收的情况下应视为软件已经交付。

2. 通过云端部署软件在认定软件交付中存在的疑难问题

随着云技术的不断发展，在计算机软件开发过程中，开发方通常会将开发成果阶段性地部署在云服务器上，供委托方实时进行测试，最终交付成果也是通过在云服务器上部署代码来完成。实践中，部署软件的云服务器既可能是以委托方名义申请并付费租用的，也可能是以开发方名义申请付费租用的，待开发成果部署完成后，再将租用的云服务器转移给委托方。在诉讼时如果服务器能够正常登录，通常应登录服务器勘验确定软件是否已经完成部署，但较为困难的情形是在诉讼中服务器已经无法正常登录。由于在开发过程中，为部署和测试的方便，双方通常都掌握云服务器的账号和密码，在诉讼中对于软件是否交付，以及由谁承担举证责任容易产生争议。

---

① 参见上海知识产权法院（2015）沪知民初字第618号民事判决书。
② 参见上海知识产权法院（2015）沪知民初字第661号民事判决书。

当事人在提起计算机软件开发合同纠纷诉讼时，合同履行往往已经处在停滞状态，由于服务器的租赁有一定的成本，实践中服务器无法登录主要是由于当事人未续费租赁所致。如果合同明确约定由某一方承担服务器的租赁费用，则该方应就服务器不能登录而无法查明软件是否交付承担举证责任。如果合同未就租赁费用由谁承担进行约定，原则上应推定由委托方承担相应租赁费用，因为开发费用通常并不包括云服务器的租赁费用。在开垦公司与乐君公司计算机软件开发合同纠纷一案①中，开垦公司主张乐君公司未交付涉案软件。该案中，双方确认涉案软件系通过云服务器交付，开垦公司曾支付费用给乐君公司购买云服务器，后由于云服务器到期未续费已无法打开。乐君公司在本案中提交了双方往来微信聊天记录，聊天记录显示乐君公司告知开垦公司云服务器地址、用户名和密码，开垦公司亦打开过涉案软件并就此提出修改意见。乐君公司已经提供了软件交付的初步证据，由于开垦公司未续费导致云服务器不能登录且其未提供任何反证，故法院认为乐君公司已经交付了软件。

（三）关于合同目的不能实现的认定

计算机软件开发合同纠纷中，委托方以合同目的不能实现主张开发方构成根本违约，并提出合同法定解除是最为常见的诉请，如何确定合同目的是案件审理的重点。

合同目的，首先是合同的典型交易目的，即当事人所欲实现的法律效果。这种典型交易目的在每一类合同中是相同的，不因当事人订立某一种具体合同的动机不同而改变。例如，在买卖合同中，买受人的典型交易目的是取得标的物的所有权，出卖人的典型交易目的是获得价款。②就计算机软件开发合同而言，委托方的典型交易目的是取得开发成果；开发方的典型交易目的是取得价款。但在个案中，不能仅从抽象的视角机械地将委托方需取得开发成果简单地作为所有开发合同中委托方的合同目的，而应根据具体情况来判断其合同目的，否则将不能清晰地划定根本违约与轻微违约之间的界限。

1. *软件主体功能的实现通常是判断委托方合同目的的依据*

在大部分计算机软件开发合同中，委托方合同目的是依约取得开发成果。在判断开发方合同目的是否实现时，应着重判断软件的主体功能是否完成。如果软件主体功能已经实现，即使个别功能缺失或者存在瑕疵，委托方也不能据此主张合同法定解除。例如，在越诚公司与辅昊公司计算机软件开发合同纠纷

---

① 参见上海知识产权法院（2017）沪73民初12号民事判决书。
② 崔建远：《合同法》，北京大学出版社2013年版，第415页。

案①中，越诚公司所开发的软件存在打印、电缆井/电缆井示意图的导出、系统管理/系统日志等功能未完成或者存在缺陷，但该些功能并非涉案软件的主要功能，也未实质性地影响软件的正常使用，法院认为，辅昊公司以此主张越诚公司构成根本违约不能成立。

2. 特殊情况下开发方违反合同附随义务可导致委托方合同目的不能实现

原《合同法》第 60 条规定，当事人应当按照约定履行自己的义务。当事人应当遵循诚实信用的原则，根据合同的性质、目的和交易习惯履行通知、协助、保密等义务。该条款中通知、协助和保密的义务，就是当事人履行合同时的附随义务。附随义务是指在主给付义务之外、不具有独立意义的、只能辅助主给付义务发挥功能的义务。通常情况下，债务人不履行主给付义务，债权人得解除合同；而不履行附随义务，债权人原则上不得解除合同，仅可就其所受损害，依不完全履行的规定，请求损害赔偿。但在计算机软件开发合同中，由于软件的运行、实施、维护具有很强的专业性，如果开发方未履行有关的附随义务，导致委托方无法正常使用软件，也可导致委托方签订合同目的无法实现。

在亚力山顿公司与探谋公司计算机软件开发合同纠纷案②中，合同约定由探谋公司为亚力山顿公司开发电子商务及销售推广网站。后双方在合同履行过程中发生争议，经协商后双方签订和解协议，和解协议约定探谋公司向亚力山顿公司提交涉案软件的源代码，该源代码应当满足合同约定网站范围的实质性功能。和解协议签订后，探谋公司通过邮件向亚力山顿公司发送涉案软件的程序包及服务器软件资料。亚力山顿公司通过正常技术手段无法对上述程序进行部署安装，探谋公司认为部署安装服务已经超出合同约定范围，需另行收费。亚力山顿公司无奈只得另行委托其他公司开发网站。法院认为，该案委托方最终的合同目的并非仅仅取得软件代码，而是要将代码安装部署后运行使用。如果软件代码的安装部署是本领域普通技术人员即可完成的，那么探谋公司未提供安装服务尚不能认定亚力山顿公司的合同目的不能实现，但本案代码安装已非普通技术人员可以完成，因此，探谋公司违反附随义务导致亚力山顿公司无法正常安装、使用计算机软件，致使亚力山顿公司的合同目的无法实现，其有权解除合同。

---

① 参见上海知识产权法院（2015）沪知民初字第 594 号民事判决书。
② 参见上海知识产权法院（2016）沪 73 民初 112 号民事判决书。

第二部分

审判指引

上海市高级人民法院
关于加强新时代知识产权审判工作
为知识产权强市建设提供有力司法
服务和保障的意见

（2022 年 6 月 28 日印发）

为深入贯彻《知识产权强国建设纲要（2021—2035 年）》和党中央关于加强知识产权保护的决策部署，切实落实《最高人民法院关于加强新时代知识产权审判工作为知识产权强国建设提供有力司法服务和保障的意见》《上海市知识产权强市建设纲要（2021—2035 年）》《上海市知识产权保护和运用"十四五"规划》，适应新时代要求，全面加强知识产权司法保护，为知识产权强市建设提供有力司法服务和保障，制定本意见。

一、上海法院加强新时代知识产权审判的总体要求

1. 坚持以习近平新时代中国特色社会主义思想为指导，深入贯彻习近平法治思想、习近平总书记关于加强知识产权保护的系列重要讲话精神和党中央决策部署，深入贯彻习近平总书记考察上海重要讲话精神和对上海工作的重要指示要求。充分认识新时代加强知识产权司法保护的重要意义，进一步增强责任感和使命感。坚持把创新作为引领发展的第一动力，牢固树立保护知识产权就是保护创新的理念，深刻认识全面加强知识产权审判工作事关国家治理体系和治理能力现代化，事关推动高质量发展和创造高品质生活，事关国内国际两个大局。

2. 坚持以人民为中心，适应新时代要求，立足新发展阶段，贯彻新发展理念，服务构建新发展格局，紧紧围绕上海市"十四五"规划和二〇三五年远景目标，全面提升知识产权司法保护水平，打造国际知识产权保护高地和中心城市，为上海强化"四大功能"、深化"五个中心"建设提供有力司法服务和保

障。对照国家要求、人民期盼，对标国际最高标准、最好水平，进一步解放思想、开拓进取，坚定追求卓越的发展取向，实现上海知识产权审判工作更高质量发展。

3. 紧紧围绕"努力让人民群众在每一个司法案件中感受到公平正义"，坚持高质量引领，以创新价值为导向，构建完善有利于权利保护的司法机制，落实惩罚性赔偿制度，加大对恶意侵权、重复侵权的打击力度，充分体现知识产权价值。坚持高水平保护，以知识产权保护引领为目标，聚焦前沿问题，明晰裁判规则，完善司法保护体系，优化大保护格局，依法平等保护中外当事人及各类市场主体合法权益。坚持数字化赋能，推动数字产业知识产权有效保护，深化知识产权审判领域数字化转型，在服务城市数字化转型升级中实现知识产权审判工作更高质量发展。坚持国际化视野，进一步集聚国际知识产权合作和交流的优质资源，汲取国际知识产权保护经验，深度参与和引领知识产权全球治理，着力提升上海知识产权审判的国际影响力，打造国际知识产权纠纷解决优选地。

二、公正高效审理各类案件，激活高质量发展新动力

4. 严格科技创新成果保护，服务和保障新时代上海科技创新中心建设。提高科技创新成果保护水平，科学合理地界定科技创新知识产权成果的保护边界，提升对专利权、计算机软件著作权、集成电路布图设计专有权、植物新品种权、中医药领域知识产权等科技创新成果的保护力度，尤其是加强对重点战略性新兴产业领域原创程度较高、研发成本较大、研发周期较长的科技创新成果的保护力度。加强科技工作者合法利益保护，明确创新成果的权利归属，保障科技工作者取得法律规定或用人单位依法规定的职务发明奖励报酬，激发和维护好科技工作者创新热情。妥善处理科技领域知识产权合同纠纷，尊重当事人意思自治，依法认定专利类、计算机软件等技术类合同的效力，明确当事人的权利义务，保护各方合法权益，促进科技成果产业有效转化。

5. 加强著作权和相关权利保护，服务全力打响"上海文化"品牌。加大创作者权益保护力度，准确把握作品认定标准，合理运用署名推定原则，依法认定权利归属。注重维护作品创作与传播之间的利益平衡，促进智力成果的传播利用。提升著作权新业态保护水平，妥善处理动漫游戏、影视创作、演艺演出、短视频、体育赛事、网络直播等领域的相关纠纷，完善与互联网技术密切相关的新类型客体的司法保护规则，促进新兴文化行业规范发展。准确界定网络技术服务性质，合理判定网络服务提供者的注意义务标准，妥善处理保护著作权与促进信息传播之间的关系。加强传统文化的知识产权保护，妥善审理红色文

化资源、历史建筑及非物质文化遗产等著作权纠纷，大力弘扬社会主义核心价值观，促进上海优秀文化创造性转化与发展。

6. 加强商业标识保护，服务保障商标品牌发展战略。严厉打击疫情防控期间假冒口罩、消毒剂等防疫物资的商标违法行为，依法对民事侵权加大损害判赔，对刑事犯罪加大惩处力度。依法强化对知名、优质品牌的司法保护，提高侵权成本，保障商标品牌发展战略实施。完善中华老字号标识司法保护规则，尊重中华老字号在历史长期经营中所形成的既有权利状态，公平合理界定中华老字号与涉诉商号、商标之间的权利边界冲突，引导中华老字号规范创新经营发展。加大对地理标志的司法保护，准确把握正当使用地名、地理标志行为与侵权行为的区分规则，推动地理标志与特色产业发展、生态文明建设以及乡村振兴的有机融合。充分运用商标和地理标志保护规则，严厉打击种业套牌侵权行为，依法保护种子来源和商业声誉。妥善处理商标权与著作权、企业名称权、有一定影响力的商品（服务）名称等在先权利的冲突，坚决遏制不以使用为目的的商标恶意注册行为和商标恶意囤积行为，科学合理界定商标权权利边界与保护范围。

7. 加强新兴领域知识产权保护，服务保障城市数字化转型。聚焦推动城市数字化转型，积极回应新技术、新产业、新业态知识产权司法保护需求，加强数字经济、集成电路、生物医药、人工智能、区块链等重点领域知识产权司法保护，建立面向产业规律、面向社会治理、面向国际竞争的新兴领域知识产权司法保护机制，不断提升审理新领域、新业态、新类型案件能力。加强数据知识产权保护，注重涉数据云存储、数据开源、数据确权、数据交易、数据服务、数据市场竞争等案件研判，探索完善大数据、算法、数字藏品和人工智能产出物等知识产权司法保护规则，推动数字产业知识产权合理流动、有效保护、充分利用。加强对数据生产、流通、共享全过程的知识产权司法保护，合理确定新经济新业态主体的权益和法律责任，切实维护数据安全，为城市数字化转型升级提供法治保障。

8. 加强商业秘密保护，激发市场主体创新活力。正确把握商业秘密的认定标准和举证责任分配规则，探索有利于事实查明的举证责任转移规则，依法减轻权利人举证负担，着力破解商业秘密维权难。加强对商业秘密权利人和相关主体合法权益的保护，依法采取行为禁令等临时措施，及时有效阻遏侵害商业秘密的行为，减少侵权损失，同时采取切实措施有效防范诉讼中的"二次泄密"。依法加大涉及国家安全和利益的技术秘密司法保护力度，严惩窃取、泄露国家科技秘密行为。依法妥善处理商业秘密案件中的刑民交叉问题，进一步完善侵犯商业秘密犯罪行为的认定标准。妥善处理保护商业秘密、竞业禁止与人才合理流动的关系，依法打击假借人才流动非法获取竞争对手商业秘密的行为，保障企业创新发展，促进人才合理流动。

9. 加强反垄断和反不正当竞争司法，维护公平竞争的法治化营商环境。强化反垄断和反不正当竞争司法在产业发展中的引导职能，审慎平衡各方合法权益，服务保障相关市场健康发展。加强反垄断司法，妥善处理好技术创新与竞争秩序维护、竞争者利益保护与消费者福利改善的关系，依法禁止垄断协议、滥用市场支配地位、经营者集中等垄断行为。加强对仿冒混淆、商业贿赂、虚假宣传、违法有奖销售、商业诋毁等不正当竞争行为的规制，依法禁止经营者利用技术手段实施的破坏公平竞争、扰乱市场秩序行为，切实保护消费者合法权益和社会公共利益，维护和促进市场公平竞争。综合运用反垄断及反不正当竞争司法规制手段，通过司法裁判强化公平竞争意识，营造崇尚、保护和促进公平竞争的营商环境。

10. 加强对外贸易领域知识产权审判，服务保障自贸试验区建设。依托最高人民法院知识产权审判庭自贸区知识产权司法保护调研联系点，实施高水平的知识产权司法保护政策，依法审理涉自贸区知识产权案件，打造自贸区知识产权司法保护新高地。密切关注自贸区产业发展，妥善处理平行进口贸易、涉外定牌加工贸易、货物转运贸易中的知识产权纠纷，积极回应国家产业结构调整升级政策及自贸区进出口贸易的司法需求，依法促进高水平的贸易和投资自由化便利化，提升开放水平，努力营造稳定公平透明、可预期的自贸区营商环境。加强对国际经贸协议中知识产权条款的研判，积极探索可复制、可推广的自贸区知识产权司法保护经验，推动自贸区相关政策、法规的制定和完善，切实保障中国（上海）自由贸易试验区和临港新片区的建设和发展。

11. 加强涉平台知识产权审判，服务保障互联网经济发展。充分发挥知识产权保护对互联网产业创新的引领作用，坚持发展和规范并重原则，通过高水平的知识产权司法保护助推平台经济等互联网经济领域新业态、新模式的快速健康发展。加强对平台经济领域市场环境的司法治理，依法规制平台强制"二选一""大数据杀熟"、以排挤竞争对手为目的的低价倾销等破坏互联网产业公平竞争行为，明确司法规则，规范市场主体行为，为平台经济的发展营造公平有序的市场竞争秩序。加强涉互联网平台知识产权保护，针对不同类型的网络服务行为，合理设置经营者的注意义务标准，强化平台自治功能发挥，推动平台建立完善、高效、便于操作的知识产权保护规则。

12. 加强涉展会知识产权审判，服务保障展会经济发展。强化对展会标志、衍生产品、展馆设计、布展创意、展出商品的知识产权保护，服务保障中国国际进口博览会和中国（上海）国际技术进出口交易会等重大展会活动，提升对展会知识产权的创造、运用和保护水平。完善展会知识产权保护快速处理机制，做好展会纠纷事前、事中和事后的衔接，依法适用证据保全、财产保全、行为保全、证据调查、现场勘验等措施，及时固定相关证据，保证展会顺利进行。对于假冒和盗版等显性侵权和故意侵权案件，依法采取诉前禁令等临时措施，彰显知识产权司法保护的及时性和有效性。

三、加强审判体系和审判能力建设，提升知识产权司法保护水平

13. 切实发挥知识产权"三合一"审判机制优势，增强知识产权司法保护整体效能。进一步完善知识产权民事、行政、刑事"三合一"审判模式，强化知识产权纠纷专门审理、集中管辖、集约审判工作机制。准确把握知识产权民事、行政、刑事法律关系实质，科学界定知识产权民事纠纷、行政违法与刑事犯罪的界限，促进法律适用统一、推动法律有效实施。加强人民法院、人民检察院、行政机关之间的协作配合，优化知识产权民事、行政案件协同推进机制，完善知识产权行政保护与司法保护的程序衔接，细化常见知识产权犯罪量刑规则，加强知识产权民事、行政诉讼中的刑事犯罪线索移送工作，充分发挥司法审判的引领和导向作用，形成知识产权民事、行政、刑事保护合力，有效遏制和威慑侵犯知识产权行为，努力营造不敢侵权、不愿侵权的法律氛围。

14. 完善有利于权利保护的司法机制，及时有效阻遏侵权行为。健全知识产权侵权事实查明机制，积极运用证据保全、调查令等举措，合理分配举证责任，强化举证妨碍推定规则适用，创新数字证据保全机制，有效降低权利人的举证负担。完善快速制止侵权的裁判机制，依法积极适用诉前行为保全、先行判决等措施，及时制止侵权行为。健全符合知识产权市场价值的损害赔偿规则，引导当事人提供科学合理的经济赔偿证据，充分运用司法审计、市场调查报告、经济分析等手段，精细化确定损害赔偿金额，对情节严重的故意侵权行为，实施更大力度的惩罚性赔偿。

15. 加强知识产权诉讼诚信建设，惩戒知识产权滥用行为。依法打击知识产权滥用行为，积极建立防范、打击虚假诉讼的审判机制，加大对于知识产权恶意诉讼等行为的规制力度，规制"专利陷阱""专利海盗"等阻碍创新的不法行为，依法支持知识产权侵权诉讼中被告以原告滥用权利为由请求赔偿合理开支，防止知识产权滥用行为影响正常商事经营与产业健康有序发展。加大对诉讼失信行为的惩戒力度，对抗拒证据保全、故意逾期举证、毁损证据、隐匿证据、提交虚假证据、进行虚假陈述的当事人，依法加以制裁，形成有效威慑，营造诚实守信的诉讼环境。

16. 健全知识产权多元化纠纷解决机制，推动知识产权纠纷源头化解。发

挥非诉纠纷解决机制挺在前面的作用，优化先行调解机制，引导当事人优先通过非诉讼争议解决中心或多元解纷信息化平台选择调解组织进行先行调解，促进纠纷多元高效化解。畅通诉调对接渠道，依托上海法院一站式多元解纷平台，健全依当事人申请的知识产权纠纷行政调解协议司法确认等多元共治的诉讼前端纠纷解决机制。整合行业协会、律师协会、仲裁机构、专业性调解组织等多方资源，不断提升纠纷解决的专业性与权威性，形成诉前诉中调解并举、社会调解与法院调解共同推进的常态化工作格局。完善对调解员的培训和指导，充分发挥典型案例裁判规则的示范、指引作用，引导更多知识产权纠纷以非诉方式解决。加强诉源治理，推动电商平台、展会组织者等主体建立完善知识产权纠纷非诉解决机制，促进从源头上减少知识产权诉讼增量。

17. 强化区域知识产权保护合作，推进长三角知识产权一体化发展。充分发挥司法职能作用，加强食品、药品等重点领域跨区域知识产权保护司法协作，强化源头打击力度。大力提升跨区域诉讼服务协作水平，积极探索知识产权案件巡回审判、远程审判机制，加强财产保全、调查取证、联合调解、文书送达等领域的司法合作，增强司法集约化效果。加强区域适法不统一的发现汇总、协调研判、意见反馈等工作，推动建立跨区域类案办案要件指南，促进裁判尺度统一。加强知识产权保护宣传合作，共同发布司法保护白皮书、典型案例等，总结协同保护的经验做法，延伸司法保护效能。

18. 加强知识产权协同保护，推动构建大保护工作格局。注重和加强行政部门与司法机关之间的沟通合作，完善知识产权协同保护机制，进一步优化营商环境合作、执法工作协同、诚信体系共建、公共服务共享。在中国（上海）自由贸易试验区临港新片区、长三角生态绿色一体化发展示范区、虹桥国际开放枢纽、张江科学城、G60科创走廊等重点区域，进一步整合各方资源，合力保护知识创新成果。支持浦东新区设立科创板拟上市企业知识产权服务站工作，充分运用多元解纷、先行判决等工作机制快速妥善化解纠纷。通过协同保护手段，实现依法保护、同等保护知识产权的大保护格局，提升服务保障国家重大发展战略水平。

19. 加强涉外知识产权审判工作，努力提升上海知识产权保护国际影响力。充分发挥涉外知识产权审判职能作用，平等保护中外权利人合法权益，促进国际经济贸易合作，努力营造市场化、法治化、国际化的营商环境，服务国内国际双循环新发展格局。积极参与知识产权司法领域全球治理，通过司法裁判输出审判智慧，稳妥应对在标准必要专利等重点领域出现的国际平行诉讼高发态势。依托人民法院知识产权司法保护国际交流（上海）基地，加强国际司法交流。进一步深化与世界知识产权组织的合作，支持世界知识产权组织仲裁与调解上海中心建立和完善涉外知识产权纠纷多元解决机制，不断提升上海知识产权保护的国际影响力。

四、加强组织协调与保障，确保目标任务有效落实

20. 完善知识产权案件管辖布局，充分发挥各级法院的职能作用。面对知识产权案件数量大幅增长的态势，积极回应司法保护需求，扩大管辖知识产权案件基层法院范围，明确管辖规则，夯实对非技术类知识产权纠纷的高效审理和实质化解。充分发挥上海知识产权法院对技术类案件的专业化审判优势，依托人民法院知识产权司法保障科技创新研究（上海）基地，加强对技术类案件审判规则、审判方式的改革探索。加强市高院对审判的指导和监督功能，通过重大案件提级管辖、案例指导、新类型疑难问题研究、制定审判规范性文件等方式，总结提炼知识产权类案裁判规则，加强知识产权案件法律适用统一。

21. 建设高素质专业化审判队伍，夯实知识产权审判人才保障。坚持以党建带队建促审判，打造一支政治过硬、业务精良、具有国际视野的高素质专业化知识产权审判队伍。深化新领域、新业态、新类型案件研判，提升审判人员对涉及大数据、人工智能、医药生物等新兴领域的知识储备，加快培养知识产权审判业务骨干，不断提高知识产权法官综合素养和能力。加强知识产权审判队伍先进典型的学习宣传，扩大优秀知识产权审判人才的影响力。强化与高等院校及研究机构合作，在案例研究、课题调研、实务课程等方面开展交流，积极支持法治教育和人才培养。完善多元化技术事实查明机制，加强技术调查官、技术专家人才库建设，充分发挥知识产权司法保护专家陪审员和专家智库作用。

22. 加快知识产权审判数字化转型，实现智慧法院建设与知识产权审判深度融合。扎实推进知识产权类型化案件全流程网上办案体系建设与要素式在线诉讼模式深度融合，积极探索知识产权纠纷在线化解新模式。积极推广电子送达、网上材料递交、在线诉讼、庭审记录改革、在线签发、电子卷宗归档的深度应用，探索人工智能、云计算、区块链、VR等现代科技在电子示证、类案检索等司法领域的深度应用，适应信息化时代发展。对于事实简单、争议不大的类型化案件，研发要素立案、在线审理和文书智能辅助等系统模块，回应公众对公正高效司法的期待。建设符合国际高水平知识产权审判要求的科技法庭，促进纠纷依法、公正、便捷、高效化解。深入推进上海法院知识产权司法大数据平台建设，持续完善知识产权案例库、裁判文书库等建设，为知识产权专业化审判提供资源和知识保障。推动司法大数据和行政管理大数据的互联互通，探索知识产权司法大数据的智能分析与深度应用，充分发挥司法大数据的预警预测功能，进一步提升司法数据在知识产权大保护格局中的能级。

23. 加强知识产权保护宣传，构建知识产权高品质人文环境。加强司法公开平台建设，持续落实庭审直播、公众开放日等司法公开措施，拓展网站平台功能，将"上海法院知识产权司法保护网"建设成为国内外具有影响力的知识产权专业网站。完善院校联动、社区联动机制，充分利用法官工作室、法律会客厅、法律咨询点等法律服务平台，加强知识产权法制宣传教育，倡导创新文化。充分发挥传统媒体和新兴媒体融合发展的传播作用，构建内容新颖、形式多样、融合发展的知识产权文化传播矩阵，增强宣传效果。进一步完善典型案例指导体系，持续开展上海法院知识产权司法保护十大案件、上海法院加强知识产权保护力度典型案例等评比活动，定期编撰刊物，发出上海知识产权司法保护的声音，增进全社会对知识产权司法保护的了解、认同、尊重和信任。

上海市高级人民法院、上海市知识产权局关于建立知识产权民事纠纷诉调对接工作机制的实施意见

(2021 年 8 月 9 日印发)

为贯彻落实《中共中央办公厅 国务院办公厅关于完善矛盾纠纷多元化解机制的意见》《中共中央办公厅 国务院办公厅关于强化知识产权保护的意见》《最高人民法院关于人民法院进一步深化多元化纠纷解决机制改革的意见》及《最高人民法院办公厅 国家知识产权局办公室关于建立知识产权纠纷在线诉调对接机制的通知》等文件精神，全面深化知识产权纠纷多元化解决机制建设，充分发挥专业力量化解知识产权纠纷，根据《中华人民共和国民事诉讼法》《最高人民法院关于适用〈中华人民共和国民事诉讼法〉的解释》《民事诉讼程序繁简分流改革试点实施办法》《上海市促进多元化解矛盾纠纷条例》等规定，制定本实施意见。

一、工作目标

第一条 充分发挥调解在化解知识产权领域矛盾纠纷中的重要作用，切实把非诉讼纠纷解决机制挺在前面，努力实现以下目标：

（一）有效整合各方解决纠纷力量，构建具有上海特色的科学、系统、完整的知识产权纠纷多元化解决体系；

（二）探索推进知识产权纠纷跨区域调解，合理配置全市知识产权纠纷调解资源；

（三）完善知识产权民事纠纷在线诉调对接工作机制，为人民群众提供更多可供选择的纠纷快速解决渠道。

二、工作机制

第二条 上海市知识产权局在中国（上海）知识产权保护中心（以下简称

"保护中心"）下设上海市知识产权民事纠纷专业调解委员会（以下简称"专调委"），负责开展知识产权民事纠纷调解工作。

第三条 上海市高级人民法院立案庭负责统筹推进诉调对接工作，知识产权审判庭负责指导上海知识产权法院、基层法院开展知识产权民事案件委派、委托调解工作。

上海市知识产权局负责统筹知识产权纠纷调解机制建设，制定知识产权纠纷调解政策规范，指导保护中心推进诉调对接工作。

保护中心负责建立专调委的相关管理制度，专调委下设秘书处，负责专调委日常运作、案件对接、案件分派、案件跟踪、调解员考核等工作。

第四条 上海市知识产权局择优选任调解员，建立专调委调解员名册，人民法院将符合条件的调解员纳入特邀调解员名册。特邀调解员应当根据人民法院工作需要，驻场开展调解工作。

第五条 专调委建立知识产权民事纠纷调解平台，对接入驻上海法院一站式多元解纷平台，实现知识产权民事纠纷诉调对接工作全流程网上办理，加强专调委内部案件分派、跟踪和管理。

第六条 知识产权民事纠纷在线诉调对接工作应当符合《上海法院特邀调解工作管理暂行规定》《上海法院一站式多元解纷平台管理暂行规定》。

上海市三级人民法院立案庭负责对一站式多元解纷平台和特邀调解的日常管理。

第七条 上海市知识产权局和相关法院共同承担知识产权纠纷调解工作相关经费。专调委调解知识产权纠纷，不向当事人收取任何费用。

调解员工作补贴根据调解案件数量、案件难易程度、办案质量等情况予以发放。非因调解员原因而中止调解或调解程序不完整的，根据案件调解进程和实际工作情况，酌情给予适当的工作补贴。

三、工作流程

第八条 对当事人起诉到人民法院的适宜调解的知识产权案件，登记立案前，人民法院可以在线委派专调委进行调解，并向起诉人发送委派调解告知。起诉人明确拒绝调解的，人民法院应当依法登记立案。

登记立案后或者在审理过程中，人民法院认为适宜调解的案件，经当事人同意，可以在线委托专调委进行调解，并向当事人发送委托调解告知。

第九条 专调委接受人民法院委派或委托进行调解的期限一般为30日。逾期未能达成调解协议的，经当事人申请，并征得委派或委托法院同意，调解期限可适当延长，但延长期限一般不超过30日。

第十条 人民法院诉前委派调解，经专调委调解达成调解协议的，当事人可依法向委派法院在线申请对调解协议进行司法确认。

人民法院诉中委托调解，经专调委调解达成调解协议并申请法院出具调解书的，由委托法院对调解协议进行审查处理。

第十一条 调解协议的内容具有下列情形之一的，人民法院不予确认：

（一）违反法律规定的；

（二）侵害国家利益、社会公共利益的；

（三）侵害案外人合法权益的；

（四）违背当事人真实意思的；

（五）调解协议内容不明确，超出委派、委托法院管辖纠纷范围或无法执行的。

人民法院对存在前款规定情形的调解协议不予确认的，视为调解不成。

第十二条 调解过程中有下列情形之一的，专调委应及时终止调解程序：

（一）调解期限届满，当事人未能达成调解协议的；

（二）任何一方当事人明确表示不愿意继续调解的；

（三）其他导致调解程序终止的情形。

第十三条 因调解不成而终止调解的，专调委应将调解不成的情况在线推送至人民法院。

四、其他协同工作

第十四条 上海市三级人民法院和上海市知识产权局分别指定专人负责日常联络，定期召开工作会议，对委派或委托调解工作情况进行沟通和评估。评估内容主要包括调解流程、操作环节、案件类型、调解成功与否的原因等。

第十五条 为保证调解工作质量，人民法院可向专调委提供业务指导及相关专业培训。

第十六条 根据实际需要，人民法院可针对有典型意义的具体个案出具司法建议书，并帮助专调委构建完善相关纠纷预防与预警体系。

第十七条 上海市高级人民法院、上海市知识产权局对多发性纠纷或具有指导意义的典型案例，不定期编发案例集，开展业务指导和普法教育工作。

第十八条 本实施意见由上海市高级人民法院和上海市知识产权局负责解释，自印发之日起施行。

上海市高级人民法院、上海市知识产权局关于在本市开展知识产权纠纷行政调解协议司法确认程序试点工作的实施办法

（2021 年 4 月 14 日印发）

为贯彻国家《关于强化知识产权保护的意见》和上海市《关于强化知识产权保护的实施方案》中"建立健全知识产权纠纷调解协议司法确认机制"精神，落实《长三角区域人民法院和知识产权局关于推进长三角一体化科技创新知识产权保护备忘录》要求，促进知识产权民事诉讼程序繁简分流，拓展知识产权纠纷多元化解渠道，强化知识产权行政保护和司法保护的有机衔接，根据《中华人民共和国民事诉讼法》《最高人民法院关于适用〈中华人民共和国民事诉讼法〉的解释》，结合上海工作实际，制定本试点实施办法。

第一条　知识产权纠纷行政调解是指知识产权行政机关或法律法规授权的具有知识产权管理职能的组织（以下统称"行政机关"）根据当事人申请，通过协调、劝导、调停等方式，依法化解与本部门履职有关的知识产权民事纠纷的活动。

知识产权纠纷行政调解协议的内容应当符合法律、法规、规章的规定，不得损害国家利益、公共利益以及其他组织和个人的合法权益。

第二条　申请司法确认的知识产权纠纷行政调解协议，其内容应当为法律、法规、规章规定的可以由行政机关裁决或调解的知识产权民事纠纷，具体包括：

1. 专利侵权纠纷行政调解协议；

2. 侵犯专利权、商标权赔偿纠纷行政调解协议；

3. 职务发明创造的发明人、设计人奖励和报酬纠纷行政调解协议；

4. 在发明专利申请公布后专利权授予前使用发明而未支付适当费用的纠纷行政调解协议。

调解协议内容涉及知识产权确权的，不予司法确认。

第三条　经知识产权行政机关调解达成的行政调解协议，双方当事人可以

自行政调解协议生效之日起三十日内共同向人民法院申请司法确认。人民法院收到司法确认申请后，应当在三个工作日内决定是否受理，但当事人提供材料不符合要求的除外。

第四条　知识产权纠纷行政调解协议司法确认案件由主持调解的行政机关所在地有知识产权案件管辖权的人民法院审查。

第五条　当事人申请司法确认行政调解协议，应当向人民法院提交行政调解协议、与行政调解协议相关的知识产权权属证明，以及行政机关主持调解的证明材料，并提供双方当事人的身份、住所、联系方式等基本信息，并签署承诺书。

承诺书应当载明以下内容：1. 双方当事人出于解决纠纷的目的在行政机关的主持下自愿达成协议；2. 没有恶意串通、规避法律；3. 没有损害国家利益、社会公共利益及他人合法权益；4. 若因行政调解协议内容给他人造成损害的，愿意承担相应的法律责任。

第六条　人民法院经审查认为行政调解协议符合司法确认条件的，应当作出确认行政调解协议有效的民事裁定书。

行政调解协议存在瑕疵或歧义，足以导致实质性更改协议内容的，人民法院应当裁定驳回申请，当事人可以重新申请调解或者提起诉讼；但由笔误等情形造成的瑕疵或歧义除外。

行政调解协议存在其他违反相关法律规定或存在不能进行司法确认的情形的，人民法院应当裁定驳回申请。

第七条　人民法院作出司法确认裁定后，应当将裁定文书及时抄送主持调解的行政机关。行政机关应当督促当事人及时履行经人民法院裁定确认有效的行政调解协议。

第八条　人民法院依法作出确认裁定后，一方当事人拒绝履行或者未全部履行的，对方当事人可以向作出确认裁定的人民法院申请强制执行。

当事人向作出确认裁定的人民法院申请强制执行的，应当提交强制执行申请书、身份证明材料、人民法院民事裁定书及履行情况等材料。

第九条　上海市高级人民法院和上海市知识产权局共同建立知识产权纠纷行政调解协议司法确认工作对接机制，建立人民法院、行政机关联络员制度，定期开展工作交流和问题研讨。

第十条　本试点实施办法由上海市高级人民法院和上海市知识产权局负责解释。

上海市高级人民法院知识产权庭、
上海市人民检察院第四检察部、
上海市公安局食药环侦总队
关于知识产权民事、行政诉讼中
刑事犯罪线索移送及同步审查的工作暂行办法

（2021 年 11 月 12 日印发）

为深入贯彻落实中办、国办《关于强化知识产权保护的意见》、上海市《关于强化知识产权保护的实施方案》等文件精神，发挥知识产权民事、刑事、行政案件"三合一"审判机制职能作用，加强人民法院、人民检察院、公安机关之间的协作配合，形成知识产权民事、行政、刑事保护合力，经市高院知产庭、市检察院第四检察部、市公安局食药环侦总队协商一致，根据有关规定，结合本市司法实践，制定本办法。

1. 本市各级人民法院知产庭在受理审理知识产权民事、行政诉讼案件过程中，或在案件审结后发现需要移送涉嫌侵犯知识产权犯罪线索的，适用本办法。

2. 各级人民法院知产庭在受理审理中或在审结后发现案件事实涉及的金额、情节、造成的后果等，根据刑法关于侵犯知识产权罪的规定及相关司法解释、追诉标准等规定，涉嫌构成犯罪，依法需要追究刑事责任的，依照本办法以书面形式将线索材料移送市公安局食药环侦总队，并报市高院知产庭备案，并由市高院知产庭定期将备案材料抄送市检察院第四检察部。

3. 市公安局食药环侦总队对各法院知产庭移送的线索材料应当及时审查，将审查结果等情况于 30 日内书面告知移送法院，同步抄送市高院知产庭和市检察院第四检察部。

4. 市检察院认为相关公安机关对应当立案侦查的案件而不立案侦查的，依照有关规定指令相关人民检察院依法开展刑事立案监督。

5. 涉线索移送的刑事案件办理终结后，承办人民检察院必要时应将刑事案件材料移送报送线索的人民法院。

6. 刑事案件线索属于本市跨区案件且管辖有争议的，由市高院知产庭、市检察院第四检察部、市公安局食药环侦总队统一协调指定线索审查单位。

7. 市高院知产庭、市检察院第四检察部、市公安局食药环侦总队应当确定专人对口联系、移送和接收同步审查材料。移送线索应当办理移送登记交接手续。

8. 各级机关在线索移送、同步审查等过程中，应当互相配合、互相支持，加强信息沟通，确保案件质效。执行中遇到问题，及时向上级业务部门请示协调。

9. 移送线索、审查案件及法律监督均应当依照相关法律、法规及司法解释等规定进行。

本办法自印发之日起施行。

上海市高级人民法院知识产权审判庭
关于卡拉 OK 经营者著作权侵权纠纷案件
损害赔偿数额计算问题的解答

（2021 年 11 月 4 日印发）

为合理确定卡拉 OK 经营者著作权侵权纠纷案件的损害赔偿数额，统一裁判标准，让损害赔偿回归版权使用市场秩序，促进规范卡拉 OK 经营行业的版权使用秩序，现结合本市知识产权审判实践，就此类案件损害赔偿数额计算问题解答如下，供各法院在审判中参考。

一、以版权使用费标准为依据计算损害赔偿数额

目前，国家版权局公告的卡拉 OK 经营行业版权使用费基本标准为 12 元/天/包房（含音乐和音乐电视两类作品的使用费）。在此基础上，中国音像著作权集体管理协会（以下简称音集协）与上海市文化娱乐行业协会协商确定了上海地区的使用费为 11 元/天/包房。

著作权集体管理组织起诉未与之订立授权许可使用合同的卡拉 OK 经营者（以下简称经营者）并主张以许可使用费作为损害赔偿数额计算依据，其提交初步证据证明被诉侵权人使用了其管理的绝大部分曲目且无相反证据予以推翻的，可按照同期上海地区卡拉 OK 版权使用费公告标准，并综合考虑经营场所包厢数量和经营时间，给予赔偿。经营者就部分曲目在相应经营时间内已进行赔偿的，应在计算赔偿数额时予以扣除。

著作权集体管理组织起诉已与之订立授权许可使用合同但未按约缴纳许可使用费的经营者的，应以违约之诉提出诉讼主张，并按合同约定处理。

二、以单次点播使用费为依据计算损害赔偿数额

卡拉 OK 经营场所点播曲目的单次使用费可计算为使用费标准除以每间包

房每天播放的曲目总数。按每首曲目平均 4 分钟计算，一间包房每小时可以播放 15 首曲目，如卡拉 OK 经营场所每日有效经营时间为 12 小时，则一间包房一天可以播放 15 × 12 = 180 首曲目，按照上海地区公示的使用费标准计算单次使用费为 11 ÷ 180 = 0.06 元/次。经营者在被诉侵权行为发生时已与著作权集体管理组织订立授权许可使用合同并已缴纳许可使用费的，单次点播使用费按照与著作权集体管理组织的协议价格计算（如协议价格为 6 元/天/包房，则单次点播使用费计算为 6 ÷ 180 = 0.03 元/次）。

著作权集体管理组织起诉未与之订立授权许可使用合同的经营者，主张经营者使用了其管理的少部分作品并就该部分作品请求损害赔偿的，或著作权集体管理组织虽主张经营者使用了其管理的绝大部分曲目但经营者抗辩仅使用了著作权集体管理组织管理的少部分曲目且查证属实的，损害赔偿数额可按照单次点播使用费乘以经营者实际使用涉案作品的次数，给予赔偿。

非著作权集体管理组织会员权利人（以下简称个体权利人）起诉经营者的案件中，个体权利人有证据证明其实际损失或者侵权人侵权获利的，按照其证据证明的数额确定赔偿费用；如无证据证明实际损失或侵权获利的，可按照单次点播使用费乘以经营者实际使用涉案作品的次数，给予赔偿。

人民法院可以责令被告提交其实际使用涉案作品次数的证据，也可以依职权调查经营者实际使用涉案作品的次数。根据案件实际情况仅能查清经营者在一定期间内实际使用涉案作品次数的，人民法院可根据该一定期间内的使用次数测算权利人主张损害赔偿期间的使用次数。

三、以许可使用费为基础的法定赔偿适用

如第二条中的使用次数无法查清导致损害赔偿数额难以计算的，可依据《中华人民共和国著作权法》第五十四条第二款之规定，结合上海地区公示的使用费标准、涉案作品价值、侵权过错、包厢数量和经营时间酌定赔偿数额。例如：集体管理组织管理的音乐作品中经典曲目总数约为 100000 首、公示上海地区许可使用费最高 11 元/天/包房，则平均每首曲目的许可使用费为 11 × 365 ÷ 100000 = 0.04 元/年/包房。

在上述使用费标准的基础上，应根据涉案作品价值、侵权情节确定相应倍数，计算赔偿数额。KTV 经营者在被诉侵权行为发生时未与著作权集体管理组织订立授权许可使用合同或未缴纳许可使用费的，应根据其过错程度相应调高赔偿数额。

四、其他

除按照上述方法计算或酌定赔偿数额以外，侵权损害赔偿数额还应当包括权利人为制止侵权行为所支付的合理开支。

符合《中华人民共和国著作权法》第五十四条第一款规定的故意侵权、情节严重情形的，可以依法判决惩罚性赔偿。

本解答自下发之日起施行。本庭以前制定的解答与本解答规定不一致的，以本解答为准。

第三部分

案件裁判方法

上海市高级人民法院知识产权审判庭
著作权侵权案件裁判方法重述（2022）

第一章　诉辩主张的整理与固定

一、原告诉请

（一）原告主体资格

著作权人、邻接权人及相关利害关系人均可以作为原告，向人民法院提起著作权侵权诉讼。原告身份不同，对其主体资格审查的要求亦存在差异。

1. 著作权人、邻接权人

原告主张其为著作权人或邻接权人的，需提交主体身份证明和其系权利作品的著作权人或者邻接权人的证据。

【观点集成】

（1）原告提交的涉及著作权、邻接权的底稿、原件、合法出版物、著作权登记证书、认证机构出具的证明、取得权利的合同、行政许可文件、已生效的确定权利人的裁判文书等证据显示权利人应与原告主体身份证明（营业执照复印件或身份证复印件）一致。

（2）被诉侵权行为应发生在作品或者邻接权客体的保护期内。

（3）如涉案作品或者邻接权客体涉及多个权利人，一般情况下，全部权利人应作为共同原告参加诉讼。只有部分权利人提起诉讼的，原告需提交其他权利人明确表示不起诉或者授权其起诉的证据；对明确放弃实体权利的其他权利人可以不再追加；不愿意参加诉讼，又不放弃实体权利的，仍应将其列为共同原告，其不参加诉讼，不影响对案件的审理和裁判。部分权利人起诉，原告有充分证据证明确实无法明确其他权利人是否放弃或授权起诉的，可以允许该部分权利人起诉，但要求其明确其他权利人的获赔可得收益。

（4）构成视听作品的 MV 的著作权有约定的从约定，没有约定的由制作者享有，词、曲作者可以基于 MV 系制作者未经许可制作而起诉 KTV 侵犯其词、曲放映权，此时可以追加 MV 制作者为第三人，以查明 MV 的制作是否获得了词、曲作者的许可。

2. 著作权、邻接权被许可人

原告主张其为著作权、邻接权被许可人的，需提交可以表明著作权、邻接权权利人的证据以及许可使用合同、许可备案登记证明等证据。

【观点集成】

（1）著作权许可使用合同可分为专有使用权许可合同和非专有使用权许可合同。

（2）专有使用权许可合同的被许可人可以自己的名义，就他人在相同的时间、地域范围内未经许可以相同方式使用作品的行为提起诉讼或申请诉前措施。在合同没有约定或者约定不明时，视为被许可人有权排除包括著作权人在内的任何人以相同方式使用作品。

（3）非专有使用权许可合同的被许可人只有在著作权人书面明确授权的情况下，才能起诉。

（4）被诉侵权行为一般应发生在许可使用合同有效期内且属于被许可人获得的权利范围。

（5）通过许可方式获得作品著作权、邻接权的，其权利主体资格的审查按照以下步骤进行：

①审查许可人的权属；

②审查权利的许可事实，包括许可合同以及被许可人的身份证明；

③审查许可的类型、权利范围和时间；

④多次许可的，应审查许可协议的连续性、有效性。

3. 受让人、继承人或受赠人

原告主张其为著作权、邻接权的受让人、继承人或受赠人的，需提交可以表明著作权、邻接权权利人的证据以及原告取得著作权、邻接权的证据。

【观点集成】

（1）著作权、邻接权转让的，应提交著作权、邻接权转让合同等证据。对多次转让的，应审查转让协议的连续性、有效性。

（2）继承或受赠著作权、邻接权的，应提交继承的证明材料或赠与合同等证据。

（3）如涉及多个继承人的，一般情况下，应全部作为共同原告参加诉讼。只有一个或者部分继承人提起诉讼的，原告需提交其他继承人明确表示不起诉或者授权其起诉的证据；原告不能提交的，其他继承人明确表示放弃实体权利的，可以不追加其作为原告参加诉讼；不愿意参加诉讼，又不放弃实体权利的，仍应将其列为共同原告，其不参加诉讼，不影响对案件的审理和裁判。

4. 著作权集体管理组织

著作权集体管理组织以自己的名义起诉的，需提交著作权人的书面授权。

【观点集成】

（1）必须是依法成立的著作权集体管理组织。

（2）著作权集体管理组织应提交著作权集体管理合同或者权利人书面授权。

（3）若著作权人已加入著作权集体管理组织，且 KTV 经营者已与著作权集体管理组织签订许可使用合同，人民法院可以视案件具体情况驳回著作权人的诉讼请求。

（4）原告为非依法成立的著作权集体管理组织，依据签订著作权专有许可使用合同起诉的，应审查原告是否取得实体权利。在许可内容不明的情况下，应当要求原告进一步补充证据证明其取得的是实体权利，不能提供补充证据的，应驳回起诉。

5. 外国人著作权的保护

《保护文学和艺术作品伯尔尼公约》（以下简称《伯尔尼公约》）第三条规定，作者只要属于以下任何一种情形，其作品就可以在所有《伯尔尼公约》成员国受到保护：（1）作者为成员国的国民（国籍标准）；（2）作者并非成员国的国民，但在成员国有惯常居所（惯常居所标准）；（3）作者并非成员国的国民，但其作品首先在成员国出版，或者在成员国和非成员国同时出版（出版标准）。

【法律依据】

《中华人民共和国著作权法》第二条

【观点集成】

（1）外国人、无国籍人的作品根据其作者所属国或者经常居住地国同中国签订的协议或者共同参加的国际条约享有的著作权，受我国《著作权法》保护。（国籍标准和惯常居所标准）

（2）外国人、无国籍人的作品首先在中国境内出版的，受我国《著作权法》保护。（出版标准）

（3）未与中国签订协议或者共同参加国际条约的国家的作者以及无国籍人的作品首次在中国参加的国际条约的成员国出版的，或者在成员国和非成员国

同时出版的，受我国《著作权法》保护。（出版标准）

（4）"同时出版"并不是指同一天出版，而是指作品首先出版后30天内，又在其他国家出版。

（二）停止侵权的诉请

【观点集成】

1. 明确原告主张保护的权利是著作权还是邻接权以及具体权项，明确停止侵权行为的类型。

2. 涉及两个以上被告的，则应进一步明确各被告分别停止的具体侵权行为类型。

3. 如果原告起诉时该作品或者邻接权客体已经过保护期，原告停止侵权的诉请则缺乏法律依据，可向其释明放弃该诉请。

（三）赔偿损失的诉请

【观点集成】

1. 明确赔偿损失的具体数额。

2. 明确赔偿损失的计算方式，适用权利人的实际损失、侵权人的侵权获利、权利使用费还是法定赔偿，是否要求适用惩罚性赔偿。如主张适用惩罚性赔偿的，明确其计算基数所依据的计算方式。

3. 明确赔偿损失计算方式所依据的事实和理由。例如，原告主张按照侵权人的侵权获利计算赔偿损失数额，则需明确其主张的赔偿数额如何计算。

4. 涉及两个以上被告的，应明确各被告间系连带赔偿还是分别赔偿，是全部连带还是部分连带。

5. 对于原告主张赔偿损失超过法定赔偿上限500万元，但未主张惩罚性赔偿的，应视为按照权利人的实际损失、侵权人的侵权获利或权利使用费计算，要求其明确具体金额的计算依据。

（四）赔偿合理开支的诉请

合理开支是指权利人为制止被诉侵权行为所支付的开支。

【观点集成】

1. 明确合理开支的总金额。

2. 明确合理开支的内容及具体的金额，包括但不限于翻译费、公证费、律师费、调查取证费、差旅费、文印费等。

3. 各项支出是否提供了相应的证据予以证明。

4. 诉讼费用负担是由人民法院依职权确定，原告作为诉请提出的，应当予以释明。原告不予撤回的，不影响前述确定原则。

（五）赔礼道歉、消除影响的诉请

【观点集成】

1. 明确赔礼道歉、消除影响的具体方式，如书面或者口头、公开或者不公开；如要求公开的，明确具体网站或报刊的名称或等级、刊登位置、期间。

2. 明确主张消除影响的依据，侵犯了原告的哪项著作人身权，是否对原告造成影响，造成了何种影响，等等。

3. 如原告主张"赔礼道歉"，可向其释明"赔礼道歉"的民事责任一般适用于侵犯著作人身权，需要精神抚慰的场合。

4. 涉及两个以上被告的，明确赔礼道歉、消除影响的主体。

二、被告抗辩

（一）对超过诉讼时效的抗辩

根据《中华人民共和国民法典》第一百八十八条规定，向人民法院请求保护民事权利的诉讼时效期间为三年；诉讼时效期间自权利人知道或者应当知道权利受到损害以及义务人之日起计算。因此，侵犯著作权的诉讼时效为三年。同时，2021年施行的《最高人民法院关于审理著作权民事纠纷案件适用法律若干问题的解释》第二十七条规定，侵害著作权的诉讼时效为三年，自著作权人知道或应当知道权利受到损害以及义务人之日起计算。权利人超过三年起诉的，如果侵权行为在起诉时仍在持续，在该著作权保护期内，人民法院应当判决被告停止侵权行为；侵权损害赔偿数额应当自权利人向人民法院起诉之日起向前推算三年计算。

【观点集成】

1. 知识产权的停止侵害、消除影响、赔礼道歉请求权不适用时效抗辩，损害赔偿请求权适用时效抗辩。

2. 是否存在诉讼时效中止或者中断情形。

3. 即使权利人超过三年诉讼时效起诉，如果侵权行为在起诉时仍在持续，在著作权保护期内，人民法院应当判决被告停止侵权行为，侵权损害赔偿数额应当自权利人向人民法院起诉之日起向前推算三年计算。

4. 当事人未提出诉讼时效抗辩，人民法院不应对诉讼时效问题进行释明及主动适用诉讼时效的规定进行裁判。

（二）对权利客体的抗辩

【观点集成】

1. 明确具体抗辩事由。如原告主张保护的对象不构成作品；主张保护的对象属于《中华人民共和国著作权法》第五条排除适用的范畴；主张保护的对象已经超过《著作权法》规定的保护期；被控侵权对象与主张保护对象的相似部分来自公有领域；等等。

2. 明确抗辩所依据的证据。如主张构成官方正式文件，应提供官方发表证据；主张来自公有领域，应提供相应证据；主张超过《著作权法》规定的保护期，应提供首次发表的证据。

（三）对权利主体的抗辩

【观点集成】

1. 明确具体抗辩事由。如原告不是著作权人、未获得许可、无权单独提起诉讼（非专有使用许可的被许可人、著作权的共有人）、缺少共同原告等。

2. 明确抗辩所依据的证据。如权利人是第三人、授权链条不完整、非专有使用被许可人提起诉讼并无著作权人的授权等。

（四）对不构成侵权的抗辩

1. 未实施被控侵权行为（非被告实施）

【观点集成】

（1）明确具体抗辩事由。包括原告没有证据证明被告实施了侵权行为，实施被诉侵权行为的主体并非被告，等等。

（2）明确抗辩所依据的证据。如原告提供的证据与被告并无关联，实施被诉侵权行为的是第三人，等等。

2. 被诉侵权行为不属于原告主张的权利范围

【观点集成】

（1）明确具体抗辩事由。如被诉侵权行为不构成著作权法意义上的复制，被告行为属于网络服务提供行为，等等。

（2）明确抗辩所依据的证据。如被告实施的是工业生产行为，被告提供的是链接、搜索、信息存储空间、自动接入、自动传输等网络服务。

3. 独立创作（未接触）

【观点集成】

（1）明确具体抗辩事由。被控侵权对象系被告自己独立创作。

（2）明确抗辩所依据的证据。被告应提供独立创作的证据，例如底稿等。

4. 不构成相同或实质性相似

【观点集成】

（1）明确具体抗辩事由。被控侵权对象和权利作品不构成相同或实质性相似。

（2）明确抗辩所依据的证据。被告应提供不相同、不相似的比对意见。

5. 合法授权

【观点集成】

（1）明确具体抗辩事由。被告系经其他共有著作权人授权。

（2）明确抗辩所依据的证据。被告应提供其他共有著作权人的授权文件。

6. 合理使用

【观点集成】

（1）明确具体抗辩事由。包括个人使用、适当引用、新闻报道中使用、对时事性文章的使用、对公众集会上讲话的使用、在课堂教学和科学研究中使用、国家机关公务性使用、图书馆等对馆藏作品的特定复制和传播、免费表演、对公共场所艺术品的复制、制作少数民族语言文字版本、制作阅读障碍者无障碍版本等。

（2）明确抗辩所依据的证据。如主张个人使用，应提供在家庭或有限范围内为个人使用而进行复印，没有为商业目的使用的证据；如主张适当引用，应提供引用的目的是介绍、评论和说明的证据；等等。

7. 法定许可

【观点集成】

（1）明确具体抗辩事由。包括编写出版教科书法定许可、报刊转载法定许可、制作录音制品法定许可、播放作品法定许可和电台、电视台播放录音制品中作品的法定许可、制作和提供课件法定许可、通过网络向农村提供特定作品的法定许可等。

（2）明确抗辩所依据的证据。如主张报刊转载法定许可，应提供作品刊登在报刊上的证据，且著作权人未曾声明不得转载、摘编；如主张制作录音制品法定许可，应提供涉案音乐作品已经被合法录制为录音制品发行的证据。

（3）网络未经许可转载已发表的作品不构成法定许可，构成侵权。

8. 被告已尽合理注意义务

【观点集成】

（1）明确具体抗辩事由。如出版者已尽合理注意义务，网络服务提供者已尽合理注意义务，等等。

（2）明确抗辩所依据的证据。如，网络服务提供者应提供直接侵权人，即直接提供涉案作品的主体，被告没有过错的证据，被告提供的网络服务符合避风港规则抗辩的条件，等等。

（五）对不承担停止侵权责任的抗辩

【观点集成】

1. 明确具体抗辩事由。如被诉侵权作品已经被删除或断开链接；基于国家利益、公共利益考量而不停止侵权的理由；停止相关行为会造成原、被告之间重大利益失衡；等等。

2. 明确抗辩所依据的证据。如系基于国家利益、公共利益考量或者停止相关行为会造成原、被告之间重大利益失衡而不停止侵权行为的，明确计算替代性支付合理费用。

（六）对不承担赔偿责任的抗辩

【观点集成】

1. 明确具体抗辩事由。包括权利人无损失、侵权人未获利、合法来源抗辩、原告主张的赔偿金额过高等。

2. 明确抗辩所依据的证据。如权利人无损失、侵权人未获利，应提交被诉侵权作品没有实际发行的证据等；合法来源抗辩，应提交被诉侵权作品的进货凭证等；原告主张的赔偿金额过高，应提交被诉侵权作品销售数量、销售金额等证据。

（七）对不承担合理费用的抗辩

【观点集成】

1. 明确具体抗辩事由。包括不应当承担合理费用，原告主张的合理费用过高，等等。

2. 明确抗辩所依据的证据。如费用是否为本案所支出，费用支出是否具有合理性和必要性，等等。

（八）对不承担赔礼道歉、消除影响责任的抗辩

【观点集成】

1. 明确具体抗辩事由。包括不应当承担赔礼道歉、消除影响的民事责任；未侵犯原告的著作人身权；原告主张的消除影响的方式不当；等等。

2. 明确抗辩所依据的证据。如原告已提供证据证明其声誉受损时，被告是否提供了相应的反证。

第二章　权利客体的认定

一、作品的认定

作品，是指文学、艺术和科学领域内具有独创性并能以一定形式表现的智力成果，且该智力成果不属于不受著作权法保护的对象。

（一）作品的构成要件

作品应具备四个构成要件：一是属于文学、艺术和科学领域内；二是具有独创性；三是能以一定形式表现；四是人类创作的智力成果。

【法律依据】

《中华人民共和国著作权法》第三条

《中华人民共和国著作权法实施条例》第四条、第五条

【观点集成】

1. 作品所在领域限于文学、艺术和科学领域，对纯技术、体育竞技等领域的智力成果不予保护。

2. 作品应为人类的智力成果。动物自拍照等非人类形成的客体不构成作品。

3. 作品应具有独创性，即作者独立创作完成，并且具有一定程度的智力判断与选择。

4. 作品应能以一定形式表现，要求作品是能被他人客观感知的外在表达，以便于权利客体的确定以及复制和传播。

5. 判断请求保护的对象是否构成作品，应当先剥离思想等不受保护的对象，过滤属于公有领域的部分，再判断剩余的部分是否符合独创性的要求。

6. 需主动审查原告主张著作权保护的客体是否构成作品，不能仅根据被告的认可即认定构成作品。

7. 被诉侵权对象本身是否构成作品不影响侵权认定，即使构成作品也不能作为被告的抗辩理由。

8. "独立完成"要求作者并未抄袭，但并不要求作品独一无二或者首创。作者既可从无到有地创作，也可以他人已有作品为基础进行再创作。

9. 具有一定程度的智力判断与选择并不苛求创作的质量和艺术价值，应慎

用个人价值判断否认独创性。但是，部分作品类型对美感有一定要求。美术作品、建筑作品、实用艺术品应当是具有美感的艺术表达。

10. 简单的、常见的图形、字母、短语、通用表格以及作品名称等一般不作为作品给予保护。

（二）不受著作权法保护的对象

著作权法不保护思想、单纯事实信息、操作方法、技术方案和实用功能，也不保护属于公有领域的素材。

1. 思想

【观点集成】

（1）著作权法不保护思想，但保护思想的表达，应根据请求保护对象的类型、特点及性质等区分思想与表达。

（2）文学作品中，遣词造句和主题思想是具体和抽象的两极，从前者到后者是一个从表达到思想不断抽象的过程，越具体越容易被认定为表达。介于两极之间的人物、事件、情节等具体到一定程度，反映出作者独特的选择、判断、取舍的，可以认定其为著作权法保护的表达。

（3）卡通形象设计中，将物体拟人化设计属于思想，但拟人化的具体表现方式属于表达。

（4）在表达某一主题，尤其是创作历史主题作品时，必须描述某些场景、使用某些场景的安排和设计，则这些场景即使是由在先作品描述的，也属于思想范畴领域，在后作品以自己的表达描写相同场景不构成侵权。

（5）当思想只有一种或极其有限的表达，则该表达因与思想混同而不受保护。

（6）在审理中要求权利人明确其请求保护之表达的具体所指，是正确划分思想与表达的基础。

2. 单纯事实消息

【法律依据】

《中华人民共和国著作权法》第五条第（二）项

【观点集成】

（1）著作权法不保护单纯事实消息。对事实的报道，如对事实进行简单的、个性化较弱的陈述的，不构成作品；对事实进行个性化表达的，构成作品。

（2）图片新闻虽是新闻报道的部分，但其是否构成作品与其所配发的文字是不是时事新闻无关，应单独评价其独创性。

3. 操作方法、技术方案和实用功能

【观点集成】

（1）著作权法不保护操作方法、技术方案等任何实用性功能。

（2）技术本身的表达，如果存在可选择的空间，其表达可能构成作品。例如产品说明书、药品说明书等的表达符合独创性要求的，可以认定为作品。

4. 公有领域素材

作品因超过保护期等原因进入公有领域，成为公众可以使用的公共财产，不受任何人的垄断。

【观点集成】

（1）作品的表达应当不同于公有领域业已存在的素材。

（2）任何人都可以在公有领域素材的基础上进行再创作，只要对该素材的表达具有独创性，即可对依据该公有素材创作完成的作品享有著作权。

二、特殊类型作品的认定

（一）模型作品

【观点集成】

1. 模型作品分为根据已有实物制作的模型和为将来制作立体物品先行创作的立体造型设计两种情形。

2. 根据实物制作的模型，如果仅是严格按照等比例进行缩小或者放大的，不构成模型作品；如果通过塑造和改变产生了源于制作者的智力成果，具有独创性的，构成模型作品。

（二）书法

【观点集成】

1. 书法作品的独创性在于系书写者独立完成，且文字外观造型优美。

2. 汉字书法的独创性在于笔画间架结构的搭配、线条粗细、弯度转折等方面体现出不同于公有领域通用字形的视觉审美。字体与书体有别，同一种字体可因书体不同而存在创作空间。

（三）民间文学艺术

【观点集成】

民间文学艺术衍生作品的表达系独立完成且有创作性的部分构成作品。

（四）工程设计图

【观点集成】

工程设计图的独创性在于由点、线、面或各种几何图形进行组合，与相关工程和产品的技术实用性无关。工程设计图、产品设计图中包含的技术方案、实用功能、操作方法等，不受《著作权法》保护。

（五）实用艺术作品

【观点集成】

1. 实用艺术作品中具有独创性的艺术美感部分可以作为美术作品受《著作权法》保护，实用功能部分不受《著作权法》保护。艺术美感应独立于实用功能，即使改动艺术部分的设计也不会影响实用功能的实现。

2. 实用艺术作品的艺术美感需满足构成美术作品的最低要求。

（六）网络游戏

【观点集成】

1. 网络游戏可以作为计算机软件受《著作权法》保护。

2. 运行网络游戏产生的连续动态游戏画面，符合视听作品构成要件的，受《著作权法》保护，著作权归游戏软件的权利人所有。

3. 游戏玩家操作画面的实质是玩家在游戏软件创作好的场景中按设计好的游戏规则进行娱乐，游戏玩家对游戏画面不享有著作权。

4. 解说网络游戏形成的视听内容，如在展现玩家游戏技巧之外还形成了既有游戏音画以外新的独创性表达的，可认定为该游戏的演绎作品，构成视听作品。

5. 电竞比赛画面本身，或者融合比赛场景切换和解说的视听内容，如符合作品要件的，构成视听作品。

（七）MV 音乐电视

【观点集成】

MV 制作者使用类似摄制电影的方法拍摄的一系列有伴音的电视画面，体现制作者的创造性劳动，具有独创性的，构成视听作品；仅以自然风景为背景，配以演员简单表演的，或者是演唱会的表演录像的，属于录像制品。

（八）短视频

【观点集成】

1. 具有独创性的短视频可以认定为视听作品。

2. 视频的长短与创作性的判定没有必然联系。

三、表演与录音、录像制品的认定

表演和录音、录像制品是邻接权的客体，是作品之外的劳动成果。

表演是对文学、艺术作品的表演活动，即表演者用声音、动作、表情或借助乐器等道具表现作品的内容。

录音制品是对表演的声音和其他声音的录制品。

录像制品是电影作品和以类似摄制电影的方法创作的作品以外的任何有伴音或者无伴音的连续相关形象、图像的录制品。

【法律依据】

《中华人民共和国著作权法实施条例》第五条第（二）、（三）、（六）项

【观点集成】

1. 录音录像制品中受保护的对象是录音录像制品中的录音和录像本身，而非物质载体。

2. 基于文字转化的有声读物，如系单纯运用文字语音转换软件直接自动形成的录音仅是对文字转化形式的传播，不受邻接权保护；如系通过人为朗读等方式制作凝结了录制者的劳动创造的，属于受邻接权保护的录音。

3. 表演的作品是否在著作权保护期内、是否曾经受到《著作权法》的保护都不影响表演作为邻接权受到《著作权法》保护。

4. 表演者进行多次表演的，每一次都独立构成表演。

5. 录音的对象属于受《著作权法》保护的作品的，应当取得权利人的授权。作为录音对象的作品和制作成的录音制品属于受《著作权法》保护的两种不同的权利客体。权利人对录制行为的授权设定了期限的，除非另有约定，只要录音制品的完成时间处于授权期内，嗣后该录音制品的复制、发行、出租、通过信息网络向公众传播之行为不应当受该授权期间的限制。

6. 涉网络音频平台著作权案件中，由平台自身主张权利的，应根据案情区分个案中该平台在《著作权法》上的地位，是属于作品著作权的被授权人、录音制作者还是信息网络平台服务的提供者。网络音频平台从内容讲述者处直接获得音频著作权和维权权利的，此时讲述者的音频仅是内容的声音化呈现，根据讲述内容本身的独创性判断是否构成作品。

第三章　权利主体的认定

一、作品著作权的归属

著作权人是指在著作权侵权纠纷中享有原告资格，有权利对他人提起著作权侵权诉讼、要求他人承担民事责任的权利人，主要指作者、视为作者的法人或者非法人组织、受托人、演绎人、汇编人、制片人、原件持有人（作者身份不明的作品）、著作权受让人、著作人受赠人、著作权继承人、满足特定条件的著作权被许可人以及被授权的著作权集体管理组织等。

（一）作品著作权归属的一般规则

在无相反证据的情况下，在作品上署名的自然人、法人或非法人组织推定为作者。

【法律依据】

《中华人民共和国著作权法》第十一条、第十二条

《中华人民共和国著作权法实施条例》第二十四条

《最高人民法院关于审理著作权民事纠纷案件适用法律若干问题的解释》第七条、第十三条、第十四条

【观点集成】

1. 当事人提供的涉及著作权的底稿、原件、合法出版物、著作权登记证书、认证机构出具的证明、取得权利的合同、行政许可文件、已生效的裁判文书确定的权利人等，可以作为证明其对相关作品享有著作权的初步证据，但有相反证据可以推翻的除外。

2. 如涉案作品涉及多个著作权人，一般情况下，多个著作权人应作为共同原告参加诉讼。只有一个或者部分著作权人提起诉讼的，原告需提交其他著作权人明确表示不起诉或者授权其起诉的证据。

3. 对于著作权继受主体而言，著作权转让合同、赠与合同、遗嘱、关于财产分割的民事判决书等是认定著作权受让人的依据。

4. 对于著作权被许可人而言，主要审查著作权许可使用合同、著作权许可备案登记证明，可分为专有使用权许可合同和非专有使用权许可合同。

（1）专有使用权许可合同的被许可人可以自己的名义，就他人在相同的时间、地域范围内未经许可以相同方式使用作品的行为提起诉讼或申请诉前措施。

在合同没有约定或者与约定不明时，视为被许可人有权排除包括著作权人在内的任何人以相同方式使用作品。

（2）非专有使用权许可合同的被许可人在著作权人书面明确授权的情况下，可以起诉。

5. "作者"不等于"著作权人"，作者之外的其他人根据合同约定或者法律规定也可以成为著作权人。例如影视作品的著作权由制片者享有，但其中的剧本、音乐等可以单独使用的作品的作者有权单独行使著作权。例如法律规定，由他人执笔，本人审阅定稿并以本人名义发表的报告、讲话等作品，著作权归报告人或者讲话人享有。

6. 在无相反证据的情况下，根据作品的署名推定权利归属。作者有权署真名、假名或匿名等方式发表作品。当作者署假名时，主张权利的当事人应当证明该署名和作者存在真实对应关系。通过互联网发表的作品，主张权利的当事人通过登录首次发表作品的载体或者网络平台的账号完成修改密码、发布作品等操作方式来证明署名和作者存在真实对应关系的，可以推定其为作者。

（二）特殊作品的著作权归属

1. 法人作品

除了自然人可以成为作者，法人或非法人组织在符合一定条件下也可以视为作者。

【法律依据】

《中华人民共和国著作权法》第十一条

【观点集成】

（1）法人作品构成要件：由法人或者非法人组织主持，代表法人或者非法人组织意志创作，并由法人或者非法人组织承担责任的作品。

（2）法人作品将法人或非法人组织视为作者，法人或非法人组织享有包括署名权在内的完整的著作权。

（3）代表法人意志进行创作，该法人意志应当是具体而非抽象的，即创作者自由思维空间不大，创作思维及表达方式是有限的，创作者没有很大的发挥空间。

2. 职务作品

职务作品是自然人为了完成法人或者非法人组织的工作任务而创作的作品，分为一般职务作品和特殊职务作品。一般职务作品著作权归创作人所有，即由事实作者享有，但单位有权在业务范围内优先使用，且作品完成两年内，作者未经单位同意不得许可第三人以与单位使用的相同方式使用该作品。特殊职务作品除了署名权由作者享有，著作权的其他权利由单位享有。

【法律依据】

《中华人民共和国著作权法》第十八条

【观点集成】

（1）一般职务作品构成要件：作者是单位的工作人员，具有劳动或者雇佣关系，包括正式工作人员、临时工作人员或者实习人员等；作品必须是为了完成单位的工作任务而创作。

（2）特殊职务作品包括：主要是利用法人或者非法人组织的物质技术条件创作，并由法人或者非法人组织承担责任的工程设计图、产品设计图、地图、示意图、计算机软件等职务作品；报社、期刊社、通讯社、广播电台、电视台的工作人员创作的职务作品；法律、行政法规规定或者合同约定著作权由法人或者非法人组织享有的职务作品。

（3）对于一般职务作品，法人可以在其业务范围内优先使用，对业务范围的确定不应局限于企业营业执照登记的范围，还应结合企业宗旨、技术进步等因素综合确定。

3. 合作作品

两人以上合作创作的作品，著作权由合作作者共同享有。两个及两个以上的作者在创作时具有共同创作的意思表示且实际参与创作是构成合作作品的基础。

【观点集成】

（1）对于可分割使用的合作作品，作者对各自创作的部分可以单独享有著作权，但行使著作权时不得侵犯合作作品整体的著作权。

（2）对于不可分割使用的合作作品，其著作权由合作作者共同享有，通过协商一致行使；不能协商一致，又无正当理由的，任何一方不得阻止他方行使除转让、许可他人专有使用、出质以外的其他权利，所得收益应当合理分配给所有合作作者。

（3）没有参加创作的人，不能成为合作作者。

（4）合作作品的保护期是截止于最后死亡的作者死亡后第50年的12月31日。

（5）合作作者之一死亡后，其对合作作品享有的财产权利无人继承又无人受遗赠的，由其他合作作者享有。

（6）共同创作的判断关键在于对作品独创性的贡献，不在于有无实际执笔。

（7）认定修改者为合作作者的，修改部分超过文字性修改的范畴且贡献了新的独创性。

4. 委托作品

委托作品是指受托人根据委托人的委托而创作的作品，受托人和委托人之间是承揽合同关系。

【法律依据】

《中华人民共和国著作权法》第十九条

《最高人民法院关于审理著作权民事纠纷案件适用法律若干问题的解释》第十二条

【观点集成】

（1）委托作品的著作权归属由委托人和受托人通过合同约定。合同未作明确约定或者没有订立合同的，著作权属于受托人。

（2）若著作权由受托人享有的，委托人可以在约定的范围内使用作品。若使用范围没有约定的，委托人可以在委托创作的特定目的的范围内免费使用该作品。使用范围应当结合个案具体认定。

（三）特殊类型作品的著作权归属

1. 数码照片

数码照片的权属证明责任应当合理分配，适当运用举证责任转移原理和民事诉讼证据优势原理，以查清案件事实，平衡各方诉讼当事人利益。

【观点集成】

（1）原告提交的载有原始数据的电子稿可以作为其享有著作权的初步证据。若被告对权属提出异议，则应当提出相反证据。若被告提出了相反证据，则举证责任再次转移至原告，由原告补充举证。

（2）加盖水印和权利声明可以作为著作权人的推定，但有相反证明的除外。相反证明包括但不限于：印有其他公司水印的图片尺寸更大、像素更高；印有其他公司水印的图片应当水印清晰，并有著作权声明，同时要显示有图片的相关信息、来源等；载有该图片的网站应当在工业和信息化部"ICP/IP 地址/域名信息备案管理系统"备案；等等。

（3）对于不能依据署名确定权利人身份的数码图片，可根据图片本身反映出来的拍摄时间、摄影设备制造商名称、摄影设备型号、序列号、图片类型、图像分辨率等技术参数予以确定。

2. 视听作品

【法律依据】

《中华人民共和国著作权法》第十七条

【观点集成】

（1）视听作品中的电影作品、电视剧作品的著作权由制作者享有，但编剧、导演、摄影、作词、作曲等作者享有署名权，并有权按照与制作者签订的合同获得报酬。电影作品、电视剧作品以外的视听作品的著作权归属由当事人约定；没有约定或者约定不明确的，由制作者享有，但作者享有署名权和获得报酬的权利。其中，剧本、音乐等可以单独使用的作品的作者有权单独行使其著作权。

（2）对于影视作品权利人身份的认定，可根据作品中载明的版权声明予以确定。

没有版权声明或者依据版权声明不能确定权利人，而当事人就该作品的著作权归属和分配有合同约定的，依照合同约定确定权利人。

在影视作品上署名的"出品人""制片人"等自然人、法人或者其他组织，且有合同约定或者有出资证明的，可视为权利人。

既无版权声明，也无合同约定和出资证明的，如无相反证据，在影视作品上署名为"出品单位""联合出品单位"的法人或者非法人组织为权利人。

出版的影视作品上标注的著作权人信息与作品内容中（如作品中字幕）标注的不一致的，应以字幕中的署名为准。

（3）未实际组织或直接出资参与影视作品制作的，不能被认定为影视作品的著作权人。

（4）视听作品截图是视听作品的组成部分，落入视听作品的保护范围。

（四）继受取得著作权的归属与行使

1. 多重许可、转让的著作权归属与行使

著作权多重许可、转让是指同一著作权分别转让或者许可给多位受让人或被许可人。

【观点集成】

著作权归属的确定规则：（1）如先受让人先登记，由先受让人取得著作权；（2）先受让人未登记，后受让人符合以下要件可取得著作权：已登记并系有偿受让，除非其明知先受让人存在且其主张登记违反诚实信用原则；（3）如先受让人和后受让人都未登记，则彼此均不得对抗，任何一方都可以通过率先完成登记以获得能对抗第三人的著作权，但受第（1）、（2）项规则限制。

2. 继承人为多人时的权利行使

【观点集成】

（1）著作权的继受主体只能对著作财产权进行继承。因作品的财产权无法分割，故当继承人为多人时，应当共同继承，此时对该作品著作权的行使参照合作作品的行使规则。

（2）当继承人众多且客观情况下无法取得全部继承人的授权，仅取得部分继承人的授权为合法有效。

二、表演者权的归属

表演者对其表演享有权利。

【法律依据】

《中华人民共和国著作权法》第三十九条、第四十条

《中华人民共和国著作权法实施条例》第五条

【观点集成】

1. 表演者，是指演员、演出单位或者其他表演文学、艺术作品的人。

2. 被表演的对象应当是著作权法意义上的文学、艺术作品。

3. 二人以上共同表演作品，如表演活动可以分割使用的，则表演者可单独对各自的表演活动享有表演者权。如表演活动不可分割使用的，则表演者对表演活动共同享有表演者权。

4. 演员为完成本演出单位的演出任务进行的表演为职务表演，演员享有表明身份和保护表演形象不受歪曲的权利，其他权利归属由当事人约定。当事人没有约定或者约定不明确的，职务表演的权利由演出单位享有。职务表演的权利由演员享有的，演出单位可以在其业务范围内免费使用该表演。

三、录音录像制作者权的归属

录音录像制作者权的权利主体即录音录像制作者，是指首次制作录音、录像制品的人。

【观点集成】

1. 依据音像制品上的署名可以推定其为录音录像制品的制作者，若被告提出异议其是否为合法权利人，则需进一步审查制作者是否取得作品著作权人的授权，是否与表演者签订合同。

2. 被告抗辩以原告未取得复制、发行录音录像制品的行政许可为由主张原告与著作权人签订的许可合同无效的，不予支持，原告是否获得行政许可并不

影响著作权许可合同的效力。

第四章　著作权侵权的认定

一、著作权侵权认定的基本方法

被诉侵权作品与原告主张权利的在先作品的相关内容相同或者实质性相似，被告在创作时接触过原告主张权利的作品或者存在接触的可能，且被告不能举证或者说明被诉侵权作品合法来源或者合法授权的，可以认定被告侵害了原告著作权。

二、相同或实质性相似的认定

著作权侵权判定，应当首先认定被诉侵权作品与原告权利作品是否构成相同或者实质性相似。

根据不同的作品类型选择判断实质性相似的不同方法。

（一）整体观感法

在判断实质性相似时，结合作品全局、上下文、语境等进行综合判断，强调构成作品的各个要素之间是有机的整体。整体观感法多用于图形作品、美术作品等的实质性相似判断。

【观点集成】

1. 使用整体观感法进行实质性相似判断时，应将作品作为一个整体来分析判断，而非分解比较。

2. 应从普通观察者的角度对作品是否实质性相似进行判断。

3. 在著作权侵权比对中，不以混淆作为作品是否构成实质性相似的考量标准。

（二）"抽象—过滤—比较"三步法

"抽象—过滤—比较"三步法多用于文字作品、计算机软件作品的实质性相似判断，其具体步骤为：

1. 通过"抽象"，将思想从表达中抽离出来，确定权利作品中的表达（而不是思想）；

2. 通过"过滤"，剔除属于公有领域的表达和表达方式有限的表达，确定需要保护的独创性表达；

3. 通过"比较"，判断被诉侵权作品是否使用了权利作品中具有独创性的表达。

【观点集成】

1. 区分思想与表达的基本规则是，越抽象越接近于思想，越富于独创性越接近于表达，其中对于独创性的把握要突出创作元素的个性特征。

2. "过滤"的常用规则为场景原则与混同原则。

3. 相同历史题材作品实质性相似的判断：根据相同历史题材创作作品中的题材主线、史实脉络，属于思想范畴。选择某一类主题进行创作时，不可避免地采用某些事件、人物、布局、场景，这种表现特定主题不可或缺的表达不受《著作权法》保护。在作品对比方面，应当着重查明被诉侵权作品是否使用了权利作品在描述相关历史时的独创性表达。

4. 在判断被诉侵权作品与权利作品是否构成实质性相似时，可以考量两者有无同错情形、相同部分的独创性程度、被告有无接触原告作品等因素。

三、接触的认定

著作权侵权判定，在认定被诉侵权作品与权利作品构成相同或实质性相似的基础上，还应审查被诉侵权人是否接触权利作品或者具有接触权利作品的可能性。

【观点集成】

1. 对于未发表的作品，原告需举证证明被告已实际接触到权利作品。

2. 对于已发表的作品，可以结合作品的发表渠道、知名度等因素综合判断被告是否有接触权利作品的可能性，并不要求必须有实际的接触。

第五章　著作权侵权抗辩的认定

一、合法授权抗辩

合法授权抗辩，指被诉侵权人以其行为受到著作权人的合法授权为由进行抗辩。

【法律依据】

《中华人民共和国著作权法》第五十九条

【观点集成】

1. 被告提出合法授权抗辩的，应对其有合法授权承担举证责任。

2. 应当对许可协议的有效性、许可内容、许可期限、许可性质、地域范围等进行审查。

二、合理使用抗辩

合理使用抗辩，指《中华人民共和国著作权法》第二十四条之规定，即在特定情形下使用作品，可以不经著作权人许可，不向其支付报酬，但应当指明作者姓名或者名称、作品名称，并且不得影响该作品的正常使用，也不得不合理地损害著作权人的合法权益。

【法律依据】

《中华人民共和国著作权法》第二十四条

《中华人民共和国著作权法实施条例》第十九条、第二十条、第二十一条

《信息网络传播权保护条例》第六条、第七条

【观点集成】

1. 应紧密围绕《中华人民共和国著作权法》第二十四条及《信息网络传播权保护条例》第六条、第七条所列之情形判断合理使用行为。

2. 除当事人另有约定或者由于作品使用方式的特性无法指明的情况外，使用时应指明作者姓名、作品名称等。

（一）个人使用

个人使用抗辩是指，为个人学习、研究或者欣赏，使用他人已经发表的作品。

【观点集成】

纯粹为个人目的而使用，既不能具有直接商业动机，也不能将所使用内容公之于众、进行传播。应注意考察被诉侵权人的行为是否超出了个人使用之必要范畴，是否会影响作品的正常使用。

（二）适当引用

适当引用抗辩是指，为介绍、评论某一作品或者说明某一问题，在作品中适当引用他人已经发表的作品。

【观点集成】

1. 引用的对象是他人已发表的作品。

2. 引用的目的仅限于介绍、评论作品或说明问题，被引用的内容应在合理范围之内，不得超出必要限度。

（三）新闻报道中使用

新闻报道中使用是指，为报道新闻，在报纸、期刊、广播电台、电视台等

媒体中不可避免地再现或者引用已经发表的作品。

【观点集成】

1. 作品使用的目的是报道新闻。

2. 相关媒体不限于报纸、期刊、广播电台和电视台，为报道时事新闻，通过信息网络提供他人作品的，同样构成合理使用。

（四）对时事性文章的使用

对时事性文章的使用是指，报纸、期刊、广播电台、电视台等媒体刊登或者播放其他报纸、期刊、广播电台、电视台等媒体已经发表的关于政治、经济、宗教问题的时事性文章，但著作权人声明不许刊登、播放的除外。

【观点集成】

1. 通过信息网络向公众提供在信息网络上已经发表的关于政治、经济问题的时事性文章，也构成合理使用。

2. 时事性文章与政治、经济、宗教问题有关，应具备时效性和重大性。

3. 保留声明由著作权人作出，既包括作品的作者，也包括通过许可、转让等方式享有著作权的自然人、法人或者非法人组织。

4. 对作品是否属于时事性文章的认定应持较为严格的判断标准。

（五）对公众集会上讲话的使用

对公众集会上讲话的使用是指，报纸、期刊、广播电台、电视台等媒体刊登或者播放在公众集会上发表的讲话，但作者声明不许刊登、播放的除外。

【观点集成】

1. 通过信息网络向公众提供在公众集会上的讲话，也构成合理使用。

2. 保留声明仅可以由作者作出。

（六）在课堂教学和科学研究中使用

在课堂教学和科学研究中使用是指，为学校课堂教学或者科学研究，翻译、改编、汇编、播放或者少量复制已经发表的作品，供教学或者科研人员使用，但不得出版发行。

【观点集成】

1. 应严格限定学校课堂教学或科学研究的范围。例如，学校课堂教学并不包括以营利为目的的、面向社会公众开展的教育培训。

2. 使用作品的量不应超过课堂教学或科学研究的需要，也不应对作者作品的市场传播带来损失。

（七）国家机关公务性使用

国家机关公务性使用是指，国家机关为执行公务在合理范围内使用已经发表的作品。

【观点集成】

1. 使用作品的主体为国家机关或国家机关授权、委托的其他单位。

2. 使用目的限于执行公务，使用方式应在合理范围内。

（八）图书馆等对馆藏作品的特定复制和传播

图书馆等对馆藏作品的特定复制和传播是指，图书馆、档案馆、纪念馆、博物馆、美术馆、文化馆等为陈列或者保存版本的需要，复制本馆收藏的作品。

【观点集成】

1. 图书馆、档案馆、纪念馆、博物馆、美术馆等可以不经著作权人许可，通过信息网络向本馆馆舍内服务对象提供本馆收藏的合法出版的数字作品和依法为陈列或者保存版本的需要以数字化形式复制的作品，不向其支付报酬，但不得直接或者间接获得经济利益。当事人另有约定的除外。

2. 为陈列或者保存版本需要以数字化形式复制的作品，应当是已经损毁或者濒临损毁、丢失或者失窃，或者其存储格式已经过时，并且在市场上无法购买或者只能以明显高于标定的价格购买的作品。

（九）免费表演

免费表演是指，免费表演已经发表的作品，该表演未向公众收取费用，也未向表演者支付报酬，且不以营利为目的。

【观点集成】

1. 表演的对象是已经发表的作品。

2. 表演未向公众收取费用，也未向表演者支付报酬，且不以营利为目的。

（十）对公共场所艺术品的复制

对公共场所艺术品的复制是指，对设置或者陈列在公共场所的艺术作品进行临摹、绘画、摄影、录像。

【观点集成】

1. 公共场所的艺术作品是指，设置或者陈列在社会公众活动处所的雕塑、绘画、书法等艺术作品。

2. 使用方式限于对这类艺术作品的临摹、绘画、摄影、录像，且可以对其成果以合理的方式和范围再行使用，不构成侵权。

（十一）制作少数民族语言文字版本

制作少数民族语言文字版本是指，将中国公民、法人或者非法人组织已经发表的以国家通用语言文字创作的作品翻译成少数民族语言文字作品在国内出版发行。

【观点集成】

1. 被使用的作品限于中国公民、法人或者非法人组织已经发表的以国家通用语言文字创作的作品。

2. 使用方式为翻译成少数民族语言文字作品在国内出版。

(十二) 制作阅读障碍者无障碍版本

制作阅读障碍者无障碍版本是指，以阅读障碍者能够感知的无障碍方式向其提供已经发表的作品。

【观点集成】

1. 被使用的作品为已经发表的作品。

2. 使用方式为以阅读障碍者能够感知的方式向其提供作品。

(十三) 其他情形

《中华人民共和国著作权法》第二十四条第一款第（十三）项对合理使用情形设定了兜底条款，即"法律、行政法规规定的其他情形"。

【观点集成】

1. 依据《中华人民共和国著作权法》第二十四条第一款以及《中华人民共和国著作权法实施条例》第二十一条之规定，合理使用的一般判断标准应包括以下要求：（1）使用的作品已经发表；（2）不得影响该作品的正常使用；（3）不得不合理地损害著作权人的合法利益；（4）属于《著作权法》第二十四条第一款第（一）项至第（十二）项规定的情形，或者属于法律、行政法规规定的其他情形。

2. 对合理使用"其他情形"的认定，应当限于法律、行政法规规定的情形。

三、法定许可抗辩

法定许可是指，在法律明确规定的情形下使用作品，可以不经著作权人的许可，但应向著作权人支付报酬。

(一) 编写出版教科书法定许可

编写出版教科书法定许可是指，为实施义务教育和国家教育规划而编写出版教科书，可以不经著作权人许可，在教科书中汇编已经发表的作品片段或者短小的文字作品、音乐作品或者单幅的美术作品、摄影作品、图形作品，但应当按照规定向著作权人支付报酬，指明作者姓名或者名称、作品名称，并且不得侵犯著作权人依照本法享有的其他权利。前款规定适用于对与著作权有关的权利的限制。

同时，为通过信息网络实施九年制义务教育或者国家教育规划，可以不经著作权人许可，使用其已经发表作品的片段或者短小的文字作品、音乐作品或者单幅的美术作品、摄影作品制作课件，由制作课件或者依法取得课件的远程教育机构通过信息网络向注册学生提供，但应当向著作权人支付报酬。

【法律依据】

《中华人民共和国著作权法》第二十五条

《信息网络传播权保护条例》第八条

《教科书法定许可使用作品支付报酬办法》第二条、第三条

【观点集成】

1. 从严把握对义务教育教科书和国家教育规划教科书的审查。义务教育教科书和国家教育规划教科书，是指为实施义务教育、高中阶段教育、职业教育、高等教育、民族教育、特殊教育，保证基本的教学标准，或者为达到国家对某一领域、某一方面教育教学的要求，根据国务院教育行政部门或者省级人民政府教育行政部门制订的课程方案、专业教学指导方案而编写出版的教科书。

2. 作品片段或者短小的文字作品，是指九年制义务教育教科书中使用的单篇不超过 2000 字的文字作品，或者国家教育规划（不含义务教育）教科书中使用的单篇不超过 3000 字的文字作品。

3. 短小的音乐作品，是指九年制义务教育和国家教育规划教科书中使用的单篇不超过 5 页面或时长不超过 5 分钟的单声部音乐作品，或者乘以相应倍数的多声部音乐作品。

（二）报刊转载法定许可

报刊转载法定许可是指，作品刊登后，除著作权人声明不得转载、摘编的外，其他报刊可以转载或者作为文摘、资料刊登，但应当按照规定向著作权人支付报酬。

【法律依据】

《中华人民共和国著作权法》第三十五条第二款

《最高人民法院关于审理著作权民事纠纷案件适用法律若干问题的解释》第十七条

《中华人民共和国著作权法实施条例》第三十条

《国家版权局办公厅关于规范网络转载版权秩序的通知》

【观点集成】

1. 该法定许可所称转载，仅限于报纸、期刊之间的转载，而不适用于书籍

之间、网络之间。

2. 著作权人声明不得转载、摘编其作品的，应当在报纸、期刊刊登该作品时附带声明。

3. 2000 年 12 月 21 日施行的《最高人民法院关于审理涉及计算机网络著作权纠纷案件适用法律若干问题的解释》第三条规定："已在报刊上刊登或者网络上传播的作品，除著作权人声明或者报刊、期刊社、网络服务提供者受著作权人委托声明不得转载、摘编的以外，在网络进行转载、摘编并按有关规定支付报酬、注明出处的，不构成侵权。"依据该解释，报刊转载法定许可被扩展到了网络领域。但该司法解释在 2006 年修改时就删除了上述条文，且 2013 年《最高人民法院关于审理侵害信息网络传播权民事纠纷案件适用法律若干问题的规定》开始实施时，上述司法解释便已失效，而新的规定仍没有设置网络转载的法定许可，因此该法定许可不适用于网络环境之中。

（三）制作录音制品法定许可

制作录音制品法定许可是指，录音制作者使用他人已经合法录制为录音制品的音乐作品制作录音制品，可以不经著作权人许可，但应当按照规定支付报酬；著作权人声明不许使用的不得使用。

【法律依据】

《中华人民共和国著作权法》第四十二条第二款

【观点集成】

1. 声明不得对其作品制作录音制品的，应当在该作品合法录制为录音制品时声明。

2. 被使用的音乐作品必须已经被合法录制为录音制品。对于仅在网络中传播、未被合法录制为录音制品的音乐作品，不适用本法定许可。

3. 依据该法定许可制作录音制品之后，再进行发行行为的，仍然符合法定许可的规定，但应依法向著作权人支付报酬。

（四）播放作品法定许可

播放作品法定许可是指，广播电台、电视台播放他人已发表的作品，可以不经著作权人许可，但应当按照规定支付报酬。

【法律依据】

《中华人民共和国著作权法》第四十六条第二款

【观点集成】

1. 播放主体限于广播电台、电视台，播放客体限于已经发表的作品。

2. 该项法定许可是对著作权人广播权的限制，并不涉及信息网络传播权。

（五）通过网络向农村提供特定作品的法定许可

通过网络向农村提供特定作品的法定许可是指，为扶助贫困，通过信息网络向农村地区的公众免费提供中国公民、法人或者其他组织已经发表的种植养殖、防病治病、防灾减灾等与扶助贫困有关的作品和适应基本文化需求的作品，网络服务提供者应当在提供前公告拟提供的作品及其作者、拟支付报酬的标准。自公告之日起30日内，著作权人不同意提供的，网络服务提供者不得提供其作品；自公告之日起满30日，著作权人没有异议的，网络服务提供者可以提供其作品，并按照公告的标准向著作权人支付报酬。网络服务提供者提供著作权人的作品后，著作权人不同意提供的，网络服务提供者应当立即删除著作权人的作品，并按照公告的标准向著作权人支付提供作品期间的报酬。

【法律依据】

《信息网络传播权保护条例》第九条

四、合法来源抗辩

复制品的发行者或者视听作品、计算机软件、录音录像制品的复制品的出租者能够证明其发行、出租的复制品有合法来源的，不承担赔偿责任。

【法律依据】

《中华人民共和国著作权法》第五十九条第一款

【观点集成】

1. 被诉侵权人提出合法来源抗辩的，应对其有合法来源承担举证责任。

2. 被诉侵权人所发行、出租的复制品确有合法来源的，不承担赔偿责任，但仍要承担停止侵害的责任。

3. 合法来源抗辩的要件之一，是被诉侵权人主观上应为不知道也不应当知道其发行、出租的复制品系侵权产品。对于明知销售的产品存在著作权侵权行为的，应认定具有主观上的恶意，不能适用合法来源抗辩。

第六章　侵权责任的确定

一、停止侵权

若被告构成对著作权的侵犯，权利人请求判令其停止侵权行为，人民法院应予支持。但是，基于国家利益、公共利益考量，或者停止有关行为会造成当事人之间重大利益失衡或实际无法执行的，人民法院可以不判令被告停止被诉侵权行为。

【观点集成】

1. 停止侵权民事责任对应于知识产权请求权，区别于损害赔偿请求权，行为人实施了著作权侵权行为，且有继续侵害之虞的，一般均应承担停止侵权民事责任。

2. 对于侵权事实已经清楚、能够认定侵权成立的，人民法院可以依法先行判决停止侵权。

3. 对于假冒、盗版商品及主要用于生产或者制造假冒、盗版商品的材料和工具，权利人在民事诉讼中举证证明存在上述物品并请求迅速销毁的，除特殊情况外，人民法院应予支持。在特殊情况下，人民法院可以责令在商业渠道之外处置主要用于生产或者制造假冒、盗版商品的材料和工具，尽可能减少进一步侵权的风险；侵权人请求补偿的，人民法院不予支持。

4. 特殊情况下可以不判决承担停止侵权民事责任，即基于国家利益、公共利益的考量，或者停止有关行为会造成当事人之间重大利益失衡或实际无法执行的，人民法院对于特定的侵权行为可以不判令被告停止被诉侵权行为。

二、赔偿损失

侵犯著作权或者与著作权有关的权利的，侵权人应当按照权利人因此受到的实际损失或者侵权人的违法所得给予赔偿；权利人的实际损失或者侵权人的违法所得难以计算的，可以参照该权利使用费给予赔偿。对故意侵犯著作权或者与著作权有关的权利，情节严重的，可以在按照上述方法确定数额的一倍以上五倍以下给予赔偿。

权利人的实际损失、侵权人的违法所得、权利使用费难以计算的，由人民法院根据侵权行为的情节，判决给予五百元以上五百万元以下的赔偿。

赔偿数额还应当包括权利人为制止侵权行为所支付的合理开支。

人民法院为确定赔偿数额，在权利人已经尽了必要举证责任，而与侵权行为相关的账簿、资料等主要由侵权人掌握的，可以责令侵权人提供与侵权行为相关的账簿、资料等；侵权人不提供，或者提供虚假的账簿、资料等的，人民法院可以参考权利人的主张和提供的证据确定赔偿数额。

【法律依据】

《中华人民共和国著作权法》第五十四条第一款至第四款

《最高人民法院关于审理著作权民事纠纷案件适用法律若干问题的解释》第二十四、二十五条

【观点集成】

1. 损害赔偿计算方法原则上应当先由当事人选择实际损失或者侵权获利，然后按照权利使用费，最后按照法定赔偿的先后顺序来适用。

2. 侵犯著作权的诉讼时效为三年，自著作权人知道或者应当知道侵权行为之日起计算。权利人超过三年起诉的，如果侵权行为在起诉时仍在持续，在该著作权保护期内，人民法院应当判决被告停止侵权行为；侵权损害赔偿数额应当自权利人向人民法院起诉之日起向前推算三年计算。

3. 如有证据证明实际损失、侵权获利或者权利使用费低于法定赔偿金额的下限，或者是高于法定赔偿金额的上限，可以综合在案证据情况在低于法定赔偿金额下限或者高于法定赔偿金额上限酌定实际损失、侵权获利或者权利使用费。

4. 被告存在以侵权为业、重复侵权，故意侵权行为持续时间长、涉及区域广，可能危害人身安全、破坏环境资源或者损害公共利益等情节，可以认定为故意侵权情节严重。

（一）权利人实际损失

权利人的实际损失，可以根据权利人因侵权所造成复制品发行减少量或者侵权复制品销售量与权利人发行该复制品单位利润乘积计算。发行减少量难以确定的，按照侵权复制品市场销售量确定。

【法律依据】

《最高人民法院关于审理著作权民事纠纷案件适用法律若干问题的解释》第二十四条

（二）侵权人获利

法院应当积极运用当事人提供的来源于工商税务部门、第三方商业平台、侵权人网站、宣传资料或者依法披露文件的相关数据以及行业平均利润率等，依法确定侵权获利情况。

【法律依据】

《最高人民法院关于依法加大知识产权侵权行为惩治力度的意见》第 8 条

（三）法定赔偿

权利人的实际损失、侵权人的违法所得、权利使用费难以计算的，由人民法院根据侵权行为的情节，判决给予五百元以上五百万元以下的赔偿。

【法律依据】

《最高人民法院关于审理著作权民事纠纷案件适用法律若干问题的解释》第二十五条

《最高人民法院关于依法加大知识产权侵权行为惩治力度的意见》第 11 条

【观点集成】

1. 权利人的实际损失、侵权人的违法所得、权利使用费难以计算的，法院根据当事人的请求或者依职权适用《著作权法》第五十四条第二款的规定确定赔偿数额。当事人就赔偿数额达成协议的，应当准许。

2. 法院在确定法定赔偿数额时，应当考虑作品类型及知名度、合理使用费、侵权行为性质及后果等情节综合确定。

三、赔偿合理开支

赔偿数额还应当包括权利人为制止侵权行为所支付的合理开支。

【法律依据】

《最高人民法院关于审理著作权民事纠纷案件适用法律若干问题的解释》第二十六条

《最高人民法院关于依法加大知识产权侵权行为惩治力度的意见》第 13 条

【观点集成】

1. 合理开支在性质上属于财产损失。

2. 权利人为制止侵权行为所支付的合理开支，是指权利人因调查、制止侵权所支付的合理费用，具体可包括两类：一类是诉讼代理费，主要指律师费；另一类是调查取证费，主要指翻译费、公证费、差旅费、被诉侵权产品购买费用等。

3. 诉讼过程中，应释明由权利人明确其主张的合理开支总金额，以及所涉及的具体类别和各类别的具体金额。

4. 人民法院应结合权利人提供的合理费用凭证，对权利人所主张的合理开支的必要性和合理性进行审查，对于其中的合理必要的费用予以支持。

5. 结合在案事实，对于律师费、公证费等确已发生的费用，权利人虽未提供相应凭证予以证明，亦可酌情予以支持。

6. 人民法院应当综合考虑案情复杂程度、工作专业性和强度、行业惯例、当地政府指导价等因素，根据权利人提供的证据，合理确定权利人请求赔偿的律师费用。

7. 保全费、案件受理费属于诉讼费用，并不属于合理开支范畴，由人民法院在结案时根据诉讼结果依职权在当事人间予以分摊。

四、赔礼道歉、消除影响

当权利人享有的著作人身权或者表演者人身权受到侵害时，被告应承担赔礼道歉、消除影响的侵权责任。

【观点集成】

赔礼道歉、消除影响的方式，应与原告声誉或精神受损程度和范围相适应。

五、精神损害抚慰金等其他民事责任承担方式

自然人因其人格权益遭受非法侵害并造成严重后果的，有权请求侵害人给付精神损害赔偿。在著作权侵权纠纷中，侵犯著作人身权或者表演者人身权情节严重，适用停止侵权、赔偿损失、赔礼道歉仍不足以抚慰权利人所受精神损害的，可以判令侵权人支付权利人相应的精神损害抚慰金。

第七章　信息网络传播权的侵权认定

在侵害信息网络传播权纠纷案件中，应当将被诉侵权行为区分为内容（作品、表演、录音录像制品）提供行为和网络服务提供行为。

一、内容提供行为的侵权认定（直接侵害信息网络传播权行为的认定）

网络用户、网络服务提供者未经许可，通过信息网络提供权利人享有信息网络传播权的作品、表演、录音录像制品，除法律、行政法规另有规定外，应当认定其实施了侵害信息网络传播权行为。

【法律依据】

《中华人民共和国著作权法》第十条第一款第（十二）项

《信息网络传播权保护条例》第二条

《最高人民法院关于审理侵害信息网络传播权民事纠纷案件适用法律若干问题的规定》第二条、第三条、第四条、第五条

【观点集成】

1. 信息网络传播权所限定的提供行为指的是内容提供行为，对应的责任是直接侵权责任，其判定的标准系是否将作品、表演、录音录像制品置于信息网络中，使公众可以在其选定的时间和地点以下载、浏览或者其他方式获得。

2. "置于信息网络中"系事实认定问题，指最初将作品置于信息网络中的行为。

3. 通过上传到网络服务器、设置共享文件或者利用文件分享软件等方式，将作品、表演、录音录像制品置于信息网络中，使公众能够在个人选定的时间

和地点以下载、浏览或者其他方式获得的，人民法院应当认定其实施了提供行为。

4. 有证据证明网络服务提供者与他人以分工合作等方式共同提供作品、表演、录音录像制品，构成共同侵权行为的，人民法院应当判令其承担连带责任。

5. 各被告之间或者被告与他人之间具有共同提供被控侵权作品、表演、录音录像制品的主观意思联络，且为实现前述主观意思联络客观上实施了相应行为的，可以认定构成共同提供行为。

6. 各被告之间或者被告与他人之间存在体现合作意愿的协议等证据，或者基于在案证据能够证明各方在内容合作、利益分享等方面紧密相联的，可以认定各方具有共同提供被控侵权作品、表演、录音录像制品的主观意思联络，但被告能够证明其根据技术或者商业模式的客观需求，仅提供技术服务的除外。

7. 以提供网页快照、缩略图等方式实质替代其他网络服务提供者向公众提供相关作品的，人民法院应当认定其构成提供行为。如上述提供行为不影响相关作品的正常使用，且未不合理损害权利人对该作品的合法权益，网络服务提供者主张其未侵害信息网络传播权的，应予支持。

8. 判断网页快照提供行为是否属于不影响相关作品的正常使用，且未不合理损害权利人对该作品合法权益情形的，可以综合考虑以下因素：

（1）提供网页"快照"的主要用途；

（2）原告是否能够通过通知删除等方法，最大限度地缩小损害范围；

（3）原告是否已明确通知被告删除网页"快照"；

（4）被告是否在知道涉嫌侵权的情况下，仍未及时采取任何措施；

（5）被告是否从网页"快照"提供行为中直接获取利益；

（6）其他相关因素。

9. 信息网络，包括以计算机、电视机、固定电话机、移动电话机等电子设备为终端的计算机互联网、广播电视网、固定通信网、移动通信网等信息网络，以及向公众开放的局域网络。

10. 原告提供了在被告网站上能够浏览、下载或者以其他方式获得侵权作品、表演、录音录像制品的公证书等证据，据此主张被告侵害其信息网络传播权，而被告抗辩其未实施提供行为的，由被告承担相应的举证责任。

11. "提供作品"仅指使公众获得作品的可能性，并不要求实际将作品发送至公众手中。

12. 除互联网外，传播者也可以通过其他有线或无线的方式进行交互式传播，如数字电视的点播服务、网吧点播服务等也属于网络传播行为。

二、网络服务提供行为的侵权认定（教唆侵权、帮助侵权的认定）

网络服务提供者在提供网络服务时，教唆或者帮助网络用户实施侵害信息网络传播权行为的，人民法院应当判令其承担侵权责任。

【法律依据】

《最高人民法院关于审理侵害信息网络传播权民事纠纷案件适用法律若干问题的规定》第七条、第八条、第九条、第十条、第十一条、第十二条、第十三条、第十四条

【观点集成】

1. 网络服务提供者以言语、推介技术支持、奖励积分等方式诱导、鼓励网络用户实施侵害信息网络传播权行为的，人民法院应当认定其构成教唆侵权行为。

2. 网络服务提供者明知或者应知网络用户利用网络服务侵害信息网络传播权，未采取删除、屏蔽、断开链接等必要措施，或者提供技术支持等帮助行为的，人民法院应当认定其构成帮助侵权行为。

3. 网络服务提供者只有存在主观过错时，才会因为教唆或帮助侵权行为而承担侵权责任。网络服务商的主观过错主要分为"明知"和"应知"两种情形。

4. "明知"的认定。"明知"是指链接服务提供者明确知晓被链接网站的传播行为侵犯了他人的信息网络传播权。

网络服务提供者接到权利人以书信、传真、电子邮件等方式提交的通知，未及时采取删除、屏蔽、断开链接等必要措施的，应当认定其明知相关侵害信息网络传播权行为。

权利人有其他证据证明网络服务提供者原来就知晓侵权事实的存在。网络服务提供者曾经明确向他人表示知晓网站中存有他人上传的侵权内容，但为了提高网站的点击率而故意予以保留等，可认定其明知。

5. "应知"的认定。有下列情形之一的，人民法院可以根据案件具体情况，认定提供信息存储空间服务的网络服务提供者应知网络用户侵害信息网络传播权：

（1）将热播影视作品等置于首页或者其他主要页面等能够为网络服务提供者明显感知的位置的；

（2）对热播影视作品等的主题、内容主动进行选择、编辑、整理、推荐，或者为其设立专门的排行榜的；

（3）其他可以明显感知相关作品、表演、录音录像制品为未经许可提供，

仍未采取合理措施的情形。

6. 认定提供 P2P（点对点）服务的网络服务提供者是否实施帮助、教唆侵权，可考量下列因素：

（1）P2P 网络服务提供者是否实际知道或者应当知道 P2P 软件用于侵权的具体情形；

（2）P2P 软件的可能用途与网络服务提供者的实际用途；

（3）网络服务提供者是否实施了提供技术用于侵权的帮助行为，如是否明示或暗示引诱用户使用该技术侵权；

（4）网络服务提供者是否有监督管理的义务与能力；

（5）网络服务提供者是否因此而获利。

7. 被告主张其提供的是自动接入、自动传输、信息存储空间、搜索、链接、文件分享技术等网络技术服务的，应当承担举证责任。

8. 在认定网络服务提供者是否存在过错时应结合其提供的网络服务类型进行综合判断。

9. 提供网络服务行为构成教唆或帮助侵权的前提是存在直接侵权行为。

三、故意避开、破坏技术措施行为的侵权认定

未经著作权人或者与著作权有关的权利人许可，故意避开或者破坏技术措施的，故意制造、进口或者向他人提供主要用于避开、破坏技术措施的装置或者部件的，或者故意为他人避开或者破坏技术措施提供技术服务的行为，构成著作权侵权。

【法律依据】

《中华人民共和国著作权法》第四十九条、第五十条、第五十三条第一款第（六）项

《信息网络传播权保护条例》第四条、第十二条、第二十六条第二款

【观点集成】

1. 除了故意避开或者破坏权利人的技术措施外，故意制造、进口或向公众提供主要用于避开、破坏技术措施的装置或者部件，故意为他人避开或者破坏技术措施提供技术服务的行为均属于《中华人民共和国著作权法》第五十三条第一款第（六）项的侵犯著作权的行为。

2. 在认定故意避开、破坏技术措施行为时应结合《中华人民共和国著作权法》第五十条的规定，判断其是否属于可以避开的情形。该条规定："下列情形可以避开技术措施，但不得向他人提供避开技术措施的技术、装置或者部件，不得侵犯权利人依法享有的其他权利：

（一）为学校课堂教学或者科学研究，提供少量已经发表的作品，供教学或者科研人员使用，而该作品无法通过正常途径获取；

（二）不以营利为目的，以阅读障碍者能够感知的无障碍方式向其提供已经发表的作品，而该作品无法通过正常途径获取；

（三）国家机关依照行政、监察、司法程序执行公务；

（四）对计算机及其系统或者网络的安全性能进行测试；

（五）进行加密研究或者计算机软件反向工程研究。"

四、改变、删除权利管理信息行为的侵权认定

【法律依据】

《中华人民共和国著作权法》第五十一条、第五十三条第一款第（七）项

《信息网络传播权保护条例》第五条、第二十六条第三款

【观点集成】

1. 原告主张保护的信息属于权利管理信息。权利管理电子信息，是指说明作品及其作者、表演及其表演者、录音录像制品及其制作者的信息，作品、表演、录音录像制品权利人的信息和使用条件的信息，以及表示上述信息的数字或者代码。

2. 被告实施了改变、删除权利管理信息的行为。

五、"避风港"规则抗辩的认定

提供自动接入、自动传输、自动存储、信息存储空间、搜索、链接服务的网络服务提供者符合法定条件的，可以不承担赔偿责任。

【观点集成】

1. 被告提供的是自动接入、自动传输、自动存储、信息存储空间、搜索、链接的网络服务。

2. 被告的行为符合《信息网络传播权保护条例》第二十条、第二十一条、第二十二条、第二十三条规定的网络服务提供者可以不承担赔偿责任的条件。

3. 被告主张的"避风港规则"抗辩不成立的，仍然应当根据《中华人民共和国民法典》第一千一百九十五条、第一千一百九十六条、第一千一百九十七条的规定判断网络服务提供者是否应当承担相应的侵权责任。

（一）自动接入、自动传输服务提供者不承担赔偿责任的条件

网络服务提供者根据服务对象的指令提供网络自动接入服务，或者对服务对象提供的作品、表演、录音录像制品提供自动传输服务，并具备下列条件的，

不承担赔偿责任：（1）未选择并且未改变所传输的作品、表演、录音录像制品；（2）向指定的服务对象提供该作品、表演、录音录像制品，并防止指定的服务对象以外的其他人获得。

【法律依据】

《信息网络传播权保护条例》第二十条

【观点集成】

1. 被告提供的是否属于自动接入或者自动传输服务。

2. 被告在提供自动接入或自动传输服务时，是否具有选择或改变所传输的作品、表演、录音录像制品的行为，是否向指定的服务对象以外的其他人提供该作品、表演、录音录像制品，是否采取措施防止指定的服务对象以外的其他人获得该作品、表演、录音录像制品。

（二）自动存储服务提供者不承担赔偿责任的条件

网络服务提供者为提高网络传输效率，自动存储从其他网络服务提供者获得的作品、表演、录音录像制品，根据技术安排自动向服务对象提供，并具备下列条件的，不承担赔偿责任：（1）未改变自动存储的作品、表演、录音录像制品；（2）不影响提供作品、表演、录音录像制品的原网络服务提供者掌握服务对象获取该作品、表演、录音录像制品的情况；（3）在原网络服务提供者修改、删除或者屏蔽该作品、表演、录音录像制品时，根据技术安排自动予以修改、删除或者屏蔽。

【法律依据】

《信息网络传播权保护条例》第二十一条

【观点集成】

1. 被告提供的是否属于自动存储服务。

2. 被告在提供自动存储服务时，是否改变了自动存储的作品、表演、录音录像制品；是否影响提供作品、表演、录音录像制品的原网络服务提供者掌握服务对象获取该作品、表演、录音录像制品的情况；在原网络服务提供者修改、删除或者屏蔽该作品、表演、录音录像制品时，是否根据技术安排自动予以修改、删除或者屏蔽。

（三）信息存储空间服务提供者不承担赔偿责任的认定

网络服务提供者为服务对象提供信息存储空间，供服务对象通过信息网络向公众提供作品、表演、录音录像制品，并具备下列条件的，不承担赔偿责任：（1）明确标示该信息存储空间是为服务对象所提供，并公开网络服务提供者的名称、联系人、网络地址；（2）未改变服务对象所提供的作品、表演、录音录像制品；（3）不知道也没有合理的理由应当知道服务对象提供的作品、表演、录音录像制品侵权；（4）未从服务对象提供作品、表演、录音录像制品中直接获得经济利益；（5）在接到权利人的通知书后，根据本条例规定删除权利人认为侵权的作品、表演、录音录像制品。

【法律依据】

《信息网络传播权保护条例》第二十二条；

《最高人民法院关于审理侵害信息网络传播权民事纠纷案件适用法律若干问题的规定》第十二条。

【观点集成】

1. 被告提供的是否属于信息存储空间服务。被告主张提供信息存储空间服务的，可以综合下列因素予以认定：

（1）被告提供的证据可以证明其网站具备为服务对象提供信息存储空间服务的功能；

（2）被告网站中的相关内容明确标示了为服务对象提供信息存储空间服务；

（3）被告能够提供上传者的用户名、注册 IP 地址、注册时间、上传 IP 地址、联系方式以及上传时间、上传信息等证据；

（4）其他能够证明被告提供信息存储空间服务的因素。

2. 有下列情形之一的，可以根据案件具体情况，认定提供信息存储空间服务的网络服务提供者应知网络用户侵害信息网络传播权：

（1）将热播影视作品等置于首页或者其他主要页面等能够为网络服务提供者明显感知的位置的；

（2）对热播影视作品等的主题、内容主动进行选择、编辑、整理、推荐，或者为其设立专门的排行榜的；

（3）其他可以明显感知相关作品、表演、录音录像制品为未经许可提供，仍未采取合理措施的情形。

（四）搜索、链接服务提供者不承担赔偿责任的认定

网络服务提供者为服务对象提供搜索或者链接服务，不知道所链接的作品、表演、录音录像制品侵权，且在接到权利人的通知书后，根据条例规定断开与侵权的作品、表演、录音录像制品的链接的，不承担赔偿责任。

【法律依据】

《信息网络传播权保护条例》第二十三条

【观点集成】

1. 被告能够举证证明存在以下情形之一的，可以认定其提供的是链接

服务：

（1）涉案作品、表演、录音录像制品的播放是自被告网站跳转至第三方网站进行的；

（2）涉案作品、表演、录音录像制品的播放虽在被告网站进行，但其提供的证据足以证明涉案作品、表演、录音录像制品来源于第三方网站的；

（3）可以认定被告提供的是链接服务的其他情形。

2. 被告是否"明知"或"应知"被链接的作品、表演、录音录像制品侵权。

3. 被告接到权利人的通知后，是否及时断开与侵权作品、表演、录音录像制品的链接。

4. 原告提供了在被告网站上能够浏览、下载或者以其他方式获得被控侵权作品、表演、录音录像制品的公证书等证据，据此主张被告侵害其信息网络传播权，被告抗辩其仅能对上述内容设置链接的，由被告承担相应的举证责任。

5. 设置链接一般不构成侵害信息网络传播权，但是网络服务提供者明知或者应知所链接的作品、表演、录音录像制品侵权或者故意避开或者破坏技术措施实施链接的，应当承担连带责任。

原告主张被控侵权行为属于"网络服务提供者明知或者应知所链接的作品、表演、录音录像制品侵权"情形的，原告应对被告网站所链接的作品、表演、录音录像制品系侵权的事实承担举证责任。为了便于查明上述事实，对原告申请追加被链网站的经营者作为共同被告应予准许；也可以通知被链网站的经营者作为第三人参加诉讼。

原告主张被控侵权行为属于"网络服务提供者故意避开或者破坏技术措施实施链接"情形的，原告应当证明其采用了防止设置链接的技术措施。原告采用了防止设置链接的技术措施，可以推定被告故意避开或者破坏了技术措施，被告提供反证的除外。

上海市高级人民法院知识产权审判庭
商标侵权案件裁判方法重述（2022）

第一章　诉辩主张的整理与固定

一、原告诉请

（一）停止侵害诉请

【观点集成】

1. 侵害注册商标专用权案件。原告可依据《中华人民共和国商标法》第五十七条，提出判令被告"停止侵害原告享有的第×××号注册商标专用权的行为""停止侵害原告享有的第×××号注册商标使用权的行为"或"停止销售侵害第×××号注册商标专用权的商品""停止销售侵害原告享有的第×××号注册商标使用权的商品"的诉讼请求。

2. 注册商标专用权与其他权利冲突案件

（1）被告突出使用与原告商标相同或近似的企业字号并造成公众误认：原告可依据《最高人民法院关于审理商标民事纠纷案件适用法律若干问题的解释》第一条第（一）项，提出判令被告"规范使用企业名称"或"不得突出使用企业名称"的诉讼请求。

（2）被告使用与原告商标相同或近似的域名开展电子商务活动并造成公众误认：原告可依据《最高人民法院关于审理商标民事纠纷案件适用法律若干问题的解释》第一条第（三）项，提出判令被告"停止使用"或"变更"该域名。

3. 原告应明确其主张的被控侵权行为类型及具体表现形式，即明确"3W + H"要素："When"（被控侵权期间）、"Where"（被控侵权地点或范围）、"Who"（被控侵权行为人）、"How"（被控侵权具体行为：使用标识、销售商品、伪造或擅自制造标识、反向假冒、帮助侵权等）。

涉及两个及以上被告的,则应进一步明确各被告分别停止的具体侵权行为类型。

(二)赔偿经济损失诉请

【观点集成】

1. 原告可依据《中华人民共和国商标法》第六十三条第一款至第三款,提出相关诉讼请求。该类诉讼请求的通常表述为:"判令被告赔偿原告经济损失×××元。"

2. 原告应当明确其主张经济损失的计算方式,即适用权利人损失、侵权人获利、商标许可使用费、惩罚性赔偿还是法定赔偿的赔偿方式。

3. 明确损失赔偿计算方式所依据的事实和理由。例如,原告主张按照侵权人的侵权获利计算赔偿数额,则需明确其主张的赔偿数额如何计算。

4. 涉及两个及以上被告的,应明确各被告间系连带赔偿还是分别赔偿,是全部连带还是部分连带。

5. 对于原告主张赔偿损失超过法定赔偿上限 500 万元人民币的,应视为按实际损失或侵权获利计算,要求其明确具体金额的计算依据。

(三)赔偿合理开支诉请

合理开支是指权利人为制止被诉侵权行为所支付的开支。

【观点集成】

1. 原告可依据《中华人民共和国商标法》第六十三条第一款、《最高人民法院关于审理商标民事纠纷案件适用法律若干问题的解释》第十七条,提出相关诉讼请求。例如:"判令被告赔偿原告因维权而支出的合理开支×××元。"

2. 原告应当明确其主张维权合理开支的具体内容(包括但不限于翻译费、公证费、律师费、差旅费、被控侵权商品购买费等)及每一项内容的具体金额。

3. 各项支出是否提供了相应证据予以证明。

(四)消除影响诉请

【观点集成】

1. 原告可依据《中华人民共和国民法典》第一百七十九条(原《中华人民共和国民法总则》第一百七十九条),提出该类诉讼请求,例如:"判令被告在×××报纸×××位置(非中缝位置)/×××网站×××页面(如:首页、××栏目等)连续×日刊登声明以消除影响。"

2. 原告应明确主张消除影响的依据,例如商誉受损、相关公众的混淆等事实。

3. 明确消除影响的具体方式，如刊登声明的载体、位置、时间等。

4. 如果原告主张"赔礼道歉"诉讼请求，则可向其释明"赔礼道歉"的民事责任一般适用于需要精神抚慰的场合。

（五）销毁假冒注册商标的商品等诉请（消除危险）

1. 销毁假冒注册商标的商品诉请

【观点集成】

（1）原告可依据《中华人民共和国商标法》第六十三条第四款，提出"销毁假冒注册商标的商品"的诉讼请求。

（2）涉及两个及以上被告的，请原告明确其要求销毁假冒注册商标的商品的被告。

（3）审查原告有无证据证明被告有假冒注册商标的商品库存。

2. 销毁制假材料、工具诉请

【观点集成】

（1）原告可依据《中华人民共和国商标法》第六十三条第四款，提出"销毁制造假冒注册商标的商品的专用材料、工具等"的诉讼请求。

（2）涉及两个及以上被告的，请原告明确其要求销毁专用模具、设备的被告。

（3）审查原告有无证据证明被告持有制假的专用材料、工具。

（4）审查原告主张销毁的材料、工具是否为制造被控假冒商品的专用材料、工具。

二、被告答辩

（一）被告明确答辩主张

为便于案件审理，被告应至迟在指定的举证期限内提交答辩意见，明确具体答辩理由。法院根据诉辩双方的意见，对被告不争辩的事实予以明确，对被告提出的抗辩事由进行审查。

（二）要件上的抗辩

1. 对权利主体抗辩

【观点集成】

（1）明确具体抗辩事由。被告可提出"原告并非商标权人""原告系普通许可的被许可人，无权以自己名义提起诉讼"等抗辩。

（2）明确抗辩所依据的证据，或在原告证据中具体指出，并请原告对被告抗辩意见发表补充说明意见。

2. 对权利有效性抗辩

【观点集成】

（1）明确具体抗辩事由。被告可提出"原告商标不在有效期内""原告商标到期未续展""原告商标已被撤销""原告商标已被宣告无效"等抗辩。

（2）明确抗辩所依据的证据，或在原告证据中具体指出，并请原告对被告抗辩意见发表补充说明意见。

3. 未实施被控侵权行为抗辩

【观点集成】

（1）明确具体抗辩事由。被告可提出"被告并非被控侵权商品的生产商、销售商或被控侵权服务的提供者""被告并非使用被控侵权标识的使用人"等抗辩。

（2）明确抗辩所依据的证据，或在原告证据中具体指出，并请原告对被告抗辩意见发表补充说明意见。

4. 不构成侵权抗辩

【观点集成】

（1）明确具体抗辩事由。包括被控侵权标识与权属商标不相同、不近似或商品（服务）核定使用类别不相同不类似，不容易导致混淆等。

（2）明确抗辩所依据的证据，或在原告证据中具体指出，并请原告对被告抗辩意见发表补充说明意见。

（3）被告提出其使用的商标经商标局核准注册的抗辩理由，应要求其提交商标注册证，并与被控侵权标识进行比对，并视以下两种情形分别处理：

①若原告以他人超出核定商品的范围或者以改变显著特征、拆分、组合等方式使用的注册商标，与其注册商标相同或者近似为由提起诉讼的，人民法院应当受理；

②若原告以其他理由提起商标侵权诉讼，涉及商标权利冲突的，则告知原告向有关行政主管机关申请解决。

5. 不承担赔偿责任抗辩

【观点集成】

（1）明确具体抗辩事由。包括权利人不存在损失、侵权人不存在获利、原告主张的赔偿金额过高等。

（2）明确抗辩所依据的证据。如被告主张权利人不存在损失、侵权人不存在获利的，应提交被控侵权商品没有实际销售的证据；被告主张赔偿金额过高的，应提交被控侵权商品的销售数量、销售金额等证据。

（三）法律上的抗辩

1. 正当使用抗辩

【观点集成】

（1）被告可依据《中华人民共和国商标法》第五十九条第一款、第二款，提出被控侵权行为系"描述商品或服务特征、用途""正当使用商品或服务的通用名称、地名""正当使用原告三维标志注册商标中的形状"的抗辩。

被告也可提出，对商标的使用是用于指示商品或者服务来源的抗辩。

（2）明确抗辩所依据的证据，或在原告证据中具体指出，并请原告对被告抗辩意见发表补充说明意见。

2. 在先使用抗辩

【观点集成】

（1）被告可依据《中华人民共和国商标法》第五十九条第三款，提出被控侵权行为系"被告在先使用涉案标识"的抗辩。

（2）明确抗辩所依据的证据，或在原告证据中具体指出，并请原告对被告抗辩意见发表补充说明意见。

3. 原告权利用尽抗辩

【观点集成】

（1）如果商标权人对于他人销售或向公众提供经其许可投放市场商品的行为主张商标侵权的，该商品的销售者或所有权人可以提出原告权利用尽抗辩。

（2）明确抗辩所依据的证据，或在原告证据中具体指出，并请原告对被告抗辩意见发表补充说明意见。

4. 权利商标未使用抗辩

【观点集成】

（1）被告可依据《中华人民共和国商标法》第六十四条第一款提出"原告未实际使用注册商标"抗辩。

针对被告的该项抗辩，法院可以要求原告提供以被告提出该抗辩之日为基准日的前三年内，原告实际使用该注册商标的证据。

（2）明确抗辩所依据的证据，或在原告证据中具体指出，并请原告对被告抗辩意见发表补充说明意见。

5. 合法来源抗辩

【观点集成】

被告可依据《中华人民共和国商标法》第六十四条第二款，提出其"销售的商品或提供的服务具有合法来源"的抗辩。

被告一般需提交授权书、供货合同、相应的商业发票、付款凭证、财务账册等证据予以证明。

第二章 权利和保护范围

一、商标权利主体的认定

商标权利主体，是指商标权人、商标权财产性权利的合法继承人或受遗赠人及满足特定条件的商标被许可人。

（一）商标注册人

【法律依据】

《中华人民共和国商标法》第三条、第四条、第六条、第四十二条

【观点集成】

1. 审查原告是否已通过申请注册、受让、继承、受遗赠等方式，经商标局核准后，已取得涉案商标的商标权，并已提供真实有效的《商标注册证》《核准转让证明》等权属证据。

2. 转让注册商标的，转让人与受让人应当签订转让协议，并共同向商标局提出申请，自商标局核准并予以公告之日起，受让人享有商标权。

3. 被控侵权行为从转让前持续至转让后的，转让人与受让人都有权起诉，其中受让人有权主张商标转让后的侵权赔偿；转让人有权主张商标转让前的侵权赔偿。转让合同对诉权有特别约定的，按照约定处理。

（二）商标被许可人

【法律依据】

《中华人民共和国商标法》第四十三条

《最高人民法院关于审理商标民事纠纷案件适用法律若干问题的解释》第三条、第四条、第十九条、第二十条

《最高人民法院关于商标侵权纠纷中注册商标排他使用许可合同的被许可人是否有权单独提起诉讼问题的函》〔（2002）民三他字第3号〕

【观点集成】

1. 授权主体

商标权利人是否系授权人，原告是否系受让人。

2．授权类型

（1）独占许可

在注册商标专用权被侵害时，该类被许可人可以直接以自己的名义向法院提起诉讼。

（2）排他许可

①该类被许可人可以和商标注册人共同起诉，也可以在商标注册人不起诉的情况下，自行提起诉讼。

②商标注册人不起诉包括以下两种情形：一是商标注册人明示放弃起诉；二是被许可人有证据证明其已告知商标注册人或者商标注册人已知道有侵犯注册商标专用权行为发生后仍不起诉。

（3）普通许可

该类被许可人须经商标注册人在合同或授权书中明确授权能以自己的名义进行维权，才可以提起诉讼；否则，普通许可的被许可人不可以自己的名义提起诉讼。

3．授权内容

（1）授权期间：侵权证据的保全时间在授权期间内，原告起诉时间未过诉讼时效。

（2）授权范围：包含被控侵权行为地。

4．授权效力

注册商标的转让不影响转让前已经生效的商标使用许可合同的效力，但商标使用许可合同另有约定的除外。

二、商标权利有效性的认定

（一）权利有效期

【法律依据】

《中华人民共和国商标法》第三十九条、第四十条

《最高人民法院关于审理商标民事纠纷案件适用法律若干问题的解释》第五条

【观点集成】

审查原告主张的商标权是否在有效期内、是否到期未续展。若超过期限未续展，则原告不可主张被告停止侵权；若已申请续展但续展结果未出，告知原告进一步提供续展结果的证据。

（二）权利状态

【法律依据】

《中华人民共和国商标法》第四十七条、第五十五条

《中华人民共和国民事诉讼法》第一百四十八条第一款、第一百五十三条第一款第（五）项、第二款

【观点集成】

审查原告主张的商标权有无存在已被无效、撤销的情形，或尚在无效、撤销异议期内的情形：

1. 若无被异议、无效、撤销等情形，则进行侵权审查；

2. 若已被生效判决或行政决定确认无效或撤销，则向原告释明后，可依原告申请裁定准许撤诉或判决驳回；

3. 若有异议且尚在商标评审或行政诉讼中，可采取以下处理方式：

（1）向原告释明后，依原告申请裁定准许撤诉；待商标被生效文书认定有效后，原告可再次提起诉讼。

（2）若原告不同意撤诉时，法院可视情况裁定中止审理，待商标被生效文书认定有效后，再作审理。

三、商标权保护范围的认定

（一）商标权权利内容

【法律依据】

《中华人民共和国商标法》第五十六条、第五十七条

商标权的内容包括专用权和禁用权。

1. 商标专用权是商标专用权人享有的在核定的商品上专有使用其注册商标的权利。《中华人民共和国商标法》第五十六条规定，商标专用权以核准注册的商标和核定使用的商品为限。

2. 商标禁用权是商标权人禁止他人对其注册商标实施侵权行为的权利。商标禁用权的范围一般大于商标专用权。《中华人民共和国商标法》第五十七条、《中华人民共和国商标法实施条例》及相关司法解释规定了侵犯注册商标专用权的行为。根据前述法律和司法解释之规定，商标禁用权不仅限于"同一种商品或服务"和"相同商标"，还包括"类似商品和服务"和"近似商标"，并延伸至商号、域名、商品名称以及商品装潢等领域。

（二）商标禁用权范围的认定

1. 划定商标禁用权范围的基础

混淆可能性是商标保护的核心问题，也是划定商标禁用权范围的基础。判断是否存在混淆可能性需考量以下因素。

（1）基本因素

商标标识的近似程度、商品的类似程度、请求保护商标的显著性和知名度、被控侵权标识的使用方式及相关公众的注意程度等因素及各因素之间的相互影响。

（2）参考因素

实际混淆的证据可作为参考因素。需要说明，具有该因素可佐证混淆可能性的存在，但缺乏该因素不妨碍对混淆可能性的认定。

2. 商标禁用权的具体表现形式

（1）禁止使用他人注册商标

①在商品或服务上使用

【法律依据】

《中华人民共和国商标法》第五十七条第（一）项、第（二）项

《中华人民共和国商标法实施条例》第七十六条

商标权人有权禁止他人实施未经许可，在同一种商品或服务上使用与其注册商标相同商标的行为。

商标权人有权禁止他人实施未经许可，在同一种商品或服务上使用与其注册商标近似的商标，或者在类似商品或服务上使用与其注册商标相同或近似的商标，容易导致混淆的行为。

商标权人有权禁止他人实施未经许可，在同一种商品或者类似商品上将与其注册商标相同或近似的标志作为商品名称或商品装潢使用，误导公众的行为。

②作为企业字号突出使用

【法律依据】

《最高人民法院关于审理商标民事纠纷案件适用法律若干问题的解释》第一条第（一）项

商标权人有权禁止他人实施将其注册商标相同或相近似的文字作为企业字号在相同或者类似商品或服务上突出使用，容易使相关公众产生误认的行为。

③作为域名突出使用

【法律依据】

《最高人民法院关于审理商标民事纠纷案件适用法律若干问题的解释》第

一条第（三）项

商标权人有权禁止他人实施将与其注册商标相同或者相近似的文字注册为域名，并且通过该域名进行相关商品或服务交易的电子商务，容易使相关公众产生误认的行为。

（2）禁止复制、模仿、翻译驰名商标

①驰名商标权利人有权禁止他人实施复制、摹仿、翻译他人注册的驰名商标或其主要部分，在不相同或者不相类似商品上作为商标使用，误导公众，致使该驰名商标注册人的利益可能受到损害的行为。

【法律依据】

《中华人民共和国商标法》第十三条第一款、第三款

《最高人民法院关于审理商标民事纠纷案件适用法律若干问题的解释》第一条第（二）项、第二十二条

《最高人民法院关于审理涉及驰名商标保护的民事纠纷案件应用法律若干问题的解释》

【观点集成】

第一，判断所涉商标是否驰名。

第二，该行为是否"误导公众，致使该驰名商标注册人的利益可能受到损害"，即是否足以使相关公众认为被诉商标与驰名商标具有相当程度的联系，而减弱驰名商标的显著性、贬损驰名商标的市场声誉。

第三，驰名商标权利人是否有权"跨类"行使禁用权，应遵循保护范围与驰名商标驰名程度相适应原则，根据个案具体情况进行审查判断。

②未注册驰名商标权利人有权禁止他人实施复制、摹仿、翻译其未在中国注册的驰名商标或其主要部分，在相同或者类似商品上作为商标使用，容易导致混淆的行为。

【法律依据】

《中华人民共和国商标法》第十三条第一款、第二款

《最高人民法院关于审理商标民事纠纷案件适用法律若干问题的解释》第二条、第二十二条

《最高人民法院关于审理涉及驰名商标保护的民事纠纷案件应用法律若干问题的解释》

【观点集成】

第一，判断所涉商标是否驰名。

第二，该行为是否"容易导致混淆"，即是否足以使相关公众对使用驰名商标和被诉商标的商品来源产生误认，或者足以使相关公众认为使用驰名商标

和被诉商标的经营者之间具有许可使用、关联企业关系等特定联系。

第三，未注册商标禁用权的范围限于相同或类似商品。

（3）禁止销售侵犯注册商标专用权的商品

【法律依据】

《中华人民共和国商标法》第五十七条第（三）项

商标权人有权禁止他人销售侵犯注册商标专用权的商品。

销售侵权行为的成立以在商品或服务上使用他人注册商标构成侵权行为为前提。

（4）禁止伪造、擅自制造他人注册商标标识或销售伪造、擅自制造的注册商标标识

【法律依据】

《中华人民共和国商标法》第五十七条第（四）项

商标权人有权禁止他人实施未经许可，伪造、擅自制造其注册商标标识或销售伪造、擅自制造的注册商标标识的行为。

（5）禁止反向假冒

【法律依据】

《中华人民共和国商标法》第五十七条第（五）项

商标权人有权禁止他人实施未经同意，更换其注册商标并将该更换商标的商品又投入市场的行为。

（6）禁止他人实施给其注册商标专用权造成其他损害的行为

【法律依据】

《中华人民共和国商标法》第五十七条第（七）项

商标权人有权禁止他人实施给其注册商标专用权造成其他损害的行为。人民法院根据《中华人民共和国商标法》第五十七条第（七）项，结合案件具体情况进行审查判断。

第三章 商标侵权行为的认定

一、使用注册商标行为的认定

（一）在商品或服务上使用

【法律依据】

《中华人民共和国商标法》第四十八条，第五十七条第（一）项、第

（二）项

《中华人民共和国商标法实施条例》第七十六条

【观点集成】

在商业活动中，使用商标标识指示商品或服务的来源，使相关公众能够区分提供商品或服务的不同市场主体，均为商标的使用行为。具体表现为：

1. 在商品上使用商标：如将商标用于商品、商品包装或者容器以及商品交易文书上，或者将商标用于广告宣传、展览以及其他商业活动中，或者将商标作为商品名称或者商品装潢使用误导公众的。

2. 在服务上使用商标：将商标用于服务场所内外，包括服务场所招牌、店堂装饰装潢等；将商标用于为提供服务所使用的物品上；将商标用于和服务有联系的文件资料上；或者将商标用于广告宣传、展览以及其他商业活动中。

3. 这一行为的实施者应当是准备向公众提供带有侵权商标的商品或服务的经营者，"使用"并不包括销售带有侵权商标的商品。

4. 广告商、印刷商等受托将商标附着在相关文书之上，不属于"使用"行为，不过在有主观过错的情况下可能构成帮助侵权。

5. 在定牌加工的情形下，"使用"行为的实施者是委托方，受托方不构成商标使用侵权，但有可能构成帮助侵权。

（二）作为企业字号突出使用

【法律依据】

《最高人民法院关于审理商标民事纠纷案件适用法律若干问题的解释》第一条第（一）项

【观点集成】

1. 将与他人注册商标相同或者相近似的文字作为企业的字号在相同或者类似商品上突出使用，容易使相关公众产生误认的，是商标侵权行为。反之，未在相同或者类似商品上突出使用字号的，按照《反不正当竞争法》处理。

2. 所谓突出使用，可以表现在使用企业名称时将字号突显出来，例如对字号使用不同的字体、大小、颜色、底色或者图案等形式与企业名称的其他文字加以区别，其中关键在于这种使用起到了识别来源的作用。

（三）注册为域名使用

【法律依据】

《最高人民法院关于审理商标民事纠纷案件适用法律若干问题的解释》第一条第（三）项

【观点集成】

将与他人注册商标相同或者相近似的文字注册为域名，并且通过该域名进行相关商品交易的电子商务，容易使相关公众产生误认的，构成商标侵权。

二、商标相同和近似的认定

【法律依据】

《最高人民法院关于审理商标民事纠纷案件适用法律若干问题的解释》第九条、第十条

【观点集成】

1. 商标相同指两者相比较在视觉上基本无差别。

2. 商标近似应以相关公众的一般注意力为标准，遵循"三观察法"，即整体观察、隔离观察和要部观察；同时还应当考虑请求保护注册商标的显著性和知名度。

3. 权利人注册商标的实际使用形态与注册形态不一致的，在判断被控侵权商标与权利人的注册商标是否近似时，仍应以权利人商标的注册形态与被控侵权商标进行比对，而不能用实际使用的形态与被控侵权商标进行比对。

三、相同或类似商品的认定

【法律依据】

《最高人民法院关于审理商标民事纠纷案件适用法律若干问题的解释》第十一条、第十二条

【观点集成】

1. 同一种商品或服务

（1）注册商标核定使用的商品或服务与被控侵权商标使用的商品或服务为同一类别。

（2）同一类别是指"同一种事物"，即指名称相同的商品或服务以及名称不同但指同一事物的商品或服务。因商品或服务核定使用类别项下涵盖的内容较多，不能简单根据核定使用类别来进行认定。

例如：第二十九类中包含"果冻，果酱，蜜饯"，但在进行侵权比对时，一般情况下，不可将不是同一种事物的果酱与蜜饯认定为"同一类别"。

2. 类似商品

在功能、用途、生产部门、销售渠道、消费对象等方面相同，或者相关公众一般认为其存在特定联系、容易造成混淆的商品。

3. 类似服务

在服务的目的、内容、方式、对象等方面相同，或者相关公众一般认为存在特定联系、容易造成混淆的服务。

4. 商品与服务类似

商品和服务之间存在特定联系，容易使相关公众混淆。

5.《商标注册用商品和服务国际分类表》《类似商品和服务区分表》可以作为判断类似商品或者服务的参考。

四、混淆的判断

（一）混淆主体的认定

【法律依据】

《最高人民法院关于审理商标民事纠纷案件适用法律若干问题的解释》第八条

【观点集成】

1. 相关公众是指与商标所标识的某类商品或服务有关的消费者和与前述商品或服务的营销有密切关系的其他经营者。

2. 应当以相关公众对商品或服务的一般认识进行判断。

（二）混淆的认定

【法律依据】

《中华人民共和国商标法》第五十七条第（二）项

《最高人民法院关于审理商标民事纠纷案件适用法律若干问题的解释》第九条第二款

【观点集成】

1. 主要考量因素

（1）原告商标的知名度、显著性；

（2）商品或服务类别的近似程度；

（3）原告商标与被控侵权标识的近似程度；

（4）被控侵权标识使用的方式。

2. 混淆的主要类型

（1）商品或服务来源的混淆，即相关公众误认为被控侵权商标与原告注册商标所标示的商品或服务来自同一市场主体，对商品或服务的来源产生混淆、误认。

（2）关联关系的混淆，即相关公众误认为两个市场主体之间存在着商标许可、关联企业等特定联系。

3. 混淆的认定

仅需具有混淆可能性即可，不以实际发生混淆后果为认定要件。

五、销售侵权

【法律依据】

《中华人民共和国商标法》第五十七条第（三）项

【观点集成】

1. 根据前述规则认定构成《中华人民共和国商标法》第五十七条第（一）项、第（二）项规定的侵权行为成立的情况下，再判断销售行为是否成立。

2. 经营者以赠品或奖品的方式向消费者提供被控侵权商品，视为销售侵权商品。

六、伪造、制造、销售商标标识行为

【法律依据】

《中华人民共和国商标法》第五十七条第（四）项

未经商标权人许可，伪造、擅自制造他人注册商标标识或者销售伪造、擅自制造的注册商标标识。

七、帮助侵权

故意为侵犯他人商标专用权行为提供便利条件，帮助他人实施侵犯商标专用权行为的，构成帮助侵权。

【法律依据】

《中华人民共和国商标法》第五十七条第（六）项

《中华人民共和国商标法实施条例》第七十五条

《中华人民共和国电子商务法》第四十一条至第四十五条

【观点集成】

1. 根据前述规则认定直接侵权行为成立的情况下，再判断被告有无帮助侵权行为和主观过错。

2. 在审理中，应当同时满足以下两个条件：

（1）有无客观行为：为直接侵权人提供仓储、运输、邮寄、印制、隐匿、经营场所、网络商品交易平台等条件。

（2）有无主观过错：考量行为人是否明知他人侵犯商标权。

3. 电子商务平台的"通知—删除"规则：

电子商务平台经营者接到权利人通知后，应当及时采取必要措施，并将该通知转送平台内经营者，并及时公示相关通知、声明及处理结果；未及时采取必要措施的，对损害的扩大部分与平台内经营者承担连带责任。

电子商务平台经营者知道或者应当知道平台内经营者侵犯知识产权的，应当采取删除、屏蔽、断开链接、终止交易和服务等必要措施；未采取必要措施的，与侵权人承担连带责任。

第四章 商标侵权的抗辩

一、正当使用抗辩

（一）商品通用名称、图形、型号的描述性使用

【法律依据】

《中华人民共和国商标法》第五十九条第一款

《最高人民法院关于审理商标授权确权行政案件若干问题的规定》第十条

【观点集成】

1. 注册商标中含有通用名称、图形、型号的，商标权人无权禁止他人正当使用。

2. 通用名称是指在某一区域内为生产者、销售者或消费者普遍用于称呼某一商品的法定的商品名称或约定俗成的商品名称，包括全称、简称、缩写、俗称等。

3. 依据法律规定或者国家标准、行业标准属于商品通用名称的，应当认定为通用名称。相关公众普遍认为某一名称能够指代一类商品的，应当认定为约定俗成的通用名称。被专业工具书、辞典等列为商品名称的，可以作为认定约定俗成的通用名称的参考。

4. 约定俗成的通用名称一般以全国范围内相关公众的通常认识为判断标准。然而，对于具有地域性特点的商品通用名称来说，在判断时，应以历史传统、风土人情、特定区域以及该区域相关公众的接受程度等因素来具体认定。

（二）商品或服务特征、用途的描述性使用

【法律依据】

《中华人民共和国商标法》第五十九条第一款

《最高人民法院关于审理商标授权确权行政案件若干问题的规定》第十一条

【观点集成】

1. 注册商标中含有直接表示商品的质量、主要原料、功能、用途、重量、

数量及其他特点，商标权人无权禁止他人为描述商品或服务的特征或说明商品或服务的用途而进行正当使用。

2. 其他特点包含：特定消费对象，价格，内容，风格或风味，使用方式、方法，生产工艺，生产地点、时间、年份，形态，有效期限、保质期或者服务时间，销售场所或者地域范围，技术特点等。

3. 被控侵权标识的要素暗示商品的特征或用途，但不影响其识别商品来源功能的，即并非单纯进行描述且会使公众对商品或服务来源产生混淆的，则被告的该项抗辩不成立。

（三）地名的描述性使用

【法律依据】

《中华人民共和国商标法》第五十九条第一款

《最高人民法院关于对南京金兰湾房地产开发公司与南京利源物业发展有限公司侵犯商标专用权纠纷一案请示的答复》〔（2003）民三他字第 10 号〕

《最高人民法院对辽宁省高级人民法院关于大连金州酒业有限公司与大连市金州区白酒厂商标侵权纠纷一案请示的答复》〔（2005）民三他字第 6 号〕

【观点集成】

1. 注册商标中含有地名的，商标权人无权禁止他人在相同或者类似商品上正当使用该地名来表示商品与产地、地理位置等之间的联系。

2. 判断是否正当使用地名，应考虑以下因素：被告使用地名的目的和方式、商标和地名的知名度、相关商品或服务的分类情况、相关公众在选择此类商品或服务时的注意程度、地名使用的具体环境等。

3. 注册商标的知名度明显高于地名，他人使用该地名的方式并非出于标注产地的需要，而明显具有攀附注册商标的商誉或知名度，以使消费者产生混淆或误认的，则该使用行为已经超出了正当使用的范畴。

（四）三维标志形状的正当使用

【法律依据】

《中华人民共和国商标法》第五十九条第二款

《最高人民法院关于审理商标授权确权行政案件若干问题的规定》第九条

【观点集成】

三维标志注册商标中含有的商品自身的性质而产生的形状，或为获得技术效果而需有的商品形状，或使商品具有实质性价值的形状，商标权人无权禁止他人正当使用。

二、在先使用抗辩

【法律依据】

《中华人民共和国商标法》第三十二条、第五十九条第三款

《最高人民法院关于审理商标授权确权行政案件若干问题的规定》第二十三条

【观点集成】

在先使用抗辩成立的构成要件：

1. 被告已在商标权利人申请注册前使用；

2. 被告的商标有一定影响力；

3. 被告的使用范围没有超过原使用范围。

三、合法来源抗辩

【法律依据】

《中华人民共和国商标法》第六十四条第二款

《中华人民共和国商标法实施条例》第七十九条

【观点集成】

被控侵权商品销售者提出合法来源抗辩的，从以下两方面进行审查。

（一）主观上已尽到合理注意义务

判断销售商是否已尽到合理注意义务，其是否知道或应知自己销售的是侵犯他人注册商标专用权的商品，可以考虑以下因素：销售商的资质、涉案商标的知名度、销售商是否同时销售正品与侵权商品、侵权商品的进货价格是否明显低于市场上同类商品的进价。

（二）客观上有合法来源

若销售商要证明自己销售的商品是通过正规、合法渠道取得，须审查其是否能提供相关证据来指明商品的提供者。具体举例如下：

1. 有合法签章的供货清单和货款收据，且供货单位认可；

2. 有供销双方签订的进货合同，且合同已真实履行；

3. 有合法进货发票，且发票记载事项与涉案商品对应。

（三）其他审查事项

1. 出库单、送货单、销货清单、入库单、进货单、运输单、收款收据、供货单位证明、证人证言等证据，系单方制作形成的证据，在审查时应注意证据之间能否相互印证，形成完整的证据链。

2. 若供货商认可被控侵权商品是由其实际销售给销售商，可以视个案情况降低对销售商的举证要求。

3. "合法来源抗辩成立的销售商"一般仅应承担停止侵害的责任，权利人维权合理开支可由承担损害赔偿责任的其他被告（如上游销售商、生产商）承担。

4. 在原告起诉后，被告仍然不停止销售行为，应当视为主观明知，对收到诉状至判决之日这一期间的损失应承担赔偿责任。

四、权利商标未使用抗辩

【法律依据】

《中华人民共和国商标法》第六十四条第一款

《最高人民法院关于审理商标授权确权行政案件若干问题的规定》第二十六条

【观点集成】

1. 被告以原告未实际使用注册商标抗辩的，要求原告提供此前三年内实际使用该注册商标的证据。

2. 原告未实际使用商标，仅实施商标的转让、许可行为或仅公布商标注册信息、声明享有注册商标专用权，而未发挥商标区分商品来源功能的，不属于商标使用行为。

3. 若原告无法证明此前三年内实际使用过该注册商标及因侵权行为而受到其他损失的，被告应当停止侵权，但不承担赔偿责任。

第五章　商标侵权的民事责任

一、停止侵害

【法律依据】

《中华人民共和国民法典》第一百七十九条第一款第（一）项、第三款［原《中华人民共和国民法总则》第一百七十九条第一款第（一）项、第三款］

《最高人民法院关于审理商标民事纠纷案件适用法律若干问题的解释》第十八条、第二十一条第一款

《最高人民法院关于审理注册商标、企业名称与在先权利冲突的民事纠纷案件若干问题的规定》第四条

【观点集成】

1. 被告构成商标侵权的，权利人请求判令其停止侵权行为，应予支持。在涉及突出使用与注册商标相同或近似的企业字号情况下，可以判决规范使用企业字号。

2. 停止侵害民事责任对应于知识产权请求权，区别于损害赔偿请求权，行为人实施了侵权行为，有继续侵害之虞的，一般均应承担停止侵害的民事责任。

3. 若判决停止有关行为会造成当事人之间的重大利益失衡，或者有悖社会公共利益，或者实际上无法执行，可以根据案件具体情况进行利益衡量，即可以不判决停止侵害，而改为采取更为充分的民事赔偿责任方式。在此情况下，法院应当对判决被告不承担停止侵害责任的理由进行充分阐述，且应当采取替代性的经济补偿方式。

二、消除影响

【法律依据】

《中华人民共和国民法典》第一百七十九条第一款第（十）项、第三款［原《中华人民共和国民法总则》第一百七十九条第一款第（十）项、第三款］

《最高人民法院关于审理商标民事纠纷案件适用法律若干问题的解释》第二十一条第一款

【观点集成】

1. 侵权行为对权利人的商誉造成了不当贬损或者停止侵害尚不足以消除混淆或误认时，可以判令被告承担消除影响的民事责任。

2. 消除影响的方式一般表现为在网站上刊登声明消除影响，或者在报刊上刊登声明消除影响等，具体消除影响的方式应与所造成不当影响的后果相适应。

三、销毁假冒注册商标的商品等

【法律依据】

《中华人民共和国商标法》第六十三条第四款、第五款

【观点集成】

1. 审查是否存在假冒注册商标的商品库存。

2. 审查制造侵权商品的材料、工具是否系主要用于假冒注册商标的商品，对于通用材料、工具则不涉及销毁问题。

3. 销毁制假材料、工具的被诉主体仅针对生产商。

4. 假冒注册商标的商品不得在仅去除假冒注册商标后进入商业渠道。

四、赔偿经济损失

【法律依据】

《中华人民共和国商标法》第六十三条第一款至第三款

《最高人民法院关于审理商标民事纠纷案件适用法律若干问题的解释》第十三条至第十六条

【观点集成】

侵害商标权案件中赔偿数额的计算方法：权利人因被侵权所受到的实际损失、侵权人因侵权所获得的利益、商标许可使用费的合理倍数、法定赔偿。

在适用权利人因被侵权所受到的实际损失、侵权人因侵权所获得的利益、商标许可使用费的合理倍数损失计算方法的基础上，可以根据案情适用惩罚性赔偿。

1. 根据原告损失计算赔偿数额

原告侵权损失 = 权利人因侵权所造成商品销售减少量或者侵权商品销售量×该注册商标商品的单位利润

2. 根据被告获利计算赔偿数额

被告侵权获利 = 侵权商品销售量×该商品单位利润（该商品单位利润无法查明的，按照注册商标商品的单位利润计算）

3. 参照商标许可使用费的倍数合理确定

（1）适用条件

在权利人的损失或者侵权人获得的利益难以确定时，可参照商标许可使用费的倍数合理确定。

（2）确定数额

应综合考虑原告商标合理许可使用费所适用的许可使用方式、期间、范围以及被告侵权行为的性质、期间、范围等具体侵权情节是否相类似。

原告主张的"商标许可使用费"应当是已经发生的、真实的、合理的，法院对此应当根据证据标准的审查规则予以审查。

4. 惩罚性赔偿

（1）适用条件

恶意侵犯商标专用权、情节严重的。

（2）确定数额

根据原告损失、被告获利、商标许可使用费的计算方法确定的数额，再以一倍以上五倍以下确定最终赔偿数额。

5. 法定赔偿

（1）赔偿尺度

法定赔偿上限提高至五百万元。

（2）考量因素

①原告商标知名度与显著性，同类商标许可使用费，涉案店铺位置、规模，被控侵权商品进价、销售单价，正品销售单价，侵权期间，侵权行为性质，被告主观恶意程度等。

②适用法定赔偿方法不能完全免除原告的举证责任，原告就其法定赔偿请求的数额提供与法定赔偿考虑的因素相关的证据，可作为支持原告主张的赔偿数额的依据。

五、赔偿合理开支

侵害商标权的赔偿数额还应当包括权利人为制止侵权行为所支付的合理开支。

【法律依据】

《中华人民共和国商标法》第六十三条第一款

《最高人民法院关于审理商标民事纠纷案件适用法律若干问题的解释》第十七条

【观点集成】

1. 合理开支在性质上区别于经济损失赔偿。

2. 权利人为制止侵权行为所支付的合理开支，是指权利人因调查、制止侵权所支付的合理开支，具体可包括两类：一类是诉讼代理费；另一类是调查取证费，主要指翻译费、公证费、差旅费、被诉侵权商品购买费用等。

3. 诉讼过程中，应释明由权利人明确其主张的合理开支总金额，以及所涉及的具体类别和各类别的具体金额。

4. 人民法院应结合权利人提供的合理开支凭证，对权利人所主张的合理开支的必要性和合理性进行审查，对于其中的合理必要的费用予以支持。

5. 结合在案事实，对于律师费、公证费等确已发生的费用，权利人虽未提供相应凭证予以证明，亦可酌情予以支持。

6. 保全费、案件受理费属于诉讼费用，并不属于合理开支范畴，由人民法院在结案时根据诉讼结果依职权在当事人间予以分摊。

上海市高级人民法院知识产权审判庭
外观设计专利侵权案件裁判方法重述（2022）

第一章　诉辩主张的整理与固定

一、原告诉请

（一）原告主体资格

1. 专利权人

若原告主张其为专利权人，则需提交主体身份证明和《外观设计专利证书》。

【观点集成】

（1）原告提交的主体身份证明（营业执照复印件或者身份证复印件）应与专利证书上的专利权人相一致。

（2）被诉侵权行为应发生在专利权有效期内。

2. 独占实施被许可人

若原告主张其为外观设计专利的独占实施许可的被许可人，则需提交《外观设计专利证书》《专利实施许可合同》《专利实施许可合同备案证明》等证据。

【观点集成】

（1）实施许可合同系原告与专利权人签订，许可方式应系独占许可。

（2）被诉侵权行为一般应发生在专利实施许可合同有效期内。

3. 排他实施被许可人

若原告主张其为涉案专利的排他实施许可的被许可人，则需提交《外观设计专利证书》《专利实施许可合同》以及《专利实施许可合同备案证明》、专利权人不起诉的证据等。

【观点集成】

（1）实施许可合同系原告与专利权人签订，许可方式应系排他许可。

（2）被诉侵权行为一般应发生在专利实施许可合同有效期内。

（3）专利权人应就专利侵权行为不起诉或者授权原告提起诉讼。

（4）专利权人不起诉的证据包括：专利权人明示放弃起诉的说明、排他实施被许可人证明其已告知专利权人或者专利权人已知道有侵犯专利权行为发生而仍不起诉的证据。专利权人也可在专利实施许可合同中约定原告有权就专利侵权行为提起诉讼。

4. 普通实施许可的被许可人

若原告主张其为涉案专利的普通实施许可的被许可人，则需要提交《外观设计专利证书》、《专利实施许可合同》、《专利实施许可合同备案证明》、专利权人授权起诉等证据。

【观点集成】

（1）实施许可合同系原告与专利权人签订，许可方式应系普通许可。

（2）被诉侵权行为一般应发生在专利实施许可合同有效期内。

（3）专利权人应明确授权原告可就专利侵权行为提起诉讼。

（4）专利权人可在专利实施许可合同中约定原告有权就专利侵权行为提起诉讼。

5. 其他情形下的原告主体资格

若原告主张其为专利权的受让人、继承人或者受赠人，则需要审查原《外观设计专利证书》、原告取得专利权的证明等证据。

【观点集成】

（1）专利权转让，应提交专利权转让合同、载明专利权人变更的专利登记簿副本等证据。

（2）继承或者受赠专利权的，应提交继承的证明材料或赠予合同等证据。

（二）停止侵权的诉请

【观点集成】

1. 明确停止侵权行为的类型，具体指制造、销售、许诺销售、进口行为的一种或者几种。

2. 涉及两个及以上被告的，则应进一步明确各被告分别停止的具体侵权行为类型。

3. 明确被诉侵权产品的名称和型号。

4. 如果原告起诉时该外观设计专利已经过保护期，原告停止侵权的诉请则缺乏法律依据，可向其释明放弃该诉请。

（三）赔偿损失的诉请

【观点集成】

1. 明确赔偿损失的具体数额。

2. 明确损失赔偿的计算方式，适用权利人的实际损失、侵权人的侵权获利、许可使用费的合理倍数还是法定赔偿。

3. 明确损失赔偿计算方式所依据的事实和理由。例如，原告主张按照侵权人的侵权获利计算赔偿数额，则其主张的赔偿数额是如何计算的。

4. 涉及两个以上被告的，应明确各被告间系连带赔偿还是分别赔偿，是全部连带还是部分连带。

5. 对于原告主张赔偿损失超过法定赔偿上限的，应视为按实际损失或获利计算，要求其明确具体金额的计算依据。

（四）赔偿合理开支的诉请

合理开支是指权利人为制止被诉侵权行为所支付的开支。

【观点集成】

1. 明确合理开支的总金额。

2. 明确合理开支的内容及具体的金额，包括但不限于翻译费、公证费、律师费、代理费、差旅费、被诉侵权产品购买费等。

3. 各项支出是否提供了相应的证据予以证明。

4. 诉讼费用负担由人民法院依职权确定，原告作为诉请提出的，应当予以释明。原告不予撤回的，不影响前述确定原则。

（五）消除影响的诉请

【观点集成】

1. 明确消除影响具体方式，如在网站消除影响还是在报刊上消除影响，具体的网站名、报刊名，消除影响的期间等。

2. 原告主张消除影响的依据，是否对原告的商誉等造成影响，造成了何种影响等。

3. 涉及两个以上被告的，明确消除影响的主体。

（六）其他诉请（消除危险）

1. 销毁库存侵权产品的诉请

【观点集成】

（1）涉及两个及以上被告的，明确要求销毁库存侵权产品的被告。

（2）是否有证据证明被告有库存侵权产品。

2. 销毁专用模具、设备的诉请

【观点集成】

（1）涉及两个以上被告的，明确要求销毁专用模具、设备的被告。

（2）原告要求销毁的模具、设备是否为制造被诉侵权产品的专用模具、设备。

（3）原告是否有证据证明被告持有制造被诉侵权产品的专用模具、设备。

二、被告抗辩

（一）对权利主体的抗辩

【观点集成】

1. 明确具体抗辩事由。如不是专利权人、缺少共同原告、没有获得实施许可、被许可人无权提起诉讼等。

2. 明确抗辩所依据的证据。如普通被许可人提起的诉讼并无专利权人的授权等。

（二）对权利有效性的抗辩

【观点集成】

1. 明确具体抗辩事由。包括专利权已超过保护期、专利权已提前终止、专利权已被宣告无效、专利权不符合授权条件等。

2. 明确抗辩所依据的证据。如专利权已提前终止的，应提交国家知识产权局专利权提前终止的通知；专利权已被宣告无效的，应提交国家知识产权局无效宣告请求审查决定书，或者是生效的行政判决书；专利权不符合授权条件的，应提交专利不符合授权条件的专利权评价报告；等等。

3. 如果被告以专利权不符合授权条件，应当被宣告无效进行抗辩的，应向其释明，无效宣告请求应当向国家知识产权局专利局复审和无效审理部提出。审理侵权诉讼的人民法院仅就与此相关的现有设计抗辩进行审理。

（三）不落入专利权保护范围的抗辩

【观点集成】

1. 明确具体抗辩事由。包括被诉侵权产品与专利产品不属于相同或者相近种类产品，以及被诉侵权设计与授权外观设计不相同也不相近似。

2. 明确抗辩所依据的证据。

（四）未实施被诉侵权行为的抗辩

【观点集成】

1. 明确具体抗辩事由。包括原告没有证据证明被告实施了侵权行为，实施被诉侵权行为的主体并非被告，被告系经其他共有专利权人授权实施等。

2. 明确抗辩所依据的证据。如原告提供的证据与被告并无关联，以被诉侵权产品的采购合同主张未实施制造行为，提供其他共有专利权人的授权文件，等等。

（五）抗辩权

【观点集成】

1. 明确具体抗辩事由。包括非生产经营目的抗辩、现有设计抗辩、抵触申请抗辩、权利用尽抗辩、先用权抗辩等。

2. 明确抗辩所依据的证据。如主张现有设计抗辩，应提供专利申请日前的现有设计文件，以及被诉侵权设计与现有设计的比对意见等；主张抵触申请抗辩的，应提供抵触申请文件，以及被诉侵权设计与抵触申请设计的比对意见；主张权利用尽抗辩的，应提供被诉侵权产品合法来源于权利人的证据等；主张先用权抗辩的，应提供专利申请日前已经制造相同产品或者已经作好制造的必要准备，并且仅在原有范围内继续制造的证据。

（六）不承担停止侵权责任的抗辩

【观点集成】

1. 明确基于国家利益、公共利益考量而不停止侵权的理由。

2. 替代性支付合理费用的计算。

3. 外观设计专利侵权行为不包括使用侵权。

（七）不承担赔偿责任的抗辩

【观点集成】

1. 明确具体抗辩事由。包括权利人不存在损失、侵权人不存在获利、合法来源抗辩、原告主张的赔偿金额过高等。

2. 明确抗辩所依据的证据。如权利人不存在损失、侵权人不存在获利，应提交被诉侵权产品没有实际销售的证据；合法来源抗辩，应提交被诉侵权产品的进货凭证等；原告主张的赔偿金额过高，应提交被诉侵权产品销售数量、销售金额等证据。

（八）不承担消除影响责任的抗辩

【观点集成】

1. 明确具体抗辩事由。包括不应当承担消除影响的民事责任，原告主张的消除影响方式不当等。

2. 明确抗辩所依据的证据。如原告已提供证据证明其商誉受损，被告是否提供了相应的反证。

（九）合理费用的抗辩

【观点集成】

1. 明确具体抗辩事由。包括不应当承担合理费用，原告主张的合理费用过高等。

2. 明确抗辩所依据的证据。如费用是否为本案所支出，费用支出是否具有合理性和必要性等。

（十）超过诉讼时效期间的抗辩

根据《中华人民共和国民法典》第一百八十八条（原《民法总则》第一百八十八条）规定，向人民法院请求保护民事权利的诉讼时效期间为三年；诉讼时效期间自权利人知道或者应当知道权利受到损害以及义务人之日起计算。因此，权利人向人民法院请求保护外观设计专利权的诉讼时效期间为三年。同时，2021年施行的《最高人民法院关于审理专利纠纷案件适用法律问题的若干规定》第十七条规定，侵犯专利权的诉讼时效为三年，自专利权人或者利害关系人知道或者应当知道权利受到损害以及义务人之日起计算。权利人超过三年起诉的，如果侵权行为在起诉时仍在继续，在该项专利权有效期内，人民法院应当判决被告停止侵权行为，侵权损害赔偿数额应当自权利人向人民法院起诉之日起向前推算三年计算。

【观点集成】

1. 知识产权请求权不适用时效抗辩，损害赔偿请求权适用时效抗辩。

2. 是否存在诉讼时效中止或者中断情形。

第二章　权利和保护范围

一、专利权利主体的认定

专利权利主体主要指专利权人、专利权受让人、专利财产权利的合法继承人和满足特定条件的专利被许可人。

【法律依据】

《中华人民共和国专利法》第十二条、第十四条

【观点集成】

1. 对于专利权人而言，专利证书、专利登记簿副本是认定专利权利主体的

依据。

2. 如涉案专利涉及多个专利权人，一般情况下，多个专利权人应作为共同原告参加诉讼。

3. 对于专利权受让人而言，专利权转让合同、载明专利权变更的专利登记簿副本是认定专利权受让人的依据。

4. 对于专利被许可人而言，主要审查专利实施许可合同、专利实施许可合同备案证明，可分为独占实施被许可人、排他实施被许可人、普通实施被许可人。

（1）独占实施被许可人可以单独起诉；

（2）排他实施被许可人，可以与专利权人共同起诉，或者在专利权人不起诉的情况下，自行起诉；

（3）普通实施被许可人只有在专利权人书面授权的情况下，才能起诉。

5. 专利实施许可合同未经备案的，一般不影响其被许可人诉讼主体地位的认定。

6. 专利权人与被许可人存在关联关系的情况下，被许可人仅提交专利权人出具的授权书证明实施许可关系，并据此主张其原告主体适格的，可予支持。

7. 被许可人对其获得实施许可权之前的专利侵权行为提起诉讼，如果专利实施许可合同有相应约定，对其原告主体资格可予支持。

二、专利权利有效性的认定

专利权利有效是提起专利诉讼的基础。专利授权后，专利权人仍应承担年费缴纳义务，专利权因专利权人未按期缴纳年费、主动放弃而提前终止。

【法律依据】

《中华人民共和国专利法》第四十四条、第四十五条

《最高人民法院关于审理专利纠纷案件适用法律问题的若干规定》第四条、第五条

【观点集成】

1. 外观设计专利有效期为十年，自专利申请日起计算。审查原告指控的被诉侵权行为是否发生在专利有效期内。

2. 审查专利年费是否按期缴纳，是否存在因未缴纳年费或者主动放弃导致专利权提前终止的情况。

3. 鉴于外观设计专利授权不进行实质审查，审理侵权案件的人民法院可以要求原告提供外观设计专利权评价报告证明权利的有效性。

4. 专利侵权诉讼中不对专利有效性进行审理，如果被控侵权人以该专利权

不符合专利法相关授权条件应予无效为由进行抗辩，法院无权就专利权的效力进行审理并作出裁判。

5. 如果当事人提交的涉案专利权评价报告记载外观设计不符合授权条件的，可建议原告撤回起诉，或者是建议被告提起专利无效宣告请求。

6. 人民法院受理的侵犯实用新型、外观设计专利权纠纷案件，被告在答辩期间内请求宣告该项专利权无效的，人民法院应当中止诉讼，但具备下列情形之一的，可以不中止诉讼：（1）原告出具的检索报告或者专利权评价报告未发现导致实用新型或者外观设计专利权无效的事由的；（2）被告提供的证据足以证明其使用的技术已经公知的；（3）被告请求宣告该项专利权无效所提供的证据或者依据的理由明显不充分的；（4）人民法院认为不应当中止诉讼的其他情形。

7. 对申请日在 2009 年 10 月 1 日前（不含该日）的实用新型专利提起侵犯专利权诉讼，原告可以出具由国务院专利行政部门作出的检索报告；对申请日在 2009 年 10 月 1 日以后的实用新型或者外观设计专利提起侵犯专利权诉讼，原告可以出具由国务院专利行政部门作出的专利权评价报告。根据案件审理需要，人民法院可以要求原告提交检索报告或者专利权评价报告。原告无正当理由不提交的，人民法院可以裁定中止诉讼或者判令原告承担可能的不利后果。

侵犯实用新型、外观设计专利权纠纷案件的被告请求中止诉讼的，应当在答辩期内对原告的专利权提出宣告无效的请求。

三、专利权保护范围的认定

确定外观设计专利权的保护范围是侵权判定的前提。

（一）界定权利范围的图片或照片的认定

外观设计专利权的保护范围以表示在图片或者照片中的该产品的外观设计为准，简要说明可以用于解释图片或者照片所表示的该产品的外观设计。

【法律依据】

《中华人民共和国专利法》第二条、第六十四条

【观点集成】

1. 外观设计不能脱离产品获得保护，故其保护范围同时涉及产品范围和设计范围。设计指的是对产品的形状、图案、色彩等要素的设计，包括形状、图案或者两者的结合，以及色彩与形状、图案的结合。

2. 外观设计专利图片或者照片是指专利授权公告文本中载明的图片或者照片。外观设计专利经过无效审查程序后其公告的图片或者照片有变化的，以重

新公告后的图片或者照片作为确定保护范围的依据。

3. 记载在授权公告文件中的图片或者照片，一般指的是六面正投影视图，即主视图、后视图、左视图、右视图、俯视图和仰视图。除了六面视图，还可能存在立体图、展开图、剖视图、放大图、变化状态图、使用状态参考图等其他类型的视图。

4. 参考图通常用于表明使用外观设计产品的用途、使用方法或者使用场所等。在不考虑使用状态参考图对外观设计专利权保护范围的影响会与外观设计的简要说明发生明显抵触的情况下，人民法院在确定外观设计专利权的保护范围时应当考虑使用状态参考图。

5. 外观设计专利的简要说明记载了对确定外观设计保护范围可能产生影响的一些因素，例如产品名称、产品用途、产品的设计要点等，必要时还可以写明请求保护的色彩、省略视图等情况。简要说明对于外观设计保护范围的确定具有一定的参考意义。

（二）设计要点的认定

设计要点也即区别设计特征，是外观设计专利权人对产品外观所做的不同于现有设计的设计特征。

【法律依据】

《最高人民法院关于审理侵犯专利权纠纷案件应用法律若干问题的解释》第十一条

《最高人民法院关于审理侵犯专利权纠纷案件应用法律若干问题的解释（二）》第八条

【观点集成】

1. 外观设计的简要说明应当写明外观设计的设计要点，并指定一幅最能表明设计要点的图片或者照片，该简要说明的记载可以作为认定设计要点的参考。

2. 外观设计专利权评价报告中的对比设计、审查员对于该类设计中通用设计的表述，对于设计要点的确定也具有参考意义。

3. 通过当事人诉讼过程中的举证质证来认定涉案外观设计的设计要点。申请日前的专利文件、网页图片、产品实物、设计图纸、产品宣传册等现有设计文件均可以作为认定设计要点的参考。

4. 专利侵权案件审理中，对于设计要点的认定应系证据的综合审查判断过程。鉴于简要说明中的设计要点是专利权人的自我概括，在确有证据和理由做出不同的认定时，也可以不受简要说明的约束。

（三）功能性设计的认定

外观设计专利权的保护范围不及于主要由技术功能决定的设计特征。功能性设计指主要由技术功能决定的设计。

【法律依据】

《最高人民法院关于审理侵犯专利权纠纷案件应用法律若干问题的解释》第十一条

【观点集成】

1. 我国专利法中并未涉及功能性设计的概念，《最高人民法院关于审理侵犯专利权纠纷案件应用法律若干问题的解释》中涉及了主要由技术功能决定的设计特征，即功能性设计。

2. 如果某种设计特征是由某种特定功能所决定的唯一设计，则该种设计特征属于功能性设计。

3. 在侵权比对过程中，通常认为功能性设计不予考虑，其对外观设计的整体视觉效果通常不具有影响。

4. 如果某一设计兼具功能性与装饰性，该设计对整体视觉效果的影响需要考虑装饰性的强弱。装饰性越强，对于整体视觉效果的影响相对较大一些，反之相对较小。

（四）其他因素对外观设计保护范围影响的认定

1. 色彩对外观设计保护范围的影响

【法律依据】

《中华人民共和国专利法实施细则》第二十八条

【观点集成】

（1）外观设计专利可以请求保护色彩。如果外观设计专利请求保护色彩的，应当在简要说明中声明，同时提交彩色图片或者照片。简要说明中未声明保护色彩的，视为专利未请求保护色彩。

（2）色彩必须与形状或者图案或者形状与图案相结合才能获得专利权保护，单一的色彩一般不能获得专利权保护。

（3）色彩是对外观设计保护范围的限制，在形状、图案上添加色彩的外观设计专利，其保护范围一般小于仅以形状、图案申请的外观设计专利。

（4）如外观设计专利未请求保护色彩，被控侵权产品上的色彩在侵权比对时可不予考虑，一般对整体视觉效果不具有影响。

（5）外观设计专利权的保护范围包括色彩的，侵权诉讼中不能忽略色彩的作用。若专利请求保护色彩，被控侵权设计不具有与原告专利设计相同或者近似的色彩，一般应当认定两者不构成相同或者近似外观设计；相反，如果原告专利设计未请求保护色彩，被控侵权设计只是在原告外观设计的基础上增加色彩的，则一般应当认定两者构成近似外观设计。

2. 产品的材料、内部结构对外观设计保护范围的影响

【法律依据】

《最高人民法院关于审理侵犯专利权纠纷案件应用法律若干问题的解释》第十一条

【观点集成】

（1）我国专利法中并未涉及产品的材料和内部结构，《最高人民法院关于审理侵犯专利权纠纷案件应用法律若干问题的解释》中涉及产品的材料和内部结构对保护范围的影响。

（2）对整体视觉效果不产生影响的产品的材料、内部结构，不在外观设计专利权的保护范围之内。

（3）自然形成的外观不能获得专利权的保护。

（4）不在外观设计专利权的保护范围之内的内部结构，指对于一般消费者来说，通过肉眼不可见的产品内部结构。对于外表使用透明材料的产品，通过人的视觉能够观察到的其透明部分以内的形状、图案和色彩，应当视为该产品外观设计的一部分，对专利权保护范围具有影响。

（5）将不透明材料换成透明材料，或者将透明材料替换为不透明材料，在判断外观设计相同或近似时，一般不予考虑。但如果该材料的替换，使得该产品外观设计的美感发生了变化，导致一般消费者对该产品的整体视觉效果发生变化的，侵权比对时则应当予以考虑。

（6）在侵权比对过程中，产品的材料、内部结构是否要考虑，关键在于其对产品的整体视觉效果是否产生影响。

第三章　侵权比对的认定和裁判规则

一、外观设计相同或者近似判断主体及其标准

人民法院应当以外观设计专利产品的一般消费者的知识水平和认知能力，判断外观设计是否相同或者近似。

【法律依据】

《最高人民法院关于审理侵犯专利权纠纷案件应用法律若干问题的解释》第十条

【观点集成】

1. 外观设计是否相同或者近似的判断主体是一种标准的认定，判断主体既不是作为自然人的一般消费者，也不是作为自然人的外观设计专利所属领域的普通设计人员。

2. 一般消费者是一种标准，应当具备以下特点：

（1）从知识水平上讲，对涉案专利申请日之前相同或者近似种类产品的外观设计及其常用设计手法具有常识性的了解；

（2）从认知能力上讲，对外观设计产品之间在形状、图案以及色彩上的区别具有一定分辨的能力，但不会注意到产品的形状、图案以及色彩的微小变化。

3. 一般消费者的确定是判断相同或者相近种类产品以及相同或者近似外观设计的前提。一般消费者不适合以具体个体的标准来认定。

二、相同或者相近种类产品的认定

外观设计侵权判定，应当首先审查被诉侵权产品与专利产品是否属于相同或者相近种类产品。

【法律依据】

《最高人民法院关于审理侵犯专利权纠纷案件应用法律若干问题的解释》第九条

【观点集成】

1. 我国外观设计制度保护的外观设计是以产品为载体的，不存在脱离产品、独立存在的外观设计。确定被诉侵权产品和涉案外观设计专利产品是否属于相同或者相近的种类产品，是判断被诉侵权设计是否落入外观设计专利权保护范围的前提。

2. 应当根据外观设计产品的用途，认定产品种类是否相同或者近似。

3. 确定产品的用途，可以参考外观设计的简要说明、国际外观设计分类表、产品的功能以及产品销售、实际使用的情况等因素。

4. 认定被控侵权产品与外观设计专利产品是否为相同或者近似种类产品时，可以从以下四方面综合考量：

（1）参照《国际外观设计分类表》；

（2）考虑消费者的消费习惯，考虑其是否会对这些产品产生混淆；

（3）结合产品的性能、用途、原料、形状以及消费渠道等综合考虑；

（4）从举证的角度，当事人如果确有证据证明关于商品是否同类的情况与《国际外观设计分类表》不一致时，则应综合当事人的证据进行判断。

5. 《国际外观设计分类表》只是判断时的参考因素之一，不能作为确定产品相同或者相近的直接依据。

三、相同或者近似外观设计的认定

外观设计侵权判定，在认定被诉侵权产品与专利产品属于相同或者相近种类产品的基础上，还应审查被诉侵权产品所采用的被诉侵权设计与授权专利外观设计是否属于相同或者近似的外观设计。

（一）整体视觉效果标准

被诉侵权设计与授权外观设计在整体视觉效果上无差异的，人民法院应当认定两者相同；在整体视觉效果上无实质性差异的，应当认定两者近似。

【法律依据】

《最高人民法院关于审理侵犯专利权纠纷案件应用法律若干问题的解释》第十一条

【观点集成】

1. 整体视觉效果标准以整体观察、综合判断为原则，区别于商标近似所采用的混淆、误认标准。

2. 应当对授权外观设计、被诉侵权设计可视部分的全部设计特征进行分析比对后，对能够影响产品外观设计整体视觉效果的所有因素进行综合考虑后作出判断。

3. 在比对时，可对外观设计和被诉侵权产品的设计特征的异同点进行客观、全面的总结，逐一判断各异同点对整体视觉效果造成影响的显著程度。

4. 主要由技术功能决定的设计特征，在比对时应当不予考虑。

5. 对整体视觉效果不产生影响的产品的材料、内部结构等特征，在比对时应当不予考虑。

6. 授权外观设计区别于现有设计的设计特征相对于授权外观设计的其他设计特征，对于整体视觉效果更具有影响。同类产品中的惯常设计对于整体视觉效果影响较弱。

7. 产品正常使用时容易被直接观察到的部位相对于其他部位，对于整体视觉效果更具有影响。

8. 如果一般消费者经过对涉案专利与被控侵权设计的整体观察、综合判断，可以看出二者的区别仅属于下列情形，则被控侵权设计与外观设计专利构成近似：

（1）其区别在于施以一般注意力不能察觉到的局部的细微差异；

（2）其区别在于使用时不容易看到或者看不到的部位，但有证据表明在不容易看到部位的特定设计对于一般消费者能够产生令人瞩目的视觉效果的情况除外；

（3）其区别在于将某一设计要素整体置换为该类产品的惯常设计的相应设计要素；

（4）其区别在于将对比设计作为设计单元按照该种类产品的常规排列方式作重复排列或者将其排列的数量作增减变化；

（5）其区别在于互为镜像对称。

9. 被诉侵权产品与授权外观设计在整体视觉效果上差异较大，应当认定两者不相同也不相近似。

10. 判断是否侵犯外观设计专利权，应当以是否相同或者近似为标准，而不以是否构成一般消费者混淆、误认为标准。被授予专利权的外观设计是一种发明创造，而不是用以识别外观设计产品来源或者出处的标识，因此，无须以是否导致对产品来源的混淆作为判断的出发点。

（二）设计要点对于近似判断的影响

授权外观设计区别于现有设计的设计特征相对于授权外观设计的其他设计特征，对于整体视觉效果更具有影响。

【观点集成】

1. 设计要点系专利申请文件中的表述用语，与区别设计特征语义相同，与此相对应的是现有设计中的惯常设计。

2. 设计要点比对应被纳入整体观察、综合判断中，作为整体视觉效果判断的一个重要考量因素。

3. 外观设计的设计要点在一般情况下相对于其他设计特征，对外观设计的整体视觉效果更具有影响。但如果设计要点在于产品正常使用时不容易见到的部位，则对外观设计整体视觉影响较弱。

4. 如果被控侵权产品使用了外观设计的全部设计要点，通常可以认定被控侵权产品与外观设计属于相同或者近似外观设计。相反，如果被控侵权产品未使用权利人外观设计专利的全部设计要点，则一般不认定被控侵权产品与外观设计属于相同或者近似外观设计。

5. 外观设计侵权比对中对于设计要点的强调，系对外观设计专利授权中创造性要求的回应，但外观设计侵权比对区别于发明和实用新型，设计要点比对仅是整体视觉效果标准的重要因素，并不必然属于决定性因素。

（三）显著部位对近似判断的影响

产品正常使用时容易被直接观察到的部位相对于其他部位，对于整体视觉效果更具有影响。

【法律依据】

《最高人民法院关于审理侵犯专利权纠纷案件应用法律若干问题的解释》第十一条

【观点集成】

1. 产品正常使用时容易被直接观察到的部位，应结合产品的类型、具体使用情况、消费者的使用习惯等因素进行综合判断。不同产品，其视觉要部往往存在着差异。

2. 产品正常使用时不容易被直接观察到的部位，即使包含了专利的设计要点，对整体视觉效果影响也较为有限。

（四）设计空间对相同或近似判断的影响

人民法院在认定一般消费者对于外观设计所具有的知识水平和认知能力时，一般应当考虑被诉侵权行为发生时授权外观设计所属相同或者相近种类产品的设计空间。

【法律依据】

《最高人民法院关于审理侵犯专利权纠纷案件应用法律若干问题的解释（二）》第十四条

【观点集成】

1. 设计空间是《最高人民法院关于审理侵犯专利权纠纷案件应用法律若干问题的解释（二）》中引入的概念。一般理解，设计空间是指设计者在创作特定产品外观设计时的自由度，受到现有设计状况的影响。

2. 设计空间的认定，有赖于当事人的举证，需结合当事人对于现有设计的举证情况予以综合判断认定。

3. 设计空间较大的，人民法院可以认定一般消费者通常不容易注意到不同设计之间的较小区别。设计空间较小的，人民法院可以认定一般消费者通常更容易注意到不同设计之间的较小区别。

四、特殊外观设计专利侵权认定和裁判规则

（一）成套产品外观设计侵权的认定

对于成套产品的外观设计专利，被诉侵权设计与其一项外观设计相同或者近似的，人民法院应当认定被诉侵权设计落入专利权的保护范围。

【法律依据】

《最高人民法院关于审理侵犯专利权纠纷案件应用法律若干问题的解释

（二）》第十五条

【观点集成】

1. 成套产品是指由两件及以上属于同一大类、各自独立的产品组成，各产品的设计构思相同，习惯上同时出售或者同时使用，其中每一件产品具有独立的使用价值，而各件产品组合在一起又能体现出其组合使用价值的产品。

2. 一件成套产品外观设计一般包含多项独立的套件外观设计，权利人在侵权诉讼中应当明确其主张保护的外观设计是全部套件还是部分套件。

3. 权利人主张多项套件外观设计作为权利基础时，应当将被诉侵权产品的相关设计内容与其主张的各项套件外观设计分别单独进行对比。

4. 成套产品的侵权比对仍采取单独比对的原则，而不是将各项外观设计组合起来进行比对，只要被诉侵权产品与成套产品中的任一项套件外观设计相同或者近似，即构成侵权。

5. 需要注意成套产品与组件产品的区别。假如各个组件需要组合在一起才能发挥产品所具有的使用价值，缺少单独使用价值的不是成套产品，应当是组件产品。

（二） 组件产品外观设计侵权的认定

【法律依据】

《最高人民法院关于审理侵犯专利权纠纷案件应用法律若干问题的解释（二）》第十六条

【观点集成】

1. 组件产品，是指由多个构件相结合构成的一件产品。

2. 对于组装关系唯一的组件产品的外观设计专利，被诉侵权设计与其组合状态下的外观设计相同或者近似的，应当认定被诉侵权设计落入专利权的保护范围。

3. 对于各构件之间无组装关系或者组装关系不唯一的组件产品的外观设计专利，被诉侵权设计与其全部单个构件的外观设计均相同或者近似的，应当认定被诉侵权设计落入专利权的保护范围。

4. 对于各构件之间无组装关系或者组装关系不唯一的组件产品的外观设计专利，被诉侵权设计缺少其单个构件的外观设计或者与之不相同也不近似的，应当认定被诉侵权设计未落入专利权的保护范围。

（三） 变化状态产品外观设计侵权的认定

【法律依据】

《最高人民法院关于审理侵犯专利权纠纷案件应用法律若干问题的解释

（二）》第十七条

【观点集成】

1. 变化状态产品，是指在销售和使用时呈现不同状态的产品，通常情况下产品不同状态的变化是可以循环反复的。

2. 变化状态产品以专利图片或者照片中的产品使用状态图确定保护范围。

3. 对于变化状态产品的外观设计专利，被诉侵权设计与变化状态图所示各种使用状态下的外观设计均相同或者近似的，应当认定被诉侵权设计落入专利权的保护范围。

4. 对于变化状态产品的外观设计专利，被诉侵权设计缺少其一种使用状态下的外观设计或者与之不相同也不近似的，应当认定被诉侵权设计未落入专利权的保护范围。

（四）相近外观设计侵权的认定

【观点集成】

1. 相近外观设计专利，是指同一产品两项以上的相似外观设计作为一件申请提出并获得授权的外观设计专利。

2. 一件相似外观设计一般包含多项独立的设计，各项独立设计的区别点在于局部细微变化、该产品的惯常设计、设计单元重复排列或者仅色彩要素的变化等情形。权利人在侵权诉讼中应当明确其主张保护的外观设计是具体哪一项或者哪几项独立设计。

3. 侵权比对时，应将被诉侵权设计与原告主张保护的独立设计分别单独进行对比。

4. 只要被诉侵权产品与独立设计中的任一项设计相同或者近似，即构成侵权。

第四章 专利侵权抗辩的认定和裁判规则

一、现有设计抗辩认定

在专利侵权纠纷中，被诉侵权人有证据证明其实施的设计属于现有设计的，不构成侵犯专利权。被诉侵权设计与一个现有设计相同或者无实质性差异的，应当认定被诉侵权人实施的设计属于现有设计。

【法律依据】

《中华人民共和国专利法》第六十七条

《最高人民法院关于审理侵犯专利权纠纷案件应用法律若干问题的解释》第十四条

《最高人民法院关于审理侵犯专利权纠纷案件应用法律若干问题的解释(二)》第二十二条

【观点集成】

1. 现有设计抗辩本质上属于抗辩权，被诉侵权人在专利侵权诉讼、确认不侵权诉讼中均可以主张。

2. 法院无须主动审查被诉侵权人实施的是否为现有设计，但鉴于被诉侵权人可能不了解现有设计抗辩制度，在被诉侵权人提交了现有设计证据却不主张现有设计抗辩，或者主张专利设计在申请日前是通用设计，或者已提起专利无效宣告请求并据此主张中止侵权案件审理时，可向被诉侵权人释明是否主张现有设计抗辩。

3. 现有设计是指申请日以前在国内外为公众所知的设计，包括在国内外以出版物形式公开、以使用方式公开或者以其他方式公开等。为公众所知，指的是能够为公众所获得的状态，即公众可以获得，而不要求公众实际上已经获得。

4. 现有设计的比对对象是被诉侵权设计与现有设计。该现有设计指的是现有设计文件中所展示的产品设计，包括图片、照片或者实物上能够确定的产品外观。

5. 现有设计的比对标准同外观设计侵权比对标准。应以一般消费者的知识水平和认知能力，首先判断被诉侵权产品与现有设计所对应的产品是否属于相同或者相近种类产品，再判断被诉侵权设计与现有设计是否构成相同或无实质性差异。只要有一个条件不符，则现有设计抗辩不能成立。

6. 被诉侵权人一般只能援引一项现有设计来主张现有设计抗辩，而不能援引几项现有设计的组合来主张现有设计抗辩。此外，被诉侵权人可以以一项现有设计与惯常设计的简单组合来主张现有设计抗辩。

7. 被诉侵权人如以多份对比文件分别主张现有设计抗辩的，应对各份对比文件分别是否构成现有设计抗辩进行逐一审查判断。

8. 向国家知识产权局请求宣告专利权无效与在侵权诉讼中主张现有设计抗辩的效力并不相同。宣告专利权无效系对专利权效力的否定，被宣告无效的专利权视为自始即不存在，而现有设计抗辩成立并不涉及对专利权效力的评价，仅是在个案中认定被诉侵权行为不侵犯专利权。

二、抵触申请抗辩认定

在专利侵权纠纷中，被诉侵权人有证据证明其实施的设计属于抵触申请的，可以类推适用现有设计抗辩的相关规定，认定不构成侵犯专利权。

【观点集成】

1. 抵触申请区别于现有设计，但其在性质上类似于现有设计，故虽然专利相关法律法规并未规定有抵触申请抗辩，司法实践中仍参照现有设计抗辩的审查判断标准予以评判。

2. 抵触申请抗辩本质上属于抗辩权，被诉侵权人在专利侵权诉讼、确认不侵权诉讼中均可以主张。

3. 法院无须主动审查被诉侵权人实施的是否为抵触申请，但鉴于被诉侵权人可能了解抵触申请抗辩制度，在被诉侵权人提交了抵触申请证据却不主张抵触申请抗辩，或者已依据抵触申请提起专利无效宣告请求并据此主张中止侵权案件审理时，可向被诉侵权人释明是否主张抵触申请抗辩。

4. 抵触申请，是指任何单位或者个人就与专利权人的外观设计同样的外观设计在涉案专利申请日以前向国务院专利行政部门提出申请并且记载在申请日以后公布的专利申请文件或者公告的专利文件中的专利申请。

5. 抵触申请抗辩的比对对象是被诉侵权设计与抵触申请所涉及的设计。该抵触申请所涉及的设计指的是抵触申请文件中所显示的产品图片及相应的文字记载中涉及的产品设计方案。

6. 抵触申请抗辩的比对标准：以一般消费者的知识水平和认知能力，首先判断被诉侵权产品与抵触申请所对应的产品是否属于相同或者相近种类产品，再判断被诉侵权设计与抵触申请所涉及的设计是否构成相同设计。只要有一个条件不符，则抵触申请抗辩不能成立。

7. 被诉侵权人如以多份对比文件分别主张抵触申请抗辩的，应对各份对比文件分别是否构成抵触申请抗辩进行逐一审查判断。

8. 抵触申请影响在后申请专利的新颖性，因而导致在后申请专利无效，故被诉侵权人有权参照现有设计抗辩主张抵触申请抗辩。

三、权利用尽抗辩认定

外观设计专利产品由专利权人或者经其许可的单位、个人售出后，销售、许诺销售、进口该产品的，不视为侵犯外观设计专利权。

【规范指引】

《中华人民共和国专利法》第七十五条

【观点集成】

1. 权利用尽抗辩本质上属于抗辩权，法院对此无须进行主动审查。

2. 权利用尽所涉产品需合法来源于专利权人或者经其许可的人。

3. 权利用尽所涉产品所有权需从专利权人或者经其许可的人合法转移至买受人。转移的方式主要指销售，同时也包含免费发放、礼品赠送、商品交换等其他方式。

4. 权利用尽所涉及的权利范围包括许诺销售、销售、进口各项权能，但不包含制造，也即买受人合法取得专利产品所有权后，可以自由对此进行许诺销售、销售、进口，专利权人无权予以干涉。

5. 专利权人在销售专利产品时附加限制条件，如不得转售，对转售地域范围、转售价格进行限制，对进口行为进行限制等，买受人违反该限制条件销售、许诺销售、进口专利产品，权利人主张该行为侵犯专利权的，不予支持；但专利权人可根据合同之诉主张违约责任。

四、先用权抗辩认定

在专利申请日前已经制造相同产品或者已经作好制造的必要准备，并且仅在原有范围内继续制造的，不视为侵犯外观设计专利权。

【法律依据】

《中华人民共和国专利法》第七十五条

《最高人民法院关于审理侵犯专利权纠纷案件应用法律若干问题的解释》第十五条

【观点集成】

1. 先用权抗辩本质上属于抗辩权，法院对此无须进行主动审查。

2. 先用权抗辩比对对象系被诉侵权产品与在先产品的比对，比对的标准是两者是否属于相同产品。

该处相同产品并不要求被诉侵权产品与在先产品完全相同，只要两者与涉案专利外观设计相对应的设计部分相同即可。如专利外观设计不要求保护色彩，被诉侵权产品与在先产品色彩不同并不影响两者属于相同产品的认定。

3. 已经做好制造的必要准备，是指已经完成实施发明创造所必需的主要技术图纸或者工艺文件，或者已经制造或者购买实施发明创造所必需的主要设备或者原材料。

4. 仅在原有范围内继续制造中的"原有范围"，包括专利申请日前已有的生产规模以及利用已有的生产设备或者根据已有的生产准备可以达到的生产规模。

5. 先用权人对于其在先实施的设计不能单独转让或许可他人实施，除非连同原有企业一并转让或者承继。即先用权人在专利申请日后将其已经实施或作好实施必要准备的设计转让或者许可他人实施，被诉侵权人主张该实施行为属于在原有范围内继续实施的，不应予以支持，但该设计与原有企业一并转让或者承继的除外。

6. 在先制造产品所采用的设计或者在先设计方案，应是先用权人自己独立研发完成或者以合法手段从独立研发完成者处取得的，而不是在专利申请日前抄袭、窃取或者其他不正当手段获取的。被诉侵权人以非法获得的设计主张先用权抗辩的，不予支持。

7. 先用权的抗辩主体不限于制造者，被诉侵权产品的销售者等亦可以该产品的制造者享有先用权为由主张其行为不侵犯外观设计专利权。

8. 注意先用权抗辩与现有设计抗辩的区分。如在先使用的设计已经使用或者销售公开的，被诉侵权人可同时主张先用权抗辩和现有设计抗辩；如在先使用未导致公开的，被诉侵权人仅可主张先用权抗辩。先用权抗辩与现有设计抗辩的法律后果存在差异，现有设计抗辩成立的，被诉侵权人不构成侵权；先用权抗辩成立的，被诉侵权人仅在原有范围内的制造不侵权，以后如超出原有范围继续制造的，仍将构成侵权。

五、合法来源抗辩认定

为生产经营目的许诺销售、销售不知道是未经专利权人许可而制造并售出的专利侵权产品，能够证明该产品合法来源的，不承担赔偿责任。

为生产经营目的许诺销售或者销售不知道是未经专利权人许可而制造并售出的专利侵权产品，且举证证明该产品合法来源的，对于权利人请求停止上述许诺销售、销售行为的主张，人民法院应予支持。

合法来源，是指通过合法的销售渠道、通常的买卖合同等正常商业方式取得产品。对于合法来源，许诺销售者或者销售者应当提供符合交易习惯的相关证据。

【法律依据】

《中华人民共和国专利法》第七十七条

《最高人民法院关于审理侵犯专利权纠纷案件应用法律若干问题的解释（二）》第二十五条

【观点集成】

1. 合法来源抗辩本质上属于抗辩权，法院对此无须进行主动审查。

2. 许诺销售者、销售者可以主张合法来源抗辩，制造者、进口者不能主张合法来源抗辩。

3. 合法来源抗辩成立的，被诉侵权人仍构成侵权，应当承担停止侵权的民事责任，但是不承担赔偿责任。

4. 合法来源抗辩的要件之一系被诉侵权人主观上不知道也不应当知道其许诺销售、销售的产品系专利侵权产品。专利侵权诉讼中，该主观过错的举证责任在于原告方，应当结合专利产品的知名度、专利产品售价与被诉产品售价的差异、专利权人是否向被诉侵权人发出过侵权警告函、被诉侵权人是否曾因相同的侵权行为受过行政处罚、被诉侵权人对于专利产品的了解情况等因素进行综合审查判断。

5. 合法来源抗辩的另一要件系被诉侵权产品是通过正常商业方式取得，被诉侵权人应当提供符合交易习惯的相关证据。符合交易习惯的相关证据应当根据不同的交易方式予以综合认定。

6. 合法来源的审查应在个案中综合交易方式、交易价格等因素进行判断。如司法审查标准过于严格，则无法适应当前市场经济的复杂变化，无助于实现保障交易安全的立法目的；反之，如过于宽松，则有可能放纵专利侵权行为，难以打击侵权源头。此外，被诉侵权人主张的前手制造商或销售商对侵权产品的来源予以认可的，可以适度降低合法来源证据与被诉侵权产品关联性的要求。

第五章　民事责任承担的认定和裁判规则

外观设计专利权被授予后，任何单位或者个人未经专利权人许可，都不得实施其专利，即不得为生产经营目的制造、许诺销售、销售、进口其外观设计专利产品，否则属于侵害外观设计专利权的行为，依法应当承担相应的民事责任。

一、制造侵权行为的认定

制造外观设计专利产品，是指生产出采用外观设计专利图片或者照片所展示的设计方案的产品。

【观点集成】

1. 狭义的制造行为指产品的生产行为。被诉侵权产品本身或者产品包装、使用说明书、合格证上标识的生产商或者制造商、监制商信息可以作为认定制造商的依据，宣传资料中对于生产厂房、生产规模等的介绍亦可以作为认定制造商的依据。

2. 侵权产品上标识的商标信息一定程度上可以作为认定制造商的依据。如侵权产品本身没有标识生产厂家，仅有商标标识信息时，在无相反证据的情况下，商标注册信息可以作为认定制造商的依据。如商标注册人仅许可商标，不知道专利侵权事实存在，在案件能查明实际制造者的情况下，则需综合相关证据认定产品制造者。

3. 委托生产情况下，委托人和受托人一般情况下均可认定为制造商。

4. 将不同部件组装成完整的外观设计专利产品的行为，应视为专利产品的制造行为。

5. 回收外观设计专利产品，用于重新包装与其使用的产品相同或者相近类别的产品的行为，应视为专利产品的制造行为。

6. 制造侵权行为所涉及的被诉侵权产品设计只要落入专利权保护范围，即符合制造行为的要求，不要求与专利外观完全相同。销售、许诺销售、进口行为亦然。

二、许诺销售侵权行为的认定

许诺销售专利产品，是指以做广告、在商店橱窗中陈列或者在展销会上展出等方式作出销售专利产品的意思表示。

【法律依据】

《最高人民法院关于审理专利纠纷案件适用法律问题的若干规定》第十八条

【观点集成】

1. 许诺销售行为的目的是实际销售，许诺销售的产品应处于能够销售的状态。

2. 许诺销售的方式包括在网站中展示、散发产品宣传册、在展会上展出实物、在橱窗或者货架上陈列等多种方式。

3. 许诺销售的内容涉及具体的产品信息，往往包括产品的型号、价格、生产厂家、销售渠道等。

4. 产品价格信息并非许诺销售行为的必备内容要件。宣传信息中包含产品外观、性能、购买方式时，即使不包含产品价款，亦可认定构成许诺销售。

三、销售侵权行为的认定

【法律依据】

《最高人民法院关于审理侵犯专利权纠纷案件应用法律若干问题的解释》第十二条

《最高人民法院关于审理侵犯专利权纠纷案件应用法律若干问题的解释（二）》第十九条

【观点集成】

1. 狭义的销售行为指的是买卖行为，即出卖人将标的所有权转移给买受人，而买受人将相应价款支付给出卖人。此处的买卖行为不以产品交付或所有权转移为要件，若双方已经就产品销售订立了买卖合同，则合同成立之时就可以认定销售行为成立。

2. 销售行为方式包括线上、线下买卖，具体证据包括买卖合同、网络订单、发货单据、付款凭证、发票等。

3. 将侵犯外观设计专利权的产品作为零部件，制造另一产品并销售的，属于销售行为，但侵犯外观设计专利权的产品在该另一产品中仅具有技术功能的除外。

4. 区别于发明和实用新型专利，外观设计专利不存在使用侵权行为，故将侵犯外观设计专利权的产品作为零部件制造另一产品的并不构成侵权，而将侵犯发明或者实用新型专利权的产品作为零部件制造另一产品的，则属于使用侵权行为。

四、进口侵权行为的认定

进口专利产品，是指将专利产品从我国境外运至境内的行为。

【观点集成】

1. 进口行为系与制造、许诺销售、销售行为相并列的行为类型。

2. 进口行为的认定可通过产品的进口商标识信息予以认定，海关产品报关信息、公司宣传信息等亦可以作为认定进口行为的依据。

五、其他侵权行为的认定

1. 共同侵权

两人以上共同实施侵犯他人专利权的行为。

【观点集成】

（1）侵权人一般具有共同侵权的主观过错，包括共同故意或者共同过失。

（2）侵权人应当具有共同侵权行为，包括共同实施制造、销售、许诺销售或者进口行为，彼此不存在行为上的分工；或者彼此存在行为上的分工，如有的侵权人负责制造行为，有的侵权人负责销售行为。

（3）共同侵权的认定依据，如产品上标识为生产商和监制商；虽然标识为生产商和总经销商或者销售商，但两者主体上存在一定程度的关联性，存在股权投资关系、法定代表人相同、主要负责人相同等。

（4）此处共同侵权人实施的均是直接侵权行为。

2. 帮助侵权

明知有关产品系专门用于实施专利的材料、设备、零部件、中间物等，未经专利权人许可，为生产经营目的将该产品提供给他人实施了侵犯专利权的行为，权利人主张该提供者的行为属于《民法典》第一千一百六十九条（原《侵权责任法》第九条）规定的帮助他人实施侵权行为的，应予支持。

【法律依据】

《最高人民法院关于审理侵犯专利权纠纷案件应用法律若干问题的解释（二）》第二十一条第一款

【观点集成】

（1）帮助侵权人与最终实施外观设计专利的侵权人之间没有意思联络，并不构成共同过错。

（2）帮助侵权人明知其提供的材料、设备、零部件、中间物等只能用于生产侵犯专利权的产品，而仍然提供给他人实施。

（3）帮助侵权属于专利间接侵权行为范畴，区别于专利直接侵权行为，其成立应以直接侵权行为的发生为前提。

3. 教唆侵权

明知有关产品被授予专利权，未经专利权人许可，为生产经营目的积极诱导他人实施了侵犯专利权的行为，权利人主张该诱导者的行为属于《民法典》第一千一百六十九条（原《侵权责任法》第九条）规定的教唆他人实施侵权行为的，应予支持。

【法律依据】

《最高人民法院关于审理侵犯专利权纠纷案件应用法律若干问题的解释（二）》第二十一条第二款

【观点集成】

（1）教唆侵权人与最终实施外观设计专利的侵权人之间没有意思联络，并不构成共同过错。

（2）教唆侵权人明知他人专利权的存在，且其教唆的行为侵犯他人专利权，仍积极教唆他人实施专利侵权行为。

（3）教唆侵权属于专利间接侵权行为范畴，区别于专利直接侵权行为，其成立应以直接侵权行为的发生为前提。

六、停止侵权民事责任的承担

被告构成对专利权的侵犯，权利人请求判令其停止侵权行为的，应予支持，但基于国家利益、公共利益的考量，可以不判令被告停止被诉行为，而判令其支付相应的合理费用。

【法律依据】

《最高人民法院关于审理侵犯专利权纠纷案件应用法律若干问题的解释（二）》第二十六条

【观点集成】

1. 停止侵权民事责任对应于知识产权请求权，区别于损害赔偿请求权，行为人实施了专利侵权行为，有继续侵害之虞的，一般均应承担停止侵权民事责任。

2. 停止侵权具体指停止制造、许诺销售、销售、进口专利侵权产品的行为。对于不同被告，具体停止侵权行为类型可能存在差异。

3. 特殊情况下即基于国家利益、公共利益的考量，可以不判决被告承担停止侵权民事责任，而判令其支付相应的合理费用。

4. 如外观设计专利权已经到期，或者因未按期缴纳年费、专利权人主动放弃而提前终止，则不得再判决支持原告要求被告停止侵权的诉请。

5. 停止侵权是被告应承担的民事责任的最基本方式之一。一般情况下，侵权行为成立，被告均应承担停止侵权的民事责任，法院判决被告不承担停止侵权责任的是例外情形。在此情况下，法院应当对判决被告不承担停止侵权责任的理由进行充分阐述，且应当采取替代性的经济补偿方式。

七、赔偿数额的确定

侵犯专利权的赔偿数额按照权利人因被侵权所受到的实际损失或者侵权人因侵权所获得的利益确定；权利人的损失或者侵权人获得的利益难以确定的，参照该专利许可使用费的倍数合理确定。对故意侵犯专利权，情节严重的，可以在按照上述方法确定数额的一倍以上五倍以下确定赔偿数额。

权利人的损失、侵权人获得的利益和专利许可使用费均难以确定的，人民法院可以根据专利权的类型、侵权行为的性质和情节等因素，确定给予三万元以上五百万元以下的赔偿。

赔偿数额还应当包括权利人为制止侵权行为所支付的合理开支。

人民法院为确定赔偿数额，在权利人已经尽力举证，而与侵权行为相关的账簿、资料主要由侵权人掌握的情况下，可以责令侵权人提供与侵权行为相关的账簿、资料；侵权人不提供或者提供虚假的账簿、资料的，人民法院可以参考权利人的主张和提供的证据判定赔偿数额。

【法律依据】

《中华人民共和国专利法》第七十一条

《最高人民法院关于审理专利纠纷案件适用法律问题的若干规定》第十四

条、第十五条

《最高人民法院关于审理侵犯专利权纠纷案件应用法律若干问题的解释》第十六条

《最高人民法院关于审理侵犯专利权纠纷案件应用法律若干问题的解释（二）》第二十八条

【观点集成】

1. 损害赔偿计算方法原则上应当按照实际损失、侵权获利、许可使用费的合理倍数、法定赔偿的先后顺序来适用。

2. 权利人因被侵权所受到的实际损失可以根据专利权人的专利产品因侵权所造成销售量减少的总数乘以每件专利产品的合理利润所得之积计算。权利人销售量减少的总数难以确定的，侵权产品在市场上销售的总数乘以每件专利产品的合理利润所得之积可以视为权利人因被侵权所受到的实际损失。

3. 侵权人因侵权所获得的利益可以根据该侵权产品在市场上销售的总数乘以每件侵权产品的合理利润所得之积计算。侵权人因侵权所获得的利益一般按照侵权人的营业利润计算，对于完全以侵权为业的侵权人，可以按照销售利润计算。

4. 专利产品的合理利润、侵权产品的合理利润一般指的都是营业利润。注意营业利润区别于毛利润和税后利润。确定营业利润可以通过司法审计方式，亦可以同时参考同行业类似产品的利润率。

5. 确定实际损失和侵权获利时，应当考虑涉案专利对于整个产品的利润贡献率。如产品涉及多个专利以及技术秘密时，还应当考虑不同技术的利润贡献率。

6. 侵犯外观设计专利权的产品为包装物的，应当根据包装物本身的价值及其在实现被包装产品利润中的作用等因素合理确定赔偿数额。

7. 有专利许可使用费可以参照的，可以根据专利权的类型、侵权行为的性质和情节、专利许可的性质、范围、时间等因素，参照该专利许可使用费的倍数合理确定赔偿数额。

8. 在适用法定赔偿时，应当综合考虑专利权的类型、专利的价值、专利对产品的利润贡献率、专利产品的市场占有率、被告的生产销售规模、销售数量、被诉侵权产品的销售价格等因素进行酌定。对于重复侵权、恶意侵权行为，考虑法定赔偿时，酌定相对更高的数额。

9. 如有证据证明实际损失或者侵权获利低于法定赔偿金额的下限，或者是高于法定赔偿金额的上限，可以综合在案证据情况在低于法定赔偿金额下限或者高于法定赔偿金额上限酌定实际损失或侵权获利。

10. 权利人、侵权人依法约定专利侵权的赔偿数额或者赔偿计算方法，并在专利侵权诉讼中主张依据该约定确定赔偿数额的，应予支持。

11. 制造商和销售商作为共同被告的案件，根据案件具体情况，销售商对制造商的赔偿数额承担全部连带赔偿责任，或者部分连带赔偿责任。

12. 低于法定赔偿金额下限或者高于法定赔偿金额上限予以酌定赔偿，并非新的损害赔偿计算方式，其实质属于实际损失或者侵权获利赔偿计算方式，基于在案证据对实际损失或者侵权获利金额予以酌定。

八、合理开支的认定

侵犯专利权的赔偿数额还应当包括权利人为制止侵权行为所支付的合理开支。

权利人主张其为制止侵权行为所支付合理开支的，可以在《专利法》第七十一条确定的赔偿数额之外另行计算。

【法律依据】

《最高人民法院关于审理专利纠纷案件适用法律问题的若干规定》第十六条

【观点集成】

1. 合理开支在性质上区别于经济损失赔偿。

2. 权利人为制止侵权行为所支付的合理开支，是指权利人因调查、制止侵权所支付的合理费用，具体可包括两类：一类是诉讼代理费，主要指律师费和专利代理人代理费；另一类是调查取证费，主要指翻译费、公证费、差旅费、被诉侵权产品购买费用等。

3. 诉讼过程中，应释明由权利人明确其主张的合理开支总金额，以及所涉及的具体类别和各类别的具体金额。

4. 人民法院应结合权利人提供的合理费用凭证，对权利人所主张的合理开支的必要性和合理性进行审查，对于其中的合理必要的费用予以支持。

5. 结合在案事实，对于律师费、公证费等确已发生的费用，权利人虽未提供相应凭证予以证明，亦可酌情予以支持。

6. 保全费、案件受理费属于诉讼费用，并不属于合理开支范畴，由人民法院在结案时根据诉讼结果依职权在当事人间予以分摊。

7. 销售、许诺销售商主张合法来源抗辩成立的，虽可免除赔偿经济损失，但仍应承担合理开支，承担的金额应综合费用支出的合理性、必要性以及被告的获利情况酌情确定。

九、消除影响民事责任的承担

专利侵权行为如对权利人的商誉造成了不当贬损的后果，被诉侵权人应当承担消除影响的民事责任。

【观点集成】

1. 只有侵权行为对权利人的商誉造成了不当贬损的后果，才需承担消除影响的民事责任。

2. 消除影响的方式一般表现为在网站上刊登声明消除影响，或者在报刊上刊登声明消除影响等，具体消除影响的方式应与所造成不当影响的后果相适应。

3. 外观设计专利权系对设计方案的保护，专利侵权行为一般不涉及对权利人商誉的影响，故对于消除影响诉请一般不予支持。只有当侵权行为性质和情节较为严重，影响了专利权人或者专利产品的社会评价时，才可能涉及消除影响民事责任的承担。

十、其他责任承担方式的认定

专利侵权纠纷中，越来越多的权利人除请求侵权人承担停止侵权、赔偿损失等民事责任外，亦同时提出了销毁库存侵权产品、销毁生产侵权产品的专用模具、设备的诉请。

【观点集成】

1. 审查是否存在库存侵权产品，对于订制产品等一般不涉及库存侵权产品。

2. 审查生产侵权产品的模具、设备是否系专用模具和专用设备，对于通用模具和设备则不涉及销毁模具、设备问题；另外，对于生产商，才涉及销毁生产侵权产品的专用模具、设备，对于销售、许诺销售、进口行为实施者，则不涉及该销毁诉请。

第六章　外观设计专利侵权诉讼中的相关程序问题

一、专利无效宣告审查程序对民事诉讼的影响

无效宣告程序与民事诉讼程序是相互独立的程序，在符合特定条件的情况下，民事诉讼程序可以因无效宣告程序而中止。

【法律依据】

《最高人民法院关于审理专利纠纷案件适用法律问题的若干规定》第五条、第六条、第七条

《最高人民法院关于审理侵犯专利权纠纷案件应用法律若干问题的解释（二）》第二条

【观点集成】

1. 被告在答辩期间内请求宣告涉案专利权无效的，应当中止诉讼，但具备下列情形之一的，可以不中止诉讼：

（1）原告出具的检索报告或者专利权评价报告未发现导致外观设计专利权无效的事由的；

（2）被告提供的证据足以证明其使用的设计已经公知的；

（3）被告请求宣告该项专利权无效所提供的证据或者依据的理由明显不充分的；

（4）人民法院认为不应当中止诉讼的其他情形。

2. 被告在答辩期间届满后请求宣告涉案专利权无效的，法院不应当中止诉讼，但经审查认为有必要中止诉讼的除外。

3. 经国家知识产权局专利局复审和无效审理部审查维持专利权的侵犯外观设计专利权纠纷案件，被告在答辩期间内请求宣告该项专利权无效的，可以不中止诉讼。

4. 案件审理过程中，原告主张权利的专利权被宣告无效的，可以裁定驳回权利人基于该无效专利的起诉。有证据证明宣告专利权无效的决定被生效的行政判决撤销的，权利人可以另行起诉。

5. 对于不符合授权条件的专利，任何单位或者个人均可以请求国家知识产权局宣告该专利权无效。但宣告专利权无效的程序属于行政审查程序，由专门行政机关负责无效宣告案件的审查，专利侵权诉讼并不一定因此而中止审理，只有符合特定的情形才中止审理。

二、确认不侵害专利权之诉的受理条件

确认不侵害专利权纠纷，是指受到特定专利权影响的行为人，以权利人为被告提起的请求确认其有关行为不侵犯该专利权的诉讼。

【法律依据】

《最高人民法院关于审理侵犯专利权纠纷案件应用法律若干问题的解释》第十八条

【观点集成】

1. 确认不侵权之诉在诉的类型上属于确认之诉，但兼具侵权之诉的特征。

2. 确认不侵害专利权之诉系独立的诉讼，不因对方当事人另行提起侵权诉讼而被吸收。

3. 鉴于确认不侵害专利权纠纷案件兼具侵权之诉的特征，故其地域管辖和级别管辖，应当依照与之对应的侵害专利权纠纷案件的地域管辖和级别管辖的规定进行确定。

4. 确认不侵害专利权纠纷的受理条件：

（1）权利人向他人发出侵犯专利权的警告；

（2）被警告人或者利害关系人经书面催告权利人行使诉权；

（3）自权利人收到该书面催告之日起一个月内或者自书面催告发出之日起两个月内，权利人不撤回警告也不提起诉讼；

（4）被警告人或者利害关系人向人民法院提起请求确认不侵害专利权诉讼。

上海市高级人民法院知识产权审判庭
特许经营合同纠纷案件裁判方法重述（2022）

第一章 诉辩主张的整理与固定

一、原告诉请

（一）撤销合同的诉请

【法律依据】

《中华人民共和国民法典》第一百四十七条、第一百四十八条、第一百四十九条、第一百五十条、第一百五十一条、第一百五十二条

【观点集成】

1. 明确原告主张合同撤销的具体事实和法律依据，以及知道撤销事由的时间。

2. 审查是否存在《中华人民共和国民法典》第一百五十二条规定的撤销权消灭的情形。

3. 原告主张合同可撤销时，法院应告知其可就特许经营费用、经营资源的处置等事项一并处理，但当事人坚持另行处理的除外。

4. 被特许人以特许人违反信息披露义务构成欺诈为由，主张撤销合同的，应明确指出特许人未披露哪项内容，被特许人无法具体指明特许人未披露哪些信息的，应当视为被特许人主张的事实不明。

5. 被特许人作为原告主张合同可撤销时，法院应向其明确合同被撤销后，其应停止使用特许人许可其使用的相关经营资源，返还与经营资源有关的材料。

6. 除基于重大误解实施的民事法律行为，双方当事人均有权请求撤销外，在欺诈情形下的撤销权人是受欺诈方，在胁迫情形下的撤销权人是受胁迫方，在显失公平情形下的撤销权人是受损害方。

（二）解除合同的诉请

【法律依据】

《中华人民共和国民法典》第五百六十二条、第五百六十三条

《商业特许经营管理条例》第十二条、第二十三条第三款

【观点集成】

1. 行使约定解除权的情况下，明确要求解除所依据的合同条款、相关事实及主张合同解除的时间。

2. 行使法定解除权的情况下，明确要求解除所依据的法律规定、相关事实及主张合同解除的时间。

3. 行使任意解除权的情况下，明确其依据合同约定还是《商业特许经营管理条例》第十二条的规定、相关事实及主张合同解除的时间。

4. 协商一致解除的情况下，应就双方对解除合同达成一致意见提供证据，并明确合同解除的时间。

5. 原告仅主张合同解除时，法院应告知其可就特许经营费用、经营资源的处置等事项一并处理，但当事人坚持另行处理的除外。

6. 被特许人作为原告主张合同解除时，法院应在庭审时向其释明，如合同解除，其应停止使用特许人许可其使用的相关经营资源，返还与经营资源有关的材料。

7. 被特许人依据《商业特许经营管理条例》第十二条的任意解除权要求解除合同的，法院应要求其就有无收到特许人交付的经营资源、有无实际使用经营资源、有无实际开店经营、何时第一次向特许人提出要求解除合同等事宜要求举证。

8. 《商业特许经营管理条例》第二十三条实质上赋予了被特许人一项广义上的法定合同解除权。特许人违反信息披露义务，隐瞒有关信息或者提供虚假信息的情况下，被特许人可以据此要求解除特许经营合同，也可以欺诈为由主张撤销合同。法院应当根据特许人的主张按照解除合同或撤销合同的不同要件作出裁判，即被特许人可自行选择行使撤销权或解除权。在关联案件中，被特许人或以解除为由提起诉讼，或要求撤销，此时法院可行使释明权，对各自的法律后果予以释明。但最终仍应以当事人的主张为基础进行审查。

9. 被特许人依据《商业特许经营管理条例》第二十三条主张解除合同的，应对特许人隐瞒或提供虚假信息的内容、与真实信息的背离程度、对合同签订或履行的影响等进行举证。

10. 在约定解除的情况下，原告依据对方的承诺而非具体合同条款进行主张时，应就该承诺存在及其内容提供证据。

（三）继续履行合同的诉请

【法律依据】

《中华人民共和国民法典》第五百七十七条、第五百八十条

【观点集成】

1. 明确要求被告具体履行何种合同义务及相应的合同依据。

2. 特许经营合同是基于特许人与被特许人之间信赖而签订的，在双方发生纠纷之后，对于继续履行的诉请需慎重审查其可行性。

3. 若原告主张对方存在不履行合同义务的情形，应就相关事实提供证据。若原告主张对方提出提前终止合同或解除合同的主张不成立，应就合同是否已提前终止或解除进行审查。

4. 原告要求继续履行合同，被告确认其无能力继续履行或继续履行费用过高，不愿意继续履行合同致使合同目的不能实现的，法院可询问原告是否变更诉讼请求。原告据此要求解除合同的，被告应对原告的新诉请予以答辩。

（四）返还已支付款项的诉请

【法律依据】

《中华人民共和国民法典》第一百五十七条、第五百六十六条第一款

【观点集成】

1. 明确要求返还的依据、返还费用的项目及计算方式、要求全额返还还是部分返还等。

2. 要求返还的依据通常包括特许经营合同无效、解除、撤销，或者合同约定的返还条件成就。

3. "特许经营费用"的具体名目以特许经营合同约定、实际交付的款项性质为准，包括加盟费、管理费等。

4. 被特许人应当返还特许人提供的产品、设备等财产，但实际不能返还或没有必要返还时，双方可就此部分财产的折价款协商达成一致。若不能达成一致，折价时应当以当事人交易时约定的价款为基础，同时考虑当事人在标的物消耗或者转售时的获益情况综合确定补偿标准。

（五）损失赔偿的诉请

1. 对于一般损失的诉请

【法律依据】

《中华人民共和国民法典》第五百六十六条第一款及第二款、第五百八十三条、第五百八十四条

【观点集成】

（1）明确对方存在何种违约行为并因此导致了损失的实际产生。

（2）明确赔偿损失的具体范围，并提供相应的凭证。

（3）明确其主张损失金额的计算依据与方式。

（4）损失包括为订立合同支出的费用、合同履行后可以获得的利益等，但原则上不得超过当事人在订立合同时所应当预见可能造成的损失。

（5）任何一方违反合同约定的保密、保管等后合同义务造成对方当事人损失时，守约方可提出损害赔偿的主张。

2. 对于支付律师费、担保费等的诉请

【法律依据】

《中华人民共和国民法典》第五百零九条第一款、第二款

【观点集成】

（1）明确合同对律师费等的负担是否有约定。

（2）明确合同约定的支付条件成就的事实并视情况提供相应证据。

（3）提交律师费、担保费等已实际发生的证据。

（4）对于律师费，原告需提供相应支付凭证及发票，并与律师聘请合同中的约定相符。对于担保费，亦应提供实际支付凭证。当事人虽不能提供票据但确已实际发生，且在有合同约定的情况下，可酌情支持。

（六）支付违约金的诉请

【法律依据】

《中华人民共和国民法典》第五百八十五条

【观点集成】

1. 明确合同中对违约金是否有约定。

2. 明确合同违约金条款中所约定的违约情形是否发生，并视情况提供相应证据。

（七）支付未付款项的诉请

【法律依据】

《中华人民共和国民法典》第五百零九条第一款

【观点集成】

明确被告未按约支付何种合同款项、该款项的支付条件是否已成就。

（八）其他诉讼请求

1. 返还特许经营文件的诉请

【观点集成】

（1）明确被特许人留有何种与经营资源有关的授权书、特许使用证明、特

许商业标志、技术资料、牌匾等文件或材料，并就相关事实提供证据。

（2）明确返还条件是否成就。

2. 停止使用特许经营资源的诉请

【观点集成】

（1）明确特许人已将何种与经营资源有关的授权书、特许使用证明、特许商业标志、技术资料、牌匾等特许经营资源交付被特许人，并就相关事实提供证据。

（2）明确要求被特许人停止使用何种特许经营资源、停止使用的条件是否已成就。

二、被告诉请

（一）对合同性质的抗辩

【观点集成】

明确具体抗辩事由，提供相应证据：

1. 特许人提出"涉诉合同并非特许经营合同"的抗辩时，应提供实际履行情况的证据；

2. 被特许人提出该抗辩时，可要求特许人提供经营资源存在、已交付、被特许人实际使用情况等方面的证据；

3. 审查此项抗辩是否成立，应严格把握特许经营合同的特征，结合合同约定的权利义务与实际履行情况，综合予以判断。

（二）对合同效力的抗辩

1. 特许人未取得相应批准资质的抗辩

【法律依据】

《商业特许经营管理条例》第八条第三款

【观点集成】

明确具体抗辩事由，针对不同情况，法院区分审查并作出处理：

（1）对于已取得有关批准文件的抗辩：特许人应就产品或者服务需哪些行政批准文件、具体已取得的批准文件进行举证；

（2）对于无需取得批准文件的抗辩：特许人应针对被特许人依据的法律、行政法规条文，提供有新规定的文件进行抗辩；

（3）部分特殊行业的经营需要取得相关批准文件，法院在进行审核时，需注意在签订合同时特许人是否有相应资质，以及签订合同时虽不具备但在履行合同中已具备的情形。

2. 对特许经营资源缺陷的抗辩

【观点集成】

明确具体抗辩事由，区分审查并进行处理：

（1）对"特许经营资源不属于特许人"的抗辩：被特许人应明确具体经营资源的内容及当前公开可查询的权利归属，并提供相应证据。

（2）对"特许经营资源与合同约定不符"的抗辩：具体详见下述"3. 对于欺诈情形的抗辩审查"。

（3）对"特许经营资源超过法定期限"的抗辩：被特许人应就特许人经营资源的使用期限与合同期限进行明确。

（4）对"特许人未进行备案""不具备两店一年"的抗辩：被特许人应就其主张提供相关证据。

（5）特许经营资源是判断特许人资格的重要条件，但欠缺该条件并不必然导致合同无效，法院应进行实体审理后进行判断。在被特许人提供初步证据而特许人不认可的情况下，法院可要求特许人提供反证。

3. 对于欺诈情形的抗辩

【观点集成】

（1）特许人应对其相关宣传内容进行说明，或提供签约前后的微信聊天记录、邮件往来等，还原双方的磋商过程，以证明不存在欺诈情形。

（2）任何商业经营都是存在风险的。审查此项抗辩是否成立，应当考量在签订合同时，被特许人有无结合自身的经营地点、经营方式等情况进行实地勘察和综合分析，对自己可能遇到的商业风险和对方的宣传内容应尽到合理的注意义务。

（三）对合同解除的抗辩

1. 合同解除条件不成就的抗辩

【法律依据】

《中华人民共和国民法典》第五百六十二条第二款、第五百六十三条

【观点集成】

（1）明确合同解除条件不成就的依据。

（2）被特许人主张特许人未进行企业备案、不符合两店一年的条件、商标未注册等情况，而特许人不认可时，应提供相关备案、商标注册证、店铺运营材料等。

（3）被特许人主张特许人经营资源在合同期间被撤销或宣告无效、被吊销营业执照等而要求解除合同时，特许人提出"仍可继续履行合同，提供其他经营资源"等抗辩的，被特许人可对此表示是否接受。如不接受，在原有经营资

源缺失的情况下，仍可判令解除合同。

2. 先履行抗辩

【法律依据】

《中华人民共和国民法典》第五百二十六条

【观点集成】

（1）明确原告在先履行的合同义务及其违约事实。

（2）只有在先行为足以导致在后违约行为发生的情况下，此项抗辩才可能成立。

（3）如果特许人未履行培训、指导等义务，并致使被特许人未能正常经营，被特许人不缴纳特许经营费用的行为属于行使先履行抗辩权。法院应要求特许人就对方的违约行为提供证据，并明确是否提起反诉。

3. 任意解除权（"冷静期"）行使的抗辩

【法律依据】

《商业特许经营管理条例》第十二条

【观点集成】

（1）明确被特许人有无实际使用特许经营资源、被特许人行使任意解除权的时间是否在合理期限内。

（2）对于"双方未在合同中约定任意解除权"等抗辩，一般不影响被特许人实际行使该权利。

（3）审查此项抗辩的难点在于如何认定合理期限，特许人应就被特许人有无实际使用经营资源、其履行合同义务的程度等提供证据。

4. 未履行解除合同通知义务的抗辩

【法律依据】

《中华人民共和国民法典》第五百六十五条

【观点集成】

（1）明确原告是否具有合同约定或法律规定的解除权。

（2）明确原告是否提出解除合同但未向被告履行通知义务。

（3）当事人一方依法主张解除合同的，应当通知对方当事人。原告提供了通知的证据但被告不认可时，双方应就通知送达的地址、签收人信息等进行确认。

（4）原告在起诉前未通知对方解除合同，不影响原告通过起诉行使解除权，通知时间以起诉状副本送达对方之日为准。

5. 未经合理催告的抗辩

【法律依据】

《中华人民共和国民法典》第五百六十三条第一款第（三）项

【观点集成】

（1）明确被告有无迟延履行主要债务的情形。

（2）明确原告是否未经催告即行使解除权。

（3）对于一方当事人迟延履行主要债务的违约行为，另一方应进行催告并给予合理的履行期间，在该期限内仍未履行的，才能行使合同解除权。法院可要求原告提供进行催告的证据并对催告送达的日期等进行审查。

（四）对款项返还的抗辩

1. 对不应返还款项的抗辩

【观点集成】

（1）明确是否已收到被特许人主张的款项。

（2）明确其不返还的理由系合同约定的返还条件不成就还是该款项针对的服务已履行完毕。

（3）特许人应对不同性质的款项是否同意返还、同意返还时的款项金额等进行明确，并就被特许人不符合返还条件予以举证。

（4）特许人可提供其进行培训指导、提供开业支持、发送货物设备等履行合同义务方面的证据，以及对方实际开店经营的证据，以证明被特许人已实际使用经营资源。被特许人就已实际使用完毕的货物主张返还货款的，一般不予支持。

2. 对保证金抵扣加盟费或其他费用的抗辩

【法律依据】

《中华人民共和国民法典》第五百八十五条、第五百六十九条

【观点集成】

（1）明确保证金抵扣的情形，是属于合同对保证金抵扣有明确约定，还是虽无明确约定，但双方当事人同意进行抵扣。

（2）明确合同有无约定保证金无法抵扣、保证金不应退还的约定情形。

（3）保证金一般是为确保合同正常履行而支出，保证金抵扣系基于债的抵销，在特许经营合同对保证金的抵扣时间和方式均无约定时，进行抵扣需双方当事人同意确认。

（4）特许经营合同约定被特许人存在某种违约行为而保证金不予退还时，需审查该约定情况是否存在，如是，则被特许人对抵扣的相关抗辩不应支持。

（五）对损失及违约金的抗辩

1. 损失由原告自身原因造成的抗辩

【法律依据】

《中华人民共和国民法典》第五百九十一条

【观点集成】

（1）明确原告存在何种行为直接导致了损失的产生。

（2）在损失的发生由被告的违约行为导致的情况下，明确原告对损失的发生、扩大存在何种过错。

2. 合同解除后违约金过高的抗辩

【法律依据】

《中华人民共和国民法典》第五百八十五条

【观点集成】

（1）明确违约行为给原告造成了何种损失、该损失的具体数额，约定的违约金与该损失相比是否过高。

（2）调整违约金应基于当事人的申请，在约定的违约金过分高于造成的损失时，当事人可以请求法院予以适当减少。

（3）主张违约金调整的当事人应当就违约金是否过高承担举证责任；对方当事人予以否认的，在违约方就约定违约金过高提供相应证据后，也应提交相应的证据证明违约金并未过高。

（六）其他方面的抗辩

1. 对诉讼时效已届满的抗辩

【法律依据】

《中华人民共和国民法典》第一百八十八条

【观点集成】

（1）明确当事人主张诉讼时效所针对权利的性质是否为债权请求权。

（2）明确诉讼时效规则及诉讼时效起算时间、有无中断或中止情形。

2. 对除斥期间已届满的抗辩

【法律依据】

《中华人民共和国民法典》第五百六十四条

【观点集成】

（1）明确法律是否规定或者当事人是否约定解除权行使期限。

（2）若法律没有规定且当事人也没有约定，明确是否存在经对方催告后在合理期限内行使解除权的情形。

第二章　要件事实审查和裁判规则

一、特许经营合同效力的认定和裁判规则

（一）特许经营合同的成立要件

【法律依据】

《中华人民共和国民法典》第四百七十一条

【观点集成】

特许经营合同的成立要件：

1. 要约人发出希望与他人订立合同的意思表示，要约内容应具体确定；

2. 受要约人在要约规定的期限内作出承诺，承诺内容与要约内容相一致。

（二）特许经营合同的生效要件

【法律依据】

《中华人民共和国民法典》第一百四十三条

【观点集成】

特许经营合同的生效要件：

1. 当事人具有相应的缔约能力；

2. 意思表示真实；

3. 不违反法律和社会公共利益。

（三）特许经营合同无效的认定

1. 特许经营合同无效的一般情形

【法律依据】

《中华人民共和国民法典》第一百四十六条、第一百五十三条、第一百五十四条

【观点集成】

（1）当特许经营合同有下列情形之一时，合同无效：

①一方以欺诈、胁迫的手段订立合同，损害国家利益；

②恶意串通，损害国家、集体或者第三人利益；

③以合法形式掩盖非法目的；

④损害社会公共利益；

⑤违反法律、行政法规的强制性规定。

（2）认定是否违反法律、行政法规的强制性规定是认定特许经营合同无效的难点。强制性规定包括效力性强制规定和管理性强制规定，违反效力性强制规定的才会导致合同无效。

（3）在区分效力性强制规定和管理性强制规定时，要将强制性规范所保护的利益与合同本身所保护的利益加以评价和衡量。

2. 因特许人主体资格导致合同无效的认定

【法律依据】

《商业特许经营管理条例》第三条

【观点集成】

（1）《商业特许经营管理条例》规定特许人应满足以下条件：

①不得为企业以外的其他单位和个人；

②拥有注册商标、企业标志、专利、专有技术等经营资源；

③应当拥有成熟的经营模式，并具备为被特许人持续提供经营指导、技术支持和业务培训等服务的能力；

④应当拥有至少2个直营店，并且经营时间超过1年（"两店一年"）。

一般认为，特许人不具备企业资格的特许经营合同无效，不具备其他条件的特许经营合同不当然无效。

（2）《商业特许经营管理条例》规定的企业不限于有限责任公司、股份有限公司，还包括个人独资企业、合伙企业等。

（3）因特许人不具备企业资格导致特许经营合同无效的，特许人应对合同无效所造成的损失承担主要责任，被特许人未尽到审查义务应承担次要责任。

（4）以未经注册的商标作为经营资源对外进行特许经营的，关于特许经营合同效力认定存在不同观点：观点一认为，《商业特许经营管理条例》对于以商标作为特许经营资源的商业特许经营行为的条件有明确的规定，即应当是注册商标，而这显然系效力性规定而非管理性规定，故企业如果以未经注册的商标作为经营资源对外进行特许经营的，其相关特许经营行为无效；观点二认为，上述规定非效力性规定而属管理性规定，若特许人在合同中已明确其享有的为非注册商标，且被特许人在签订合同时对此已知悉的，应尊重双方意思自治，认为合同有效。本课题倾向于观点二。

3. 因未满足特定条件而导致合同无效的认定

【法律依据】

《中华人民共和国民法典》第一百五十三条

【观点集成】

（1）法律、行政法规明确规定特许经营的产品或者服务应当经批准方可经营，或者从事特许经营业务需要具备其他特定条件，而特许人或被特许人规避上述规定签订的特许经营合同无效。

（2）在审查时应注意区分效力性强制规定和管理性强制规定。

（四）特许经营合同部分无效的认定

【法律依据】

《中华人民共和国民法典》第四百九十七条

【观点集成】

1. 特许人提供的格式条款不合理地免除或减轻其责任、加重被特许人责任、限制被特许人主要权利的，该合同条款无效。

2. 对于特许经营合同中约定的"概不退还加盟费"条款，此条款免除了特许人的责任，加重了被特许人的责任，排除了被特许人合法权益，有悖公平原则，一般应被认定无效。但如双方约定的加盟费较低，并不构成特许人的主要收益，可不认定无效。

（五）不影响特许经营合同效力的情形

【法律依据】

《商业特许经营管理条例》第七条

【观点集成】

1. 下列情形不影响特许经营合同的效力：

（1）未采用书面形式订立合同；

（2）特许人不符合"两店一年"条件；

（3）特许人未向商务主管部门备案。

2. "两店一年"规定属于管理性强制性规范，根据《商业特许经营管理条例》第二十四条，特许人不具备"两店一年"情况下从事特许经营的，由商务主管部门责令改正并进行处罚，并不影响合同的效力。但"两店一年"仍能作为判断特许人是否有成熟的经营模式的重要依据，其中"店"指代直营店，应当包括由特许人直接经营及其关联公司经营的店铺，而不宜将其限定为必须由特许人直接经营，同时，"直营店"的经营模式、资源应当与特许经营业务相一致；"年"指代具体进行商业经营的时间。

3. 法院在审理具体案件时，不应当主动对特许人是否具备"两店一年"的条件进行审查，应以被特许人的主张为审查依据。

4. 备案只是便于行政管理，不影响合同效力。

二、撤销特许经营合同的认定及裁判规则

（一）可撤销的特许经营合同的类型及观点集成

【法律依据】

《中华人民共和国民法典》第一百四十七条、第一百四十八条、第一百四十九条、第一百五十条、第一百五十一条

《商业特许经营管理条例》第二十二条

【观点集成】

1. 特许经营合同是否因重大误解订立，应审查行为人对合同的性质、对方当事人、标的物的品种、质量、规格和数量等是否存在错误认识，致使行为的后果与自己的意思相悖，并造成较大损失。

2. 特许经营合同是否显失公平，应审查一方当事人（一般是特许人）有无利用优势或者利用对方没有经验，致使对方的权利与义务明显违反公平、等价有偿原则。

3. 特许经营合同是否因欺诈而订立，应审查一方当事人（一般是特许人）有无故意告知对方虚假情况，或者故意隐瞒真实情况，或者宣传内容存在重大不实、夸张，足以诱使对方当事人作出错误意思表示。

4. 特许经营合同是否因胁迫而订立，应审查一方当事人有无以给对方及其亲友的生命健康、荣誉、名誉、财产等造成损害，或者以给法人的荣誉、名誉、财产等造成损害为要挟，迫使对方作出违背真实的意思表示。

5. 特许经营合同是否因乘人之危而订立，应审查一方当事人有无乘对方处于危难之际，为牟取不正当利益，迫使对方作出不真实的意思表示，严重损害对方利益。

6. 因欺诈而订立的合同需具备以下要件：（1）具有欺诈行为；（2）欺诈方具有欺诈的故意；（3）欺诈与合同的订立之间存在因果关系。特许经营合同的欺诈往往通过信息披露的方式进行。

7. 信息披露制度的目的在于保护被特许人，使其在决定是否投资特许经营项目之前能够获得特许人的必要信息，以预测投资风险，防止商业欺诈。特许人隐瞒有关信息或者提供虚假信息不一定等同于欺诈。在判断是否构成欺诈时可以综合考虑所隐瞒信息或者所提供虚假信息的重要性、与真实信息相背离的程度、与合同目的的关联性、对于特许经营合同的订立和履行的影响程度（是否使受欺诈人陷入错误并据此作出意思表示）等因素，适当区分恶意欺诈和商业吹嘘，尽可能维护特许经营合同尤其是已经实际履行的特许经营合同的稳定

性。如果特许人提供或隐瞒的信息关系到特许经营实质性内容，且足以影响到
被特许人是否签订特许经营合同的真实意思表示的，应当认定为欺诈行为。

8. 特许人应当真实、准确、完整、及时向被特许人披露信息。在特许经营
合同纠纷案件中，欺诈通常表现在经营资源欺诈、经营模式欺诈、盈利欺诈等。
特许人存在下列情况，使被特许人在违背真实意思的情况下签订合同的，可据
此认为其构成欺诈：

（1）与经营资源有关的内容：

①隐瞒经营资源无处分权或权属不清的事实；

②特许人实际享有的经营资源与披露的信息不符，如将非注册商标宣传为
注册商标，将非专利技术宣传为专利技术。

（2）与特许人企业经营情况有关的内容：

①故意隐瞒与特许人经营资源或经营活动有关的诉讼、仲裁或行政处罚，
可能直接影响到被特许人是否签订特许经营合同的，如特许人及其法定代表人
因重大违法经营行为受到行政处罚、刑事追究的信息，特许人或其关联方的特
许经营资源正处于涉诉或涉仲裁，且败诉风险较高的信息；

②故意隐瞒其已申请破产或已进入破产程序；

③虚构企业规模，情节严重的，如将小企业宣传为规模巨大的集团企业；

④虚构品牌来源，情节严重的，如将国产品牌宣传为国外知名品牌。

（3）与被特许人经营有关的内容：

①未披露在被特许人约定的经营区域内存在其他加盟商的事实；

②夸大产品或服务的质量，情节严重的；

（4）特许人故意隐瞒或披露其他虚假信息，足以对被特许人签订合同、实
际经营产生重大影响的。

（二）撤销权的行使

【法律依据】

《中华人民共和国民法典》第一百五十二条

【观点集成】

1. 行使撤销权需满足以下要件：

（1）行使主体具有撤销权；

（2）当事人自知道或者应当知道撤销事由之日起一年内行使，重大误解的
当事人自知道或者应当知道撤销事由之日起九十日内行使。

2. 当事人受胁迫，自胁迫行为终止之日起一年内没有行使撤销权，或者在
知道撤销事由后明确表示或者以自己的行为表明放弃撤销权，或者自民事法律

行为发生之日起五年内没有行使撤销权的,撤销权消灭。

3. "知道"通常通过当事人自认或一些明确的书面确认来确定,"应当知道"通常通过撤销事由的公知程度、当事人的认知水平等因素进行判断。

4. "明确表示放弃撤销权"通常通过当事人自认或一些明确的书面确认来确定,"以自己的行为表明放弃撤销权"通常通过该行为能否反映行为人希望继续履行合同的主观意图来进行判断。

(三) 合同无效、被撤销的民事责任

【法律依据】

《中华人民共和国民法典》第一百五十七条

【观点集成】

特许经营合同被宣告无效或撤销后,合同当事人应当承担返还财产、赔偿损失的民事责任。

1. 返还财产

特许人应当返还加盟金、保证金等特许经营费用。被特许人应当返还特许人提供的产品、设备等财产,不能返还或没有必要返还的,应当折价补偿,但属于被特许人从事特许经营业务过程中正常消耗的材料的,可不予返还且不承担损害赔偿责任。同时,还应考虑被特许人实际使用特许经营资源的情况,参照一定期间加盟费的金额,返还不当得利。

2. 赔偿损失

有过错的一方应当赔偿对方因此所受到的损失,双方都有过错的,应当各自承担相应的责任。

损失赔偿的范围通常包括实际损失和间接损失。在合同无效或撤销时,间接损失为特许人或被特许人因信赖合同有效成立而丧失的与第三人订立合同的机会所产生的损失。间接损失原则上不得超过当事人在签订合同时所应当预见的因合同无效或被撤销可能造成的损失,也不得超过合同有效且得到实际履行时可能获得的利益。

对于间接损失的认定,除非确有充分证据证明因特许经营合同被宣告无效或被撤销造成了交易机会的丧失,且可得利益损失非常大,直接损失远不足以弥补实际损失时,可慎重适用公平原则,对间接损失予以酌情考虑。

三、特许经营合同解除的认定及裁判规则

(一) 以法定解除为请求权基础案件的认定及裁判规则

【法律依据】

《中华人民共和国民法典》第五百六十三条

《商业特许经营管理条例》第二十三条

【观点集成】

1. 特许经营合同的法定解除事由包括：

（1）因不可抗力致使不能实现合同目的；

（2）在履行期限届满之前，当事人一方明确表示或者以自己的行为表明不履行主要债务；

（3）当事人一方迟延履行主要债务，经催告后在合理期限内仍未履行；

（4）当事人一方迟延履行债务或者有其他违约行为致使不能实现合同目的；

（5）法律规定的其他情形。

2. 有下列情形，足以导致合同目的无法实现的，对方当事人可主张解除合同：

（1）特许人未按照合同的约定提供必要的开业指导及人员培训；

（2）特许人未按照合同的约定提供设备和原材料；

（3）特许人违反合同的约定，在被特许人独占许可区域内发展了其他加盟商；

（4）特许人提供的产品存在重大质量缺陷的；

（5）特许人的经营资源在合同期内被撤销或宣告无效；

（6）特许人在合同期内发生被吊销营业执照、注销或者其他重大变动导致无法继续按照合同履行相应义务；

（7）被特许人未按照合同约定的时间、地点开展经营活动；

（8）被特许人未按合同约定交纳特许经营费用，经特许人催告后仍不交纳；

（9）被特许人未按照约定的方式使用商业标识；

（10）其他导致合同目的无法实现的情形。

3. 在特许经营合同案件中，合同目的是指被特许人在特许人指导下使用特许人的相关经营资源，在特定经营模式下开展特许业务。

4. 特许人在推广宣传中就特许经营所作的说明和承诺对特许经营合同的订立有重大影响的，亦可视为合同内容，当事人违反该说明和承诺致使不能实现合同目的的，应当承担相应责任。

5. 《商业特许经营条例》第二十三条第三款规定，特许人隐瞒有关信息或者提供虚假信息的，被特许人可以解除特许经营合同。该规定应在合同法的框架内进行适用，即特许人隐瞒有关信息或者提供虚假信息导致合同目的无法实现时，被特许人才可以解除特许经营合同。

（二）被特许人以任意解除权（"冷静期"）为请求权基础案件的认定及裁判规则

【法律依据】

《商业特许经营管理条例》第十二条

【观点集成】

1. 被特许人是否在特许经营合同订立后合理期限内行使。

2. 被特许人是否已通知特许人解除合同。

3. 被特许人的单方解除权是对因信息不对称产生不公平后果的一种补救措施。特许经营合同未约定被特许人的单方解除权或约定被特许人放弃单方解除权时，不影响被特许人单方解除权的行使。

4. 对冷静期有约定的从约定，没有约定的，期限的长短应由法官根据具体情况，综合考虑行业特征、商业惯例等因素，在不违反公平原则的前提下予以确认，一般以被特许人未使用过特许人的经营资源为限。如果被特许人已经实际利用了特许经营资源进行营业活动，而后仅仅是因为盈利状况不佳要求单方解除特许经营资源，法院一般不予支持。

5. 如果被特许人参加了特许人组织的培训但未开店进行营业，此时被特许人是否能行使单方解除权存在不同观点：有观点认为，此时双方已经开始履行合同，被特许人愿意接受培训即表示其愿意履行合同，不应当允许被特许人行使单方解除权；另一种观点认为不应绝对否定被特许人的单方解除权，应结合特许经营的业务类型、培训的具体内容以及双方合同履行具体情况等因素综合判断被特许人对签订、履行合同是否不再犹豫，以此认定被特许人是否具有单方解除权。本课题认为，应结合诚实信用原则，从保护被特许人的权益角度出发，以允许行使单方解除权为常态，再结合个案情况进行认定。

（三）以约定解除为请求权基础案件的认定及裁判规则

【法律依据】

《中华人民共和国民法典》第五百六十二条

【观点集成】

1. 特许经营合同是否约定了可以解除合同的情形。

2. 对照合同约定审查约定解除的情形是否已成就。

3. 解除权的行使方式是否符合法律规定或合同约定。

在特许经营合同已约定解除条件，且当事人的证据足以证明该解除条件成就时，法院可以根据合同的约定判决解除合同。

（四）协商一致解除的认定及裁判规则

【观点集成】

1. 双方是否对解除合同本身达成合意。

2. 双方是否对解除合同的时间、解除后的责任达成一致。

3. 双方均同意解除合同，但对解除时间、合同解除后的责任不能达成一致的，此时是否属于协商一致解除存在不同观点：观点一认为，只有双方同时对合同解除时间、合同解除后的责任达成一致时，才可以认定双方达成解除合同的合意；观点二认为，双方对合同解除的时间能达成一致或同意由法院判决确定合同解除的时间，但对合同解除后的责任不能达成一致的，此时可以认定双方达成解除合同的合意；观点三认为，即便双方对解除合同的时间、合同解除后的责任都不能达成一致，只要双方同意解除，即可以认定双方达成解除合同的合意。本课题倾向于观点二，在此情形下，法院可据此确认合同解除及解除时间。合意解除相当于是当事人以新协议解除旧协议，如双方提出解除合同的依据不相同（各自认为对方存在违约）、诉请主张也有所差异，则法院仍需分别审查双方主张的违约行为是否成立，进而确定合同解除后各自所应承担的责任。

（五）解除权的行使方式及程序

【法律依据】

《中华人民共和国民法典》第五百六十五条

【观点集成】

1. 当事人是否具有解除权。

2. 解除合同的意思表示是否明确。

3. 解除合同是否有效通知对方。

4. 合同是否约定异议期限。

5. 对方收到解除合同的通知后是否在约定或法定期限内提出异议。

（六）违约方要求解除合同的认定

【法律依据】

《全国法院民商事审判工作会议纪要》第四十八条

【观点集成】

1. 违约方起诉请求解除合同应符合下列条件：

（1）违约方不存在恶意违约的情形；

（2）违约方继续履行合同，对其显失公平；

（3）守约方拒绝解除合同，违反诚实信用原则。

2. 人民法院判决解除合同的，违约方本应当承担的违约责任不能因解除合同而减少或者免除。

3. 违约方解除是形成诉权，即只能通过向人民法院或仲裁机构提出解除合同的请求，而不能通过向对方送达通知的方式行使。

（七）继续履行合同的认定

【法律依据】

《中华人民共和国民法典》第五百七十七条、第五百八十条

【观点集成】

守约方可以要求违约方继续履行合同，条件为：

1. 存在违约行为；

2. 守约方请求违约方继续履行合同；

3. 守约方能够继续履行合同。

（八）合同解除的民事责任

【法律依据】

《中华人民共和国民法典》第五百六十六条第一款、第二款、第五百八十三条、第五百八十四条、第五百八十五条

【观点集成】

1. 特许经营合同解除后，尚未履行的，终止履行；已经履行的，根据履行情况和合同性质，当事人可以要求采取补救措施、返还款项等，并有权要求赔偿损失。同时，违约方还应承担支付违约金、赔偿经济损失等责任。此外，被特许人对于履行合同过程中掌握的特许人经营资源，还附有保密等后合同义务，如泄露或者不正当地使用特许人的商业秘密给对方造成损失的，应当承担损害赔偿责任。具体责任承担方式如下：

（1）采取补救措施。具体指矫正合同不适当履行的情况，使履行缺陷得以消除。

（2）返还款项。

对于年、月管理费等阶段性支付的费用，应当考虑合同的具体履行情况、双方的过错程度等因素确定已支付的管理费是否返还和未支付的管理费是否应当支付。

对于加盟费、使用费等一次性支付的费用，一般可按照实际经营期限与约定经营期限进行折算，没有约定经营期限的，应综合考虑合同的订立和履行情况、实际经营期限、双方当事人的过错程度等因素，酌情确定特许权使用费的返还比例。

对于培训费等针对某一特定服务的费用，应当按照相关服务的履行情况、服务内容的特性、费用占总合同款项的比例等因素，酌情确定是否返还以及返还比例。

（3）赔偿损失。违约方以支付金钱的方式弥补受害方因违约行为所减少的财产或所丧失的利益，通常包括实际损失和间接损失。具体内容详见上文"二、撤销特许经营合同的认定及裁判规则"下"（三）合同无效、被撤销的民事责任"的相关内容。

（4）支付违约金。当事人可以约定一方违约时应当根据违约情况向对方支付一定数额的违约金。一般认为，合同法所确立的违约金是不具有惩罚性的违约金制度，而属于赔偿性违约金制度。

（5）后合同义务。合同解除后，被特许人应停止使用特许人的经营资源。特许经营合同的当事人在订立合同过程中知悉的商业秘密，无论合同是否成立，不得泄露或者不正当地使用。被特许人亦有摘除、返还上述与知识产权有关的文件和材料的义务，并遵守合同约定的竞业禁止条款（如有）。

2. 人民法院调整违约金的前提是当事人明确提出了调整申请，人民法院原则上不得主动进行调整。

3. 违约金和赔偿损失应当择一主张。若违约金低于实际损失的，原告可要求调高违约金，调高的金额以实际损失为限。

4. 违约金是否过高，应以实际损失为基础，兼顾合同的履行情况、当事人的过错程度以及预期利益等因素，根据公平原则、诚信原则进行综合判断，不宜采取固定的标准。约定违约金超过实际损失30%的，一般可认定为过高。

5. 违约金过高时的调整标准，应根据案件实际情况，以违约造成的实际损失为基准，同时兼顾违约金的惩罚性，调整时综合考量以下因素：（1）合同履行程度；（2）违约方的过错程度；（3）合同的预期利益；（4）当事人缔约地位的强弱；（5）是否适用格式合同或条款；（6）当事人是否已在诉请中对违约金进行减让；（7）违约金计算的基数；（8）法院根据具体案件认为应当考虑的其他因素。调整违约金时根据个案情况确定调整尺度，而不宜将30%作为一成不变的固定标准。

第四部分

会议综述

新时代知识产权司法保护国际研讨会综述

2019 年 11 月 26 日、27 日，由中国法院知识产权司法保护国际交流（上海）基地、最高人民法院知识产权司法保障科技创新研究（上海）基地主办，上海市高级人民法院、上海知识产权法院承办的"新时代知识产权司法保护国际研讨会"在上海召开。最高人民法院副院长陶凯元，上海高院院长刘晓云，上海知产法院院长陈亚娟，最高人民法院知识产权庭副庭长林广海，北京高院副院长吉罗洪，江苏高院副院长刘媛珍，重庆高院副院长孙海龙出席，欧盟、日本、德国相关组织专家，最高人民法院和北京、上海、江苏、重庆等地法院代表，上海律师协会律师，院校学者以及新闻媒体共计 180 余人参加。开幕式由上海高院副院长张斌主持。

在开幕式上，陶凯元副院长对会议的胜利召开表示热烈祝贺，强调学习贯彻十九届四中全会通过的《中共中央关于坚持和完善中国特色社会主义制度、推进国家治理体系和治理能力现代化若干重大问题的决定》，必须将推进知识产权审判体系和审判能力现代化、国际化作为人民法院当前和今后一个时期的重要任务。要在国家治理体系和治理能力现代化的框架下，推动知识产权审判体系和审判能力的现代化；要适应全球经济一体化的发展趋势，提升知识产权司法保护国际化水平。

刘晓云院长表示，日前中办、国办印发了《关于强化知识产权保护的意见》，强调统筹推进知识产权保护。上海法院将对照最高标准、最好水平，进一步加大侵权假冒行为惩戒力度，加强对新业态新领域的知识产权司法保护，建立健全知识产权纠纷调解协议司法确认机制、"三合一"审判机制，强化涉知识产权案件执行措施，广泛开展国际交流与合作，努力打造知识产权审判高地，为上海建设成为亚太地区知识产权中心城市提供更加有力的司法服务和保障。

在接下来的分论坛上，来自中国欧盟商会、日本企业知识产权联盟（中国），同济大学中德国际经济法研究所的专家，厦门大学、同济大学、中山大学、中南财经政法大学、西南政法大学、华东政法大学的学者，以及最高人民法院和北京、江苏、浙江、安徽、福建、广东、重庆、四川等地高院、重庆自由贸易试验区人民法院、上海知识产权法院的法官，作为特邀嘉宾进行了专题发言。

围绕"知识产权司法保护的现代化与国际化"专题，与会代表分别介绍了中国知识产权司法保护现代化和国际化的创新实践和展望、日本专利诉讼制度的最新发展，以及欧洲知识产权诉讼面临的相关挑战。与会代表认为，面对开放型经济、创新型经济、互联网经济对知识产权司法保护的新需求，人民法院要立足本土，放眼世界，通过创新审判理念、优化审判机制、加强专业人才培养、扩大国际交流合作，不断推进知识产权司法保护的现代化和国际化。

在进行"新时代知识产权惩罚性赔偿制度研究"专题研讨时，与会代表提出，惩罚性赔偿制度以激励创新创造为价值目标，应当用好"填平为主，惩罚为辅"的原则，在实现知识产权制度宗旨的前提下予以适用，并协调好惩罚性赔偿与行政罚款、刑事罚金和司法罚款之间的适用关系；适用惩罚性赔偿应当具备主观"恶意"和客观"情节严重"两个方面的要件，基于司法经验，可以对主客观要件予以类型化；要划定惩罚性赔偿与法定赔偿的界限，确保两项制度各司其职，要充分利用现有赔偿计算方法，打好惩罚性赔偿金额的基础。部分与会代表建议，在完善惩罚性赔偿制度的同时构建例外情形，从而避免惩罚性赔偿制度被滥用。

在闭幕式上，最高人民法院知识产权庭林广海副庭长作了总结发言。他表示，知识产权司法保护是国家治理的重要领域，要坚持以知识产权司法保护现代化和国际化为引领，大力完善知识产权侵权惩罚性赔偿制度。通过进一步增强现代化知识产权司法保护理念，优化现代化知识产权司法保护制度，强化民事司法，有效执行惩罚性赔偿制度；拓展国际交流合作空间，参与知识产权全球治理体系建设，提升我国知识产权司法保护的国际影响力；探索符合惩罚性赔偿特点的证据规则和裁判规则，切实把惩罚性赔偿制度优势转化为治理效能，更好地保护知识产权权利人的合法利益。

《电子商务法》与知识产权保护研讨会综述

2019 年是《电子商务法》正式施行的第一年，在世界知识产权日即将到来之际，2019 年 4 月 17 日，《电子商务法》与知识产权保护研讨会在上海交通大学凯原法学院召开。

研讨会由上海司法智库学会知识产权研究分会、上海交通大学凯原法学院和上海交通大学知识产权与竞争法研究院共同举办，上海市高级人民法院（以下简称上海高院）副院长张斌，上海交通大学党委常委、统战部部长张卫刚，上海交通大学凯原法学院院长孔祥俊，上海市法学会专职副会长施伟东出席研讨会，还有来自市场监督管理局等行政部门、司法审判机关、上海交通大学、同济大学等高校，以及电商平台企业的代表们参加研讨会。

此次研讨会围绕着《电子商务法》对知识产权法的影响、《电子商务法》与知识产权法的协调与衔接、平台责任的边界、错误投诉的法律责任等四个议题展开探讨。

一、紧贴产业发展，聚焦电子商务法治化建设

近年来，我国电子商务产业飞速发展，据统计，"十二五"期间，电子商务产业年均增长幅度超过 30%，2015 年，我国电子商务交易额超过 20 万亿元，市场规模跃居世界第一。市场蓬勃发展的同时，涉及电子商务产业的纠纷和法律问题也不断涌现，比如知识产权侵权、强制搭售、误导宣传等。在此背景下，全国人大常委会从 2013 年 12 月开始立项，历时近五年，历经多次审议，最终在 2018 年 8 月 31 日表决通过了《电子商务法》，并于 2019 年 1 月 1 日起正式施行。

值得关注的是，电子商务产业与知识产权有着密不可分的联系，电子商务往往是知识产权侵权行为的多发领域，同时，《电子商务法》虽然是一部综合性法律，但其中涉及了较多知识产权法律制度的有关内容，如明确竞价排名的性质，建立"避风港"规则等，明确了电子商务平台经营者的诸多知识产权保护义务，对有关知识产权法律体系和法律规则都产生了影响，需要进行前瞻性

的预判和分析。

二、司法 + 学术 + 产业：多方共议知产保护

上海法院的知识产权审判工作历来注重电子商务领域的知识产权司法保护，如 2011 年上海高院审结了衣念（上海）时装贸易有限公司诉浙江淘宝网络有限公司、杜国发侵害商标权纠纷案，该案入选了最高人民法院公报案例和中国知识产权司法保护十大案件，为电子商务司法工作作出积极贡献。

本次研讨会，对于《电子商务法》中有关知识产权保护的条款以及知识产权保护的司法实践，多位专家分别作了深度探讨。

1. 安徽省高级人民法院民三庭副庭长黄浩认为，在电子商务的发展对知识产权制度的挑战中，知识产权的"无形性"显著增强、"专有性"受到冲击、"地域性"明显减弱、"时间性"大打折扣。

2. 来自阿里巴巴集团的法务部法务专家王丽娜指出，第 43 条中"15 天等待期"具有的现实困境，并提出网络交易平台的责任认定建议。

3. 浙江省高级人民法院民三庭审判员陈为认为，对"通知 – 删除"规则的适用应基于电商平台对于侵权判断的主观能力、侵权投诉胜诉概率以及利益平衡等因素的考量。

4. 江苏省高级人民法院副巡视员宋健就竞价排名引发商标侵权及不正当竞争纠纷案件的裁判尺度发表看法。同济大学法学院教授袁秀挺提出，竞价排名如何显著标明"广告"以及搜索服务提供商如何履行审核义务是《电子商务法》生效后需要思考的问题。

三、研讨平台责任边界，探索电商市场规则

在电商面对的所有知识产权类纠纷中，平台担任的究竟是信使还是裁判者？如何确定电商平台的义务并认定其承担何种责任？

1. 对此，上海交通大学凯原法学院副教授刘维指出了电商平台的注意义务的不同类型，并分析了错误与恶意投诉的区分。

2. 华东政法大学教授高富平认为，目前电商平台责任的法律基础有从民事责任向社会责任转变的倾向，平台的本质应是网络服务。结合行政执法工作，上海市工商局商标处处长顾惠蓉提出，平台经营者的注意义务是有合理尺度的，需要在落实法律规定的过程中作出配套解释。

3. 上海高院民三庭庭长刘军华提出，从知识产权保护的角度来看，《电子商务法》面向的是所有电商平台，适用法律的过程中，要确保市场主体平等参与、激发创新创造活力。

4. 孔祥俊指出，《电子商务法》可以说是电子商务领域的基本法，既与其他法律有交叉，又创造了一套规则，所以，希望通过研讨会上各方代表的充分交流，更好地为《电子商务法》落实到位提出建议，探索电商产业的市场规则。

5. 张斌表示，《电子商务法》刚施行不久，一方面需要知识产权审判工作者对相关条文加以学习并吃透，另一方面新法施行后一些实践问题已经开始显现，对于法律规定如何更好地结合司法实践，还需要通过研究进一步予以深化。希望通过具有宏观性、开放性、专业性的研讨交流，对司法实践形成更有针对性的意见，进一步加大知识产权司法保护力度，推动《电子商务法》有效落实。

6. 张卫刚强调，平台治理是当下立法、监管、司法以及产业界关注的重要议题，平台的知识产权保护及责任是平台治理的重要议题，关系到平台经济的健康和长远发展，需要深入研究《电子商务法》与知识产权保护的单行法之间的关系，准确适用《电子商务法》中的知识产权条款。

7. 施伟东表示，当前我国电子商务正处于蓬勃发展的时期，渗透广、变化快、问题多。因而《电子商务法》既要解决领域内的突出问题，也要为未来发展留出足够的空间，不仅要重视开放性，更要重视前瞻性，以鼓励创新和竞争为主，同时兼顾规范和管理的需要。

"知识产权纠纷行为保全司法适用"研讨会综述

2019年6月27日,"知识产权纠纷行为保全司法适用"研讨会举行,上海市高级人民法院副院长张斌、华东政法大学副校长张明军,来自最高人民法院和上海、江苏、浙江、安徽、天津、重庆等地高院及专门法院知识产权审判庭的15名资深法官,来自中国人民大学法学院、中山大学法学院、中南财经政法大学、上海交通大学凯原法学院、上海大学知识产权学院、中国知识产权报以及华东政法大学研究生教育院、知识产权学院的9名知名专家研讨交流,知识产权学院部分师生到场聆听。

开幕仪式由华东政法大学知识产权学院院长黄武双主持。张明军在致辞中代表华政诚挚欢迎各位学者、法官前来出席会议,他简要介绍了近年来华东政法大学在社会服务和智库建设方面的工作情况,以及知识产权学院在人才培养、学科建设和科学研究等方面取得的成绩。他表示,2019年最高人民法院颁布的《关于审查知识产权纠纷行为保全案件适用法律若干问题的规定》实施以来,多地法院针对专利、版权、商标、不正当竞争等相关案件纠纷签发了诉前或诉中禁令,引起理论界和实务界的广泛关注和热议。他希望与会专家充分交流、深入探讨,为我国知识产权与竞争纠纷保全行为的司法适用多提供些有益的意见和建议。

张斌在致辞中表示,上海法院系统一直高度重视通过运用行为保全制度来及时有效地保护知识产权,近年来上海高院专门制定发布了《知识产权审判"十三五"规划》《关于加强知识产权司法保护的若干意见》等文件规定,以指导上海法院系统在案件审理工作中充分发挥行为保全措施作用,提高知识产权司法救济的及时性、便利性、有效性,并列举了上海法院系统审理的一批在全国有影响的知识产权行为保全案件及取得的良好社会效果。他表示2019年是上海法院打造知识产权审判高地的推进之年,未来将会持续加大知识产权司法保护力度,希望通过本次研讨会来进一步交流经验,吸纳有益成果,营造更加良好的法治化营商环境。

本次研讨会分为四个单元。

第一单元"知识产权纠纷行为保全理论与司法适用"由上海市高级人民法院知识产权庭庭长刘军华主持。最高人民法院知识产权庭徐飞法官、中国人民大学法学院肖建国教授分别作了"积极运用行为保全制度实现司法救济的及时性和稳妥性""知识产权纠纷行为保全的基本理论"的主题演讲。

第二单元"比较法视野下的行为保全实践"由华东政法大学知识产权学院黄武双教授主持。上海交通大学法学院王先林教授、上海大学知识产权学院许春明教授、中山大学法学院李扬教授以及在场专家围绕"中国行为保全制度的特色""知识产权纠纷与竞争纠纷保全适用有否差异""禁令签发的听证等程序""如何考量公共利益"等问题展开热烈讨论。

第三单元"行为保全的申请与审查程序"由上海市高级人民法院知识产权庭唐震副庭长主持。浙江省高级人民法院知识产权庭庭长蒋中东、华东政法大学研究生教育院洪冬英教授、上海知识产权法院知识产权二庭庭长钱光文、上海市浦东新区人民法院知识产权庭庭长徐俊分别作了"行为保全在电子商务知识产权领域的适用""利益平衡视角下的行为保全""司法实践中知识产权诉前禁令的运用""知识产权行为保全申请错误损害赔偿规则原则"的主题演讲。

第四单元"司法实践中行为保全审查标准"由华东政法大学知识产权学院龙文懋教授主持。江苏省高级人民法院知识产权庭副庭长汤茂仁、重庆市高级人民法院知识产权庭审判长黑小兵、天津市高级人民法院知识产权庭法官刘震岩、中南财经政法大学彭学龙教授、安徽省高级人民法院知识产权庭副庭长黄浩分别作了"对行为保全相关问题的思考""对'难以弥补的损害'的把握和担保的确定""利益平衡原则在知识产权纠纷行为保全中的理解和适用——以互联网新型不正当竞争纠纷为视角""商业秘密纠纷禁令的适用""行为保全要件因素判定的实践困惑与可行性改进"的主题演讲。

上海市高级人民法院知识产权庭刘军华庭长作总结发言,表示本次与会学者、法官们围绕主题充分讨论,从不同的侧面揭示了行为保全的制度性和理论性问题,一方面交流了司法的智慧,另一方面将理念研究和制度完善引向深入,会议取得理想的举办效果,并对参会嘉宾精彩发言以及所有到场人员的积极参与表示感谢。

"知识产权价值实现：司法政策与路径"
研讨会综述

2021 年，上海市高级人民法院（以下简称上海高院）召开"知识产权价值实现：司法政策与路径"研讨会。上海高院党组成员、副院长张斌，上海知产法院副院长黎淑兰出席会议。来自北京大学、对外经贸大学、厦门大学、复旦大学、上海交通大学、同济大学、华东政法大学、上海财经大学的知名专家学者应邀参与研讨。会议由上海高院知产庭庭长刘军华主持，全市法院知识产权审判分管领导、庭长、团队负责人参会。

本次研讨会主要围绕"如何运用经济分析方法确定知识产权损害赔偿""如何确定类案中的知识产权相对价值""应建立何种知识产权价值实现的效果评价机制"等司法实务问题进行了深入研讨。

一、研讨会主要议题

1. 是否需要运用经济分析方法确定知识产权损害赔偿。与会专家普遍认为，司法实践中，大量知识产权侵权案件以法定赔偿为依据确定损害赔偿数额。运用经济分析方法为知识产权侵权损害赔偿数额的确定提供参考，能够使知识产权损害赔偿计算从经验走向理性，是案件精细化审判的需要，也是充分保护当事人合法权利的需要。

2. 类案中知识产权相对价值的确定。大多数意见认为，可尝试运用经济学理论和模型，对类案进行深入的价值判断和评估，明确类案判赔的考量因素和指标体系，提高审判效率，节约司法成本，统一判赔尺度，做到类案相近、异案相异，使知识产权司法保护与知识产权价值相适应，更好地发挥知识产权审判激励和保护创新、促进科技进步和社会发展的作用。

3. 应建立何种知识产权价值实现的效果评价机制。有专家认为，因不同地区的经济发展水平不同、市场发达程度和技术创新能力水平存在差异，故在进行知识产权司法保护效果评价之时，若单纯使用客观指标将可能导致评价失真，还应考虑市场主体对于司法是否发挥引导作用的主观感知，将主观效果与客观效果予以综合考量。

二、与会人员发言概要（按照发言顺序）

1. 刘军华（上海市高级人民法院知产庭庭长）：司法实践中，大量知识产权侵权案件是以法定赔偿为依据确定损害赔偿数额，少部分案件以权利人的实际损失或侵权人的侵权获利为依据。目前权利许可情况较为普遍，为精细化计算损害赔偿额提供了较为充分的参考，如何使损害赔偿计算走向科学和理性，已成为题中应有之义。与此同时，如何平衡好其与诉讼成本、诉讼效率以及保护水平之间的关系，如何确保计算结果的科学性和可信性，均有待研究。同时，还应探索建立知识产权价值实现的效果评价机制，解决知识产权司法保护效果评价的内外温差问题，为衡量知识产权司法保护水平提供科学的方法与依据。

2. 徐俊（上海市浦东新区人民法院知产庭庭长）：通过经济分析方法研究知识产权价值，能够让知识产权损害赔偿回归到知识产权的权利性质本身，让司法判赔更加符合市场的发展和产业的期待。对于商业化维权案件，应以科学、合理的方式，通过司法判赔来引导案件体量，让司法资源更多地回归关系到国计民生和重大产业的案件中来。

3. 张佳璐（上海市普陀区人民法院知产庭副庭长）：司法实务中，知识产权价值的实现应平衡好两个方面，一方面对于大标的额或侵权恶意明显的案件，应通过经济学模型分析，结合法律因果关系的判断和法官的自由心证，使损害赔偿充分填平侵权损失；另一方面，对于大量价值相对较低、独创性较低的作品的集中维权案件，应探索回归理性市场判断的方式。

4. 王利民（上海市徐汇区人民法院知产庭庭长）：探索知识产权侵权损害赔偿的精细化计算，可以从源头上打击侵权行为，提高侵权成本。

5. 凌崧（上海知识产权法院知产一庭庭长）：知识产权损害赔偿从经验走向理性，将赔偿金额精细化，不仅是保护当事人合法权利的需要，也是树立司法权威和指引的客观的需求。在同一个案件中，可以尝试不同计算方法的混合运用。在司法实践中，既要研究如何在个案中确定损失赔偿额，也可尝试明确类案的判赔尺度。对同类案件或者相同的权利类型，可尝试确定统计学上的中间值作为某一权利价值的基准，根据个案中的侵权故意程度、侵权行为性质，以相应系数计算得出损害赔偿数额。

6. 钱光文（上海知识产权法院知产二庭庭长）：知识产权司法审判长期存在重定性、轻定量的问题。知识产权损害赔偿的确定，不仅关系到个案的赔偿金额，还关系到行业内各主体之间的利益平衡。在提供知识产权保护之时，应通盘考虑行业现状，引入评估机构，对类案进行深入的价值判断评估。对于有较大影响的案件，引入经济分析方法探索建立判赔指引；对于并不是疑难复杂、新类型，但具有价值的案件，应确保司法裁判结果统一。

7. 许春明（同济大学上海国际知识产权学院教授）指出，某一地区知识产权司法保护效果的评价，是主客观效果的综合。主观效果是市场主体的主观感知效果，即司法是否发挥引导作用。对于客观效果，可将判决比、判赔率等裁判结果，审判周期、临时措施等审判效率以及执行情况等予以指标化。应坚持知识产权司法保护与知识产权价值相适应的基本原则，低价值低判、高价值高判，保证知识产权赔偿的类案协调性与个案合理性。对于知识产权价值的确定，不在于确定个案中知识产权价值的绝对数额，而在于确定类案中知识产权的相对价值度。

8. 居恒（上海财经大学商学院副教授）：知识产权侵权案件，要考察事实状态与反事实状态之间的差异。经济学上，有两种反事实分析路径可以界定侵权行为与损害结果之间的因果关系。一种是双重差分方法，即在现实数据中区分事前与事后、受影响与不受影响的群体，比较其前后表现的差异。另一种是结构性方法，即通过经济学理论构建行业或市场中企业和消费者行为的模型，判断案件的关联因素是如何影响企业和消费者的行为，并利用现实数据、借助经济计量识别工具，发现影响行为学的关键参数，比如企业成本、市场参数、企业产品之间的替代关系等，从而量化形成满足企业行为的市场模型。同时，可以通过经济学理论、现实交易数据等，帮助认定侵权行为发生的时间和范围。

9. 伏啸（复旦大学产业经济学系讲师）：在短视频和直播案件中，要科学合理地估算涉案行为给独播视频网站造成的用户流失和利润损失，实质上是要运用经济学的理论模型和实证方法等进行反事实分析，通过对影响用户需求特征的因素进行识别和分析，确定这些因素对用户行为选择的影响方向和幅度，以此为基础得到营收或利润损失的合理范围。

10. 陈永伟（北京大学市场与网络经济研究中心研究员）：在确定知识产权侵权损害赔偿额之时，应致力于提升精细化程度、减少计算成本。具体而言，一是对经济学方法进行教义学解释，明确多种知识产权侵权损害赔偿计算方法的适用前提。二是列明法定赔偿的考量因素，将其定量化、类别化，为当事人提供诉讼预期。三是积累审判经验，可利用人工智能等信息化手段提供辅助参考。另外，我们在追求精细化计算赔偿数额之时，可以通过追求局部精确计算，来逐步降低计算结果的不精确性。

11. 龙小宁（厦门大学"长江学者"，特聘教授）：运用双重差分法、回归分析法和结构估计法等不同的经济分析方法，可以帮助确定损害赔偿额的区间，进而可基于多种计算结果取其重合部分作为判赔参考。对于大标的额案件，可积极运用经济领域的专家辅助人制度，为知识产权侵权损害赔偿数额的认定提供参考。对于类案，可主动归纳案件共性和相关因素，形成统一的估算公式和判赔标准。借助经济学理论和方法，可以为案件审判提供更为精细化的参考，让知识产权损害赔偿充分体现市场价值，进而充分发挥知识产权保护和激励创新的作用。

12. 孔祥俊（上海交通大学凯原法学院院长）：研究知识产权价值评估，有利于使侵权损害赔偿的确定由经验、感觉向客观、科学、理性转变。观念上，要将知识产权损害赔偿与市场挂钩，促进二者的良性互动，充分激励市场、考虑市场，但不简单地局限于市场。对于法定赔偿的裁量，应注意保护适度，避免过度保护，缩小损害赔偿的理想和现实的差距；同时，要解决事实与共识的问题，尽可能使损害赔偿接近事实，在事实不能完全确定之时，知识产权价值评估的方法和结论应尽可能扎实、客观、中立，减少政策导向，使评估结果在法律职业共同体内形成共识。另外，在运用过程中逐步形成知识产权价值评估的相应办法，将专业问题通俗化，使法官能够把握常识性、共识性问题的评估方向。

13. 黄武双（华东政法大学知识产权学院教授）：在我国的司法实践中，应充分审查有关原告损失的证据，合理运用专家证人，基于市场法则，运用市场逻辑，通过计算原告损失的方法确定损害赔偿。在美国的司法实践中，侵犯专利权和商业秘密案件的损害赔偿计算方法包括所失利润和合理许可费，所失利润可能呈现为销量损失、价格侵蚀、非专利部分的附带损失、预期利润损失、许可使用费等。侵犯商标权案件中，损害赔偿计算方法中的所失利润呈现为销量损失、价格侵蚀、未来销售利润损失、权利人因商标侵权增加的开支、非来自侵权的利润。对于侵犯著作权案件，我国可充分利用集体管理组织的市场许可机制，作为损害赔偿的计算依据。

14. 侯利阳（上海交通大学凯原法学院教授）：在美国的司法实践中，对于涉及大量图片，但就每张图片单独起诉的案件，有单一功能测试和可授权测试两种处理方法。单一功能测试是，只要诉讼标的具有单独被授权的功能，即将其作为单独的诉讼处理。可授权测试是，在实际授权过程中，若不会将诉讼标的进行单独授权，仅进行整体授权，则将其作为整体处理。在案件审判过程中，经济学家可以通过经济分析的方法就市场对知识产权价值的影响进行模拟，为知识产权侵权损害赔偿的确定提供参考。

15. 黎淑兰（上海知识产权法院副院长）：在知识产权审判工作中，要坚持正确的司法理念，损害赔偿应当高则高，当低则低；要注重系统设计，建立类案赔偿的指标体系和量化分析，确定法定赔偿的具体考量因素和所占比重，给予明确的损害赔偿预期，做到司法统一，节约司法成本，提高审判效率，让侵权损害赔偿充分反映知识产权真实的市场价值，尊重市场经济规律，更好地发挥知识产权审判激励和保护创新，促进科技进步和社会发展的作用。

16. 张斌（上海市高级人民法院副院长）：近年来，知识产权领域持续创新发展，知识产权保护受到日益广泛的重视，市场对于知识产权的保护有了更高的期待与要求，为此，上海高院对知识产权审判提出精细化要求，知识产权司法保护应做到保护适当、保护到位、保护合理。在知识产权审判中，要坚持前瞻性，充分运用经济学原理，体现市场价值导向，让知识产权审判更好地保护市场主体和创新活力；要坚持规范性，借助大数据平台对类案价值度的问题进行综合分析，形成类案办案指引；要坚持导向性，对于疑难复杂案件的裁判，可采取"先研讨、后判决"的形式，以形成达成共识的裁判结果，真切地让人民群众在每一个司法案件中感受到公平正义。

第五部分

工作总览

2019—2021 年上海法院知识产权司法保护状况

2019—2021 年上海法院充分发挥司法保护知识产权的职能作用，加强知识产权司法保护力度，深入推进公平竞争政策实施，不断健全完善审判机制，公正高效审理各类知识产权案件，为上海知识产权保护高地建设，打造法治化营商环境，为经济持续健康发展，提供优质高效的知识产权司法服务和保障。

一、知识产权案件总体情况

1. 案件总量持续攀升。2019—2021 年上海法院共受理各类知识产权案件116 995 件，审结 110 045 件，收、结案数均逐年大幅增长（见图 6）。

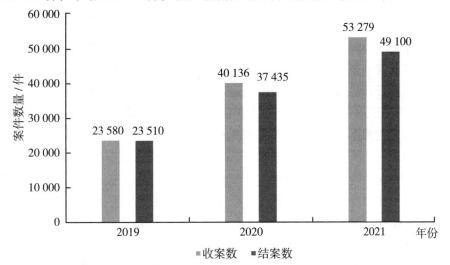

图 6　2019—2021 年上海法院各类知识产权案件收、结案情况对比

2019—2021 年上海法院共受理一审知识产权案件 114 466 件，审结 107 727 件。其中受理一审知识产权民事案件 112 387 件，审结 105 735 件；受理一审知识产权刑事案件 2 065 件，审结 1 977 件；受理一审知识产权行政案件 14 件，

审结15件。上海法院一审知识产权民事、刑事、行政案件的收、结案数均逐年增长（见图7）。面对收案量不断增长的态势以及疫情防控形势下产生的新问题、新情况，上海法院攻坚克难，努力完成各项审判任务，审判质效保持良好。2019年—2021年一审案件服判息诉率分别达到95.97%、97.08%、96.93%。

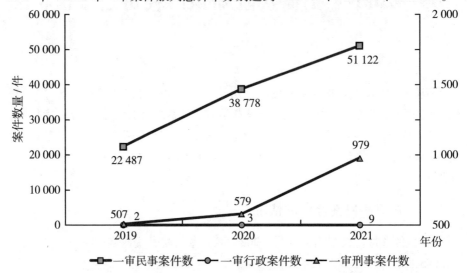

图7　2019—2021年上海法院一审知识产权民事、刑事、行政案件收案数量趋势

2. 精品案例成果丰硕。2019—2021年上海法院精品案件数量再创历史新高。知产法院一审、最高法院二审的瓦莱奥清洗系统公司与厦门卢卡斯汽车配件有限公司等侵害发明专利权纠纷案入选最高人民法院指导性案例，并入选"2019年度人民法院十大民事行政及国家赔偿案件"。知产法院一审、市高院二审的上海茵能实业有限公司与宁海浙升塑料制品厂侵害发明专利权纠纷案，知产法院审理的上海晨光文具股份有限公司与得力集团有限公司等侵犯外观设计专利权纠纷案，知产法院审理的宝马股份公司与上海创佳服饰有限公司等侵害商标权及不正当竞争纠纷案，徐汇法院一审、知产法院二审的开德阜国际贸易（上海）有限公司与阔盛管道系统（上海）有限公司等侵害商标权、虚假宣传纠纷案4件案例入选"最高人民法院公报案例"。市三中院一审、市高院二审的李海鹏等9人侵犯著作权罪案，市三中院、杨浦法院审理的梁永平、王正航等15人侵犯著作权罪案，浦东法院审理的平衡身体公司与永康一恋运动器材有限公司侵害商标权纠纷案共计3件案例入选"中国法院十大知识产权案件"。知产法院一审、市高院二审的北京搜狗科技发展有限公司与百度在线网络技术（北京）有限公司等侵害发明专利权纠纷案，知产法院一审、市高院二审的深圳市乔安科技有限公司与张志敏等因恶意提起知识产权诉讼损害责任纠纷、因申请诉中财产保全损害责任纠纷案,市三中院一审、市高院二审的许振纬等假冒注册商标罪、销售假冒注册商标的商品罪案,市一中院一审、市高院二审的埃克森美孚公司等与嘉兴市大众油业有限公司等侵害商标权及不正当竞争纠纷案,徐汇法院一审、知产法院二审、市高院申诉审查的孙德斌与上海教育出版社有限公司侵害著作权纠纷案,徐汇法院一审、知产法院二审的上海尔广餐饮管理有限公司与上海再高餐饮管理有限公司等仿冒、虚假宣传和商业诋毁纠纷案,浦东法院审理的上海陆家嘴国际金融资产交易市场股份有限公司与西安陆智投软件有限公司不正当竞争纠纷案,浦东法院审理的支付宝(中国)网络科技有限公司与江苏斑马软件技术有限公司诉前禁令案,浦东法院审理的重庆腾讯信息技术有限公司等与上海幻电信息科技有限公司等诉前行为保全案共计 9 件案例入选"中国法院五十件典型知识产权案例"。其中浦东法院审理的上海陆家嘴国际金融资产交易市场股份有限公司与西安陆智投软件有限公司不正当竞争纠纷案还入选"全国法院十大反垄断和反不正当竞争典型案例"。

上海市高级人民法院(2016)沪民终 35 号民事判决书、上海市高级人民法院(2018)沪民终 475 号判决书、上海市浦东新区人民法院(2018)沪 0115 民初 17015 号民事判决书、上海市浦东新区人民法院(2019)沪 0115 民初 11133 号判决书、上海知识产权法院(2018)沪 73 民终 289 号民事判决书等 5 篇入选"全国法院百篇优秀裁判文书"。市三中院一审、市高院二审的被告人李海鹏等侵犯"乐高"玩具著作权罪案,市三中院审理的陈力等侵犯著作权罪案被评为"年度全国打击侵权盗版十大案件"。此外,在全国法院系统年度优秀案例分析评选活动中,上海法院报送的 8 篇知识产权案例获奖,其中二等奖 4 篇,三等奖 2 篇,优秀奖 1 篇。在第四届全国知识产权优秀裁判文书评选中,上海法院选送的 11 篇优秀裁判文书入选,其中特等奖 1 篇、一等奖 2 篇、二等奖 4 篇、三等奖 4 篇。3 篇案例被选定为 2019 年中国法院技术类知识产权典型案例。

3. 有社会影响力的案件持续增多。上海法院通过审理的一批知产案件在业界产生较大影响,引发社会广泛关注。通过审理具有较大社会影响力的案件让当事人感受到公平正义,并积极营造创新、尊重知识产权保护的良好氛围。重庆江小白酒业有限公司与江小白健康产业(广州)有限公司等侵害商标权及不正当竞争纠纷案,在 40 余家媒体、平台进行全媒体直播,1100 多万网友收看,取得良好的社会效果。刘三田与周梅森等著作权侵权纠纷案,涉及知名反腐文艺作品《人民的名义》。华其敏、陆爱珍与上海沈大成食品有限公司等著作权侵权纠纷案,两原告系知名画家华三川后人,被告"沈大成"系沪上知名餐饮企业。上海灿星文化传媒股份有限公司与湖北视崛印象文化传媒有限公司不正当竞争纠纷案，涉及知名综艺节目《中国好声音》等。车王（中国）二手车经营有限公司与车好多旧机动车经纪（北京）有限公司不正当竞争纠纷一案，涉及"车王认证二手车超市""瓜子二手车直卖网"两家国内知名二手车经营主体等。深圳市朗科科技股份有限公司与创歆贸易（上海）有限公司等侵害发明专利权纠纷案，涉案专利系移动存储领域的开创性技术。武汉市汉阳光明贸易有限责任公司与上海韩泰轮胎销售有限公司纵向垄断协议、滥用市场支配地位纠纷上诉案，北京搜狗科技发展有限公司诉百度在线网络技术（北京）有限公司等侵害发明专利权纠纷上诉案，在相关领域具有较大社会影响。上海三联（集团）有限公司吴良材眼镜公司等与南京吴良材眼镜有限公司等"吴良材"商标权侵权及不正当竞争纠纷申诉案，涉及新经济业态下由历史原因产生的"老字号"权利冲突及司法保护问题。特斯拉（上海）有限公司与中饮食品有限公司等侵害商标权及不正当竞争纠纷案，涉及"特斯拉"驰名商标的认定。中国银联股份有限公司与山东圣运信息技术有限公司侵害商标权纠纷案，涉及银联"闪付""云闪付"驰名商标的认定。农夫山泉股份有限公司与忠县孟鸿农业有限公司等不正当竞争纠纷案，涉及"17.5°"具有一定影响知名商品名称的认定。金鑫与苹果公司等垄断纠纷案，涉及被告是否实施滥用市场支配地位的搭售和不公平高价的垄断行为的认定。上海法院还审理了"法新面包案""正大公司重大侵犯商业秘密案""流浪地球案""干细胞假药案""假冒'玉棠'牌白糖系列案""'人人影视字幕组'侵犯著作权罪案""刘某洋非法制造'费列罗'注册商标标识罪案"等一批社会关注度较高且复杂重大的刑事案件，得到多方高度评价。

4. 疑难、复杂、新类型案件持续增长。2019—2021 年上海法院审理一批涉及新技术、新业态、新问题的案件。一是涉及新一代信息技术、数字创意等高新技术领域。在创新制芯有限公司与思科（中国）有限公司等侵害发明专利权纠纷案中，涉及芯片设计制造的相关前沿技术问题。苏州达家迎信息技术有限公司与上海择槽网络科技有限公司等侵害外观设计专利权纠纷案，北京金山安全软件有限公司与上海萌家网络科技有限公司等侵害外观设计专利权纠纷案，涉及手机图形用户界面的外观设计专利侵权认定等新问题。二是涉及互联网领域新业态中的垄断、不正当竞争行为。王彬与上海阅文信息技术有限公司滥用市场支配地位纠纷案涉及网络公司垄断行为认定。北京爱奇艺科技有限公司与杭州飞益信息科技有限公司等不正当竞争纠纷案，判定运用技术手段虚假刷高视频播放量行为构成不正当竞争。涉网络游戏《守望先锋》著作权侵权两案，首次将射击类游戏作为类电影作品保护，并对司法层面破解"换皮游戏"侵权困局进行了积极探索。三是涉及知识产权审判领域热点难点问题。英翔（上海）商贸有限公司与石狮市物勒工名服饰有限公司等著作权侵权纠纷案，上海宽娱数码科技有限公司与福州市嘀哩科技有限公司等侵害作品信息网络传播权纠纷案等，涉及抗战时期美国志愿援华航空队"飞虎队"的相关标识著作权认定以及对日本法中有关著作权权属的外国法查明等新问题。深圳市乔安科技有限公司与张志敏等因恶意提起知识产权诉讼损害责任纠纷、因申请诉中财产保全损害责任纠纷案，认定将已公开销售的产品申请专利并起诉同行构成恶意诉讼，并承担损害赔偿责任，该案也入选上海法院参考性案例。广州德立游艇码头工程有限公司与南充市园林管理处等侵害外观设计专利权纠纷案，法院通过"专利默示许可"的认定，依法保护当事人的合理信赖利益。芬迪有限公司与上海益朗国际贸易有限公司、首创奥特莱斯（昆山）商业开发有限公司侵害商标权及不正当竞争纠纷案，厘清了商标合理使用的认定规则。金纽曼思（上海）食品有限公司与纽曼斯营养科技（北京）有限公司等侵害商标权纠纷案，涉及类似商品判断的新问题，法院最终认定类似商品判断主要根据相关公众对商品或者服务的一般认知，而非所属科学领域的学术观点。

二、公正高效司法，知识产权保护成效显著

1. 加大损害赔偿力度，贯彻严格保护政策。上海法院贯彻严格保护政策，加大司法惩处力度，优化损害赔偿激励创新，推动产业健康有序发展。一是坚持严格执行法律，不断加大损害赔偿力度，给权利人提供充分的司法救济，使侵权人付出足够的侵权代价。在沈阳山泰矿山机械设备制造有限公司等与美卓矿机（天津）国际贸易有限公司等侵害商标权及不正当竞争纠纷等案件中，均做出法定最高赔偿 300 万的判决。在卡西欧计算机株式会社与上海旋风贸易有限公司等侵害外观设计专利权系列纠纷案中，涉及知名商品"卡西欧手表"的外观设计，法院在依申请调取电商平台销售数据后三案共计判赔 880 万元。在贝比赞公司与河北绿源童车有限公司侵害发明专利权纠纷案，斐珞尔（上海）贸易有限公司与珠海金稻电器有限公司等侵害外观设计专利权纠纷案中，法院均在查明侵权产品销售数量的基础上，依法支持原告选择的有利于权利保护的损害赔偿计算方式，全额支持了两案原告 30 万元的诉请。在西门子公司与深圳绿米联创科技有限公司等侵害外观设计专利权纠纷案中，贯彻了全面赔偿原则，全额支持专利权人"可计算数额"与"酌定数额"相结合的诉请，判赔经济损失及合理费用合计 600 万元。二是努力以实现知识产权市场价值为指引，积极运用裁量性方式，合理确定知识产权损害赔偿数额。在亨斯迈先进材料（瑞士）有限公司与浙江龙盛集团股份有限公司等侵害发明专利权纠纷案中，法院

应权利人申请进行司法会计鉴定查明侵权产品销售额，并结合相关案件事实，酌情确定判赔金额1400万元。在新百伦贸易（中国）有限公司与纽巴伦（中国）有限公司等不正当竞争纠纷案中，虽然原告的实际损失及被告的侵权获利均不能确定，但现有证据足以证明原告因被告的不正当竞争行为所受到的损失超过了法定赔偿数额的上限，酌情确定赔偿数额1000万元并全额支持合理支出80万元。在西门子公司与小米通讯技术有限公司侵害发明专利权纠纷案中，法院通过适用"自上而下法"认定涉案标准必要专利的许可费率并在此基础上判赔1200余万元。三是严格落实知识产权惩罚性赔偿制度，切实发挥惩罚性赔偿的威慑效应。美国平衡身体公司与永康一恋运动器材有限公司侵犯商标权纠纷案系上海首例适用知识产权侵权惩罚性赔偿案件，法院全额支持原告300万元诉请。丹尼斯克公司与岳阳瑞康生物科技股份有限公司等侵害发明专利权纠纷案是上海法院首例专利侵权惩罚性赔偿案，法院根据在案证据判赔1100万元。在华谊兄弟传媒股份有限公司与平山区时代华谊影城等侵害商标权及不正当竞争纠纷案中，法院结合在案证据酌情确定涉案商标许可使用费30万元，并根据侵权行为和主观故意确定三倍惩罚性赔偿。在联合利华有限公司与王福龙、许书品侵害商标权纠纷案中，法院通过适用惩罚性赔偿全额支持原告诉请70万元。

2. 探索多种程序机制，有效维护合法权益。上海法院充分运用诉前证据保全、行为保全等临时措施，及时、高效地保障权利人的合法权益。在上海点点乐信息科技有限公司与上海犀牛互动网络科技有限公司等侵害商标权及不正当竞争纠纷案中，法院首次运用证据出示令制度，责令被告提交有关被控游戏营收的证据，并因两被告拒不提交证据，参考原告的主张和提供的证据将一审判赔金额从20万元改判至300万元。在上海鸿研物流技术有限公司与义乌市瑞来塑业有限公司侵害发明专利权纠纷案中，准确适用最高人民法院司法解释对"情况紧急"的相关定义，基于当事人的申请首次作出行为保全裁定，并至展会现场送达，被申请人主动履行了裁定义务，及时保护了专利权人的合法权益。针对部分超长审理期限专利侵权案件，以国家知识产权局是否最终维持涉案专利效力作为调解协议附加条件，促进双方当事人在现有状况下达成和解，取得理想效果。浦东法院于电商平台"双十一"大促活动当日，作出国内首例涉APP唤醒策略网络不正当竞争诉前行为保全裁定，迅速、高效地制止了针对"支付宝"App正常调用的技术干扰行为，保障了"双十一"期间海量支付宝用户和商家的交易和支付安全，维护了互联网环境的公平竞争秩序。

3. 加大刑事打击力度，不断净化市场环境。上海法院强化知识产权全链条保护，加大对侵犯知识产权犯罪行为的惩治力度，审结了一批重大知识产权刑事案件。一是重点打击犯罪金额大、系统化、链条式的严重扰乱市场经济秩序的知识产权犯罪行为，充分发挥刑罚威慑、预防和矫正功能。在李海鹏等9人侵犯乐高玩具著作权罪案中，被告人犯罪金额高达3.3亿余元，主犯被判处有期徒刑六年，并处罚金9000万元。在涉香奈儿、古驰等奢侈品服装的假冒注册商标罪系列案件中，被告人犯罪金额达4300余万元，法院对50名被告人判处有期徒刑五年九个月到一年三个月不等，罚金总额2200余万元。在涉卡地亚珠宝的假冒注册商标罪系列案件中，被告人犯罪金额达6100余万元，法院对21名被告人判处有期徒刑五年九个月到八个月不等，并处罚金。二是加大对涉外知识产权刑事犯罪的打击力度，更好地保护中外商标权利人的合法权益。普陀法院审结一起大型跨国制假、售假团伙境外制造、销售假冒品牌香烟商标标识犯罪案，系上海市公安局破获的全国首例特大跨国制售假烟案件，涉案假冒注册商标标识共计453万余件，对18名被告人判处有期徒刑九年至一年不等，并处相应罚金。浦东法院审结知名时尚家电品牌戴森"全国打假第一案"，判处35名被告人实刑，罚金总额达1008万元，加大对侵权假冒犯罪行为的惩治力度。在被告人许振纬、鲁成学等9人犯假冒注册商标罪、王彬犯销售假冒注册商标的商品罪案中多名被告人假冒、销售假冒世界知名品牌"科颜氏"化妆品，法院准确认定共犯，严格适用刑罚，分别判处有期徒刑四年六个月至一年四个月不等的实刑，并分别判处高额罚金。二审当庭宣判后，法国大使馆通过外交照会上海高院对上海法院的司法保护工作表示感谢。

三、发挥司法职能，服务保障大局积极作为

1. 服务保障区域经济社会创新发展。上海法院积极回应产业需求，服务保障科创中心和临港新片区建设。上海高院、浦东法院积极参与《上海市浦东新区建立高水平知识产权保护制度若干规定》的论证工作，支持立法保障浦东高水平改革开放。上海高院在浦东法院召开知识产权司法服务保障引领区建设座谈会，进一步贯彻落实中央文件精神，支持浦东法院先行先试。上海高院赴上海自贸区临港新片区管委会调研座谈，了解企业知识产权保护需求和关切，研究进一步为新片区发展和企业复工复产提供司法服务保障的具体举措。在上海高院的指导下，知产法院依托"陈惠珍法官工作室""凌崧法官工作室"平台，赴临港新片区举办职务技术成果纠纷调研座谈会，与多家科创企业开展交流并提供建议，积极走访一线科创企业，并举办职务发明讲座、巡回庭审等多次活动。浦东法院发布《上海市浦东新区人民法院打造知识产权司法保护引领区服务浦东新区高水平改革开放十项举措》，为引领区建设提供强有力的司法服务和保障。浦东法院成立自贸区知识产权法庭临港新片区审判站；对接中国（浦

东）知识产权保护中心并成立倪红霞法官工作室，定期派驻知识产权法官，及时了解企业对知识产权保护新需求。浦东法院召开自贸区知识产权司法保护研讨会，深入开展理论和实务探讨，着力破解新类型自贸区知识产权保护难题。浦东法院集中调研临港新片区、张江高科技园区等，听取民营企业意见，与临港新片区管委会达成合作，在"上海临港"官方微信上开设知识产权宣传专栏。徐汇法院调研电商平台运营企业。杨浦法院设立全市首个双创审判巡回点，走访五角场创智天地园区，了解企业知识产权保护的难点、痛点问题，并派员参加线上咨询活动。普陀法院成立中以（上海）创新园知识产权巡回审判站，探索提供巡回审判、法治宣传、法律咨询、合作交流四大司法服务。上海高院刘晓云院长专门为巡回审判站的设立作出批示："设立知识产权巡回审判站是主动作为、积极服务保障企业创新创业的重要举措。"此外，上海三级法院赴上海商标审查协作中心、知识产权浦东保护中心以及上海寻梦信息技术有限公司、紫光展锐科技有限公司等相关企业对商标行政案件管辖、专利受理和初审以及电商平台、5G 芯片等知识产权保护需求等进行调研。

2. 完善司法保障机制。上海法院在创新司法服务措施、完善司法保障机制上持续发力，提升司法服务保障水平。一是强化区域知识产权保护合作。为推进长三角知识产权一体化发展，上海高院会同浙江、江苏、安徽三省高院，就长三角地区知识产权司法保护协作开展研究会商，联合会签《长江三角洲地区人民法院知识产权司法保护交流合作协议》，建立四地法院知识产权司法保护协作机制，这是继长三角四地高院签约开展司法协作后，在审判条线层面第一个签约的合作协议。二是深化涉展会知识产权司法保障。为服务保障展会经济发展，上海法院深化进博会司法保障，建立涉进博会案件立、审、执快速通道和专项审理制度，采用线上线下相结合的方式，解答参会人员遇到的相关法律问题。上海高院知产庭协同普陀法院举办首届涉进博会知识产权保护论坛及系列调研活动、座谈会，主动听取并及时回应涉进博会（展会）知识产权保护需求。知产法院、普陀法院组建专门审判团队，普陀法院设立巡回审判点，配备资深法官，依法公正高效审理在进博会筹办、举办和撤展中发生的各类案件。上海高院知产庭协同杨浦法院赴花博会指挥部深入调研，与指挥部和崇明区市场监督管理局的负责同志交流会商。杨浦法院制定《关于为第十届花博会提供知识产权司法服务保障意见》，提出 14 项具体举措；在花博会期间成立园区知识产权巡回审判点，对在花博园内专卖商品店销售"崇明大米"的地理标志证明商标侵权案，以网上跨域立案、现场就地办案的方式予以审理，花博会执委会发函致谢。

3. 开展司法宣传活动。"世界知识产权日"期间，上海法院通过新媒体手段直播庭审，开展系列宣传活动。上海高院发布年度上海法院知识产权审判白皮书、上海法院专利审判白皮书、年度上海法院知识产权司法保护十大案件和年度上海法院加强知识产权保护力度典型案件。上海高院和知产法院联合正式上线上海法院知识产权案件管理系统。上海三中院与知产法院发布《上海知识产权法院知识产权司法保护状况（2015—2019）》《上海市第三中级人民法院知识产权刑事司法保护状况（2015—2019）》及典型案例。浦东法院发布《自贸区文化创意产业知识产权司法保护状况》和文创产业典型案例，发布《涉外知识产权司法服务保障营商环境建设白皮书》，推出浦东法院关于全面加强涉外知识产权司法服务保障的十项举措并发布典型案例。徐汇法院赴紫竹高新技术产业园，开展涉商业秘密保护的在线知产法律讲座；向辖区企业和人民调解委员会开展"知产云课堂"，走访电商企业上海寻梦信息技术有限公司，向其发出司法建议，从诉讼源头防范和化解纠纷，加强电商领域知识产权保护。杨浦法院发布特许经营案件审判白皮书、涉著作权刑事案件审判白皮书和典型案例。普陀法院发布知识产权合同纠纷案件审判白皮书。

4. 深度参与知识产权国际治理，推进涉外知识产权保护工作。上海高院会同人民法院知识产权司法保护国际交流（上海）基地、知产法院等召开"新时代知识产权司法保护国际研讨会"，来自欧盟的专家、国内知名学者以及最高法院、其他省市高院的法官围绕知识产权司法保护的现代化与国际化、惩罚性赔偿制度研究等专题进行研讨，取得共识与成效。在上海高院指导下，知产法院与欧盟知识产权局上诉委员会通过视频连线方式开展知识产权司法保护国际交流。上海法院知识产权对外交流小组与华东政法大学合作启动了 WIPO 知识产权国际政策法律文本库建设项目，对世界知识产权组织主管的 26 项国际条约的法律文本、外文文献进行搜集、筛选、编译。上海高院整合全市法院知产审判力量，选派业务素质高、综合能力强的法官和法官助理，为同济大学 WIPO 国际班的中外学生进行英语授课，《人民法院报》对此进行了专题报道，充分展示了上海知产审判队伍的国际化形象。上海法院先后接待美国国家专利商标局中国知识产权政策高级法律顾问、芬兰驻上海总领事馆副总领事等外方人士。

四、坚持开拓创新，知识产权审判机制不断优化

1. 完善"三合一"审判机制。为切实发挥知识产权"三合一"审判机制优势，增强知识产权司法保护整体效能，上海高院知产庭与市检察院第四检察部、市公安局食药环侦总队联合制定《关于知识产权民事、行政诉讼中刑事犯罪线索移送及同步审查的工作暂行办法》，形成知识产权民事、行政、刑事保护合力。杨浦法院、徐汇法院分别与辖区检察院、公安分局、市场监督管理局

会签合作协议，加大刑事和行政协同保护力度，保证行政执法与刑事司法的无缝衔接，助推知识产权全面保护。杨浦法院与辖区公安局、检察院会签《关于规范移送涉嫌犯罪线索配合协作工作的意见》，建立联席会议制度，保障犯罪线索高效移送，有效遏制和威慑侵犯知识产权行为，努力营造不敢侵权、不愿侵权的法律氛围。

2. 推进四级法院审级职能定位改革。上海法院认真贯彻落实《关于完善四级法院审级职能定位的改革方案》《全国人民代表大会常务委员会关于授权最高人民法院组织开展四级法院审级职能定位改革试点工作的决定》以及《最高人民法院关于完善四级法院审级职能定位改革试点的实施办法》的相关规定，以上海辖区内所有法院作为改革试点，持续落实改革试点工作。市高院提审了钉钉科技公司等诉成都贺氏洪七公餐饮公司等侵害商标权及不正当竞争纠纷等多起具有普遍法律适用指导意义的案件，深入推进四级法院审级职能定位改革试点工作。

3. 推进繁简分流，完善速裁机制。上海法院组建完善速裁团队，持续推广"书状先行"庭审方式、"要素式"裁判文书和证据出示令的经验，探索就部分案件进行先行判决，不断推进庭审和裁判方式改革。杨浦法院大力推行"简案快审、繁案精审、类案专审"工作方法，成立速裁组专门办理电商平台和信息网络传播权案件；制定《杨浦法院知产庭小额诉讼程序要素式审判操作指引》，制作流程示意图、案件要素表、庭审提纲和表格式文书样式，为"简案快审、简出效率"提供指引。

4. 深化多元化纠纷解决机制，推进诉源治理。上海法院进一步完善纠纷多元解决机制，发挥上海高院一站式多元解纷平台以及知产调解委员会等调解组织的作用，积极推进知产纠纷诉前、诉中委托调解。加强与相关行政机关、调解组织的协调配合，开展知识产权民事纠纷跨区域调解。上海高院与市知识产权局联合发布《关于在本市开展知识产权纠纷行政调解协议司法确认程序试点工作的实施办法》《关于建立知识产权民事纠纷诉调对接工作机制的实施意见》，统筹全市知识产权专业调解力量。知产法院积极落实行政调解与司法确认互相衔接机制，受理并快速裁定审结首起由行政机关主持当事人调解并达成民事调解协议的司法确认案件，推动多元解纷和诉讼服务体系不断完善。徐汇法院不断充实调解员队伍，指导调解员在诉调阶段完成审判辅助事务，进一步提升案件办理效率。杨浦法院对一起地理标志证明商标案作出确认行政调解协议有效的民事裁定，系全市首例知识产权行政调解协议司法确认案件。普陀法院积极探索行政机关特邀调解机制，搭建跨区域知识产权调解平台。

5. 持续推进涉外纠纷调解。上海法院全面对接全国首家落地境内的国际仲裁调解组织——世界知识产权组织仲裁和调解上海中心，共同探索建立涉外知识产权案件诉调对接工作机制，支持和保障涉外知识产权案件调解有序开展，积极参与世界知识产权组织框架下的全球知识产权治理。上海高院与世界知识产权组织仲裁与调解中心签署《加强知识产权领域替代性争议解决交流与合作谅解备忘录》，推动完善国际知识产权多元化纠纷解决机制，截至2022年7月上海法院共委托上海调解中心调解案件48件，结案45件，调解成功17件，调解成功率为37.78%。其中，浦东法院受理的外国某公司诉国内某著名品牌服装公司侵害商标权纠纷案件，系国内首例境外争议解决机构参与并成功调解的知产案件。最高人民法院知识产权审判庭在《求是》杂志撰文指出，"上海浦东法院与世界知识产权组织仲裁与调解上海中心合作，成功调处全国首例境外争议解决机构参与调解的涉外知识产权纠纷。中国知识产权司法保护的国际影响力进一步扩大，依法保护知识产权的负责任大国形象进一步提升"。

6. 积极探索全流程网上办案，推进纠纷在线化解。在上海高院的指导下，以徐汇法院知产庭作为试点单位，探索全流程网上办案的新模式，深度运用智慧法院建设成果，通过信息化、智能化手段，提高电商平台知识产权案件办案效率，实现"网上案件网上办"，提升上海法院的审判质效、实现审判体系和审判能力现代化。知产法院探索运用高清全景远程示证平台进行专利案件远程在线审理，解决在线审理中证据原件核对和实物证据侵权比对难题。浦东法院依托上海高院的"云间"庭审系统和第三方"小鱼易连"系统，不断深化互联网调判系统应用，相关做法受到最高法院原院长周强的批示肯定："浦东新区法院积极探索知识产权纠纷在线化解新模式，成效明显，值得总结推广。"徐汇法院积极探索知识产权类案要素式全流程网上办案机制，参与制定《电商平台知识产权案件全流程网上办案工作规则》等诉讼规则及《网上要素式立案诉讼指引》《"微法庭"使用指南（当事人版）》；与辖区知产案件较多的电商平台建立数据交互通道，实现涉案商铺及涉案商品数据与案件诉状材料的线上传输；探索非原告当事人电子送达新举措；积极构建诉讼新模式。在上海高院指导下，杨浦法院制作《疫情期间杨浦法院知识产权庭诉讼指南》，明确在线庭审操作指南、疫情防控期间到庭注意事项等内容，有效提高工作效率。

7. 优化知识产权专业事实查明机制。在上海高院指导下，知产法院积极探索技术调查官同法官参与鉴定专家会议，开拓"四位一体"技术事实查明手段新成果，首次在全国范围内公开招录具有聘任制公务员身份的技术调查官，积极探索外院案件委托机制，与审判部门开展座谈交流，服务全市知产审判技术事实查明需求。建立上海法院知识产权价值评估专家咨询制度，聘请"上海法院知识产权价值评估咨询专家"，召开"知识产权价值实现：司法政策与路径"

研讨会，为损害赔偿数额的确定提供更为可靠的方法，推动损害赔偿与知识产权的市场价值相匹配。

五、强化调研指导，知产审判水平稳步提升

1. 针对性组织开展专题研讨会。上海高院会同华东政法大学召开"知识产权纠纷行为保全司法适用研讨会""知产刑事附带民事诉讼研讨会"，邀请专家学者及上海三级法院、检察院的同志，围绕知识产权纠纷行为保全程序、行为保全的申请与审查程序、检察院提起知产刑事附带民事诉讼的前提条件、民事责任的承担等问题进行研讨交流。上海高院会同上海交通大学召开"《电子商务法》与知识产权保护研讨会"，对电商平台的责任边界、错误投诉的法律责任等问题进行深入探讨，厘清审理思路，在相关问题解决上达成共识。上海高院举办反垄断研讨会，邀请国家市场监督管理总局反垄断局等主管单位及高校专家学者，围绕反垄断法纵向协议相关条款理解、纵向协议排除和限制竞争效果经济学分析等议题进行了深入交流和探讨。上海高院知产庭会同刑庭组织四家基层法院就知产刑事案件可否提起刑事附带民事诉讼和附带民事公益诉讼、涉电子商务平台销假案件中"虚假刷单"引发的犯罪金额认定等问题进行专门研讨。在上海高院知产庭指导下，浦东法院联合知产财经全媒体主办"互联网不正当竞争原则条款适用实务论坛"。

2. 精细化制定类案办案要件指南。上海高院会同市检察院、市公安局发布《关于常见知识产权犯罪的量刑指引》，供全市法院知识产权刑事审判参考。上海高院制定发布《关于加强知识产权案件法律适用统一的工作办法》《关于卡拉 OK 经营者著作权侵权纠纷案件损害赔偿数额计算问题的解答》，推动类案审判法律适用的统一。上海高院指导知产法院及基层法院编写《外观设计专利侵权办案要件指南》《侵害商标权类案办案要件指南》《著作权纠纷类案办案要件指南（一）》《著作权纠纷类案办案要件指南（二）》《特许经营合同纠纷类案办案要件指南》《侵害商标权犯罪类案办案要件指南》，归纳总结共性问题和审理要点，有效引导类案的规范化审理。在上海高院指导下，知产法院出台国内首例《技术审查意见适度公开规则》，浦东法院发布《知识产权民事案件新型庭审流程指引（试行)》。

3. 大力开展精品调研。上海法院大力开展精品课题研究，上海高院与中南财经政法大学联合课题组完成最高人民法院《知识产权惩罚性赔偿制度研究》重大调研课题，完成上海司法智库《涉电子商务平台知识产权纠纷诉源治理研究》《电商平台"二选一"行为的法律规制问题研究》课题调研，完成《知识产权惩罚性赔偿的司法适用》报批课题研究，《新著作权法视角下共有著作权

行使的"协商"规则研究——以法教义学为路径》，获上海法院报批课题优秀奖。在最高人民法院第二届全国知识产权优秀调研成果评选中，上海法院有 5 篇调研成果获得优秀调研成果奖，其中浦东法院《民法典分则合同编技术合同专章的编撰研究报告》荣获特等奖。上海高院完成的《近两年上海法院知识产权纠纷案件诉调对接工作情况分析报告》被《人民法院报》刊载。市三中院刑庭参与编写《中国法院类案检索与裁判规则专项研究》丛书之《知识产权刑事案件裁判规则》一书。在上海高院指导下知产法院完成《证据出示令制度在知识产权诉讼中的适用问题研究》等报批课题。浦东法院参与市级课题《完善上海自由贸易试验区知识产权营商环境对策研究》，开展最高法院司法统计分析重大课题《数字经济背景下我国文化创意产业知识产权司法保护研究》，并顺利结项。上海高院知产庭、知产法院、浦东法院、徐汇法院参与撰写的《多项机制性问题制约反垄断工作推进》《部分平台不当获取数据开展不正当竞争个人信息保护待加强》，被《最高人民法院简报》刊发和中共中央办公厅转发。浦东法院撰写《涉电商平台不正当竞争纠纷呈现新特点值得关注》，被最高法院办公厅评为 2020 年度全国法院优秀信息。上海高院定期编发《上海知识产权审判》刊物，并编辑出版"WIPO—中国（上海）知识产权司法保护系列丛书"《上海法院知识产权案例精选》。

六、扎实开展教育整顿，打造高素质人才队伍

1. 开展队伍教育整顿，确保取得实效。上海高院知产庭召开队伍教育整顿征求意见座谈会，听取知识产权相关职能部门及中、基层法院的意见建议；认真落实全面从严治党主体责任，开展警示教育，一体推进不敢腐、不能腐、不想腐；学习英模、弘扬正气，努力践行"一心为民、知恩图报"，做到"心中有信仰、脚下有力量"。浦东法院知产庭依托"三会一课"、主题党日等形式，集中开展习近平法治思想、党规党纪、英模教育等专题学习。杨浦法院知产庭把教育整顿和弘扬"四敢精神"相结合，抓教育整顿、促岗位建功，积极发挥党员先锋模范作用。普陀法院知产庭组织开展"六大顽瘴痼疾"和其他突出问题大起底、大整治，通过政策宣讲、自查自纠、线索核查、重点案件评查、智能化数据排查等举措深入查纠问题，全面推进"查改治建"。

2. 落实"我为群众办实事"，回应知产保护新需求。上海高院知产庭牵头落实上海法院"我为群众办实事"重点项目，"不断提升知识产权司法保护的效率和效果"；走访电商平台，积极回应产业需求；针对音乐作品集体管理中的痛点难点问题开展调研，研究完善相关裁判规则。知产法院知产二庭依法高效进行证据保全，在台风"烟花"登陆上海之际，坚持按原计划赶赴展会现场

完成保全工作。徐汇法院知产庭联合人大代表、政协委员开展"满意在徐汇服务在基层"走访活动，就居民反映的营建文明城区以及疫情防控中遇到的问题进行沟通协调。

3. 突出专业能力建设。上海法院开展条线菜单式培训，探索在线集中培训新模式，邀请最高法院资深法官、高校专家学者、产业界代表授课讲解，聚焦知识产权审判领域热点难点问题，定期对新修订法律法规以及典型案例开展学习研讨，及时梳理审判经验。举办知识产权损害赔偿专题培训，邀请厦门大学经济学教授龙小宁进行主题为"知产诉讼中的经济分析：原理、方法与案例"的授课。上海高院探索与同济大学合作举办知识产权保护发展形势培训班新模式，邀请 WIPO 中国区高级顾问、最高法院民三庭和知识产权法庭的资深法官、国家市场监管总局上海商标审查协作中心的专家、本市交大、同济、上大、华政四所高校的知识产权学院院长，来自中德经济法研究所的德国教授以及区块链等技术领域专家教授担任授课老师，向全市法院知产法官及其他条线的干警介绍知识产权保护的最新发展情况，取得良好反响。

后　记

　　本书由上海市高级人民法院知识产权审判庭组建编辑小组，经过资料收集、编写统稿和多次讨论修改，由主编王光贤、副主编刘军华审核定稿。本书既是对过去几年上海法院知识产权司法保护的理论成果、实践成果与制度成果的总结，同时也希望为全面加强上海知识产权司法保护工作提供有价值的参考。

　　本书编写过程中，上海市三级法院知识产权审判部门提供了近年来在审判工作与理论调研中创造的智力成果，上海市高级人民法院知识产权审判庭徐俊、朱佳平等同志为本书整体架构与编写统稿付出良多，华东政法大学实习生夏慎信、冯佳宇承担了资料收集、编校整理等大量工作。对以上同志的辛勤付出表示衷心感谢。

　　由于时间仓促，本书或有疏漏及不当之处，恳请读者不吝批评指正。

编　者

2023 年 5 月